Karl Heinz Götze

Süßes Frankreich?

Mythen des
französischen Alltags

S. Fischer

© S. Fischer Verlag GmbH, Frankfurt am Main 2010
Alle Rechte vorbehalten
Satz: Fotosatz Reinhard Amann, Aichstetten
Druck und Bindung: CPI – Clausen & Bosse, Leck
Printed in Germany
ISBN 978-3-10-026530-2

Inhalt

Einleitung

Der Versuch, den dieses Buch unternimmt, der Versuch, im Nachdenken über Erfahrenes, Gesehenes, Erfühltes, aber natürlich auch Erlesenes die gegenwärtigen französischen Zustände zu skizzieren, sind in vieler Hinsicht ein gewagtes Unterfangen, das auf gewichtige Einwände rechnen muss. Die erste, aber nicht geringste Schwierigkeit ist die, dass man als Deutscher eigentlich nicht über Frankreich schreiben kann, ohne auf der einen Seite (des Rheins) ein bisschen (aber doch) als Landesverräter zu gelten und auf der anderen als jemand, der das Gastrecht missbraucht, um Unangenehmes auszuplaudern über das Aufnahmeland. Um ein anderes Land ein wenig zu verstehen, muss man sich darauf einlassen, und um sich einzulassen, braucht es eine gehörige Portion Sympathie. Lässt man sich ein, entdeckt man dunkle Seiten. Selbst im Paradies müssen die Bäume, der der Erkenntnis zum Beispiel, der mit den Äpfeln, Schatten geworfen haben. Man kann darüber Schweigen bewahren. Nur glaubt dem Autor dann niemand und er gilt auf der einen Seite bestenfalls als höflich, auf der anderen als naiv oder gar verlogen.

Ich weiß, wovon ich rede. Mein erster Versuch, vor den Augen der Leser ein wenig Klarheit zu gewinnen über meine frischen französischen Erfahrungen (*Französische Affairen*, 1994 ebenfalls bei S. Fischer erschienen) führte dazu, dass meine damalige, Frankreich durchaus zugeneigte Gattin nach der Lektüre traurig sagte: »Das ist ein antideutsches Buch. Nun hast du dich ganz für Frankreich entschieden.« Es hing damit zusammen, dass wir unterschiedliche Auffassungen über die französische École maternelle hatten, in die damals unsere Kinder gingen. Aber sie hat es verallgemeinert, das ganze Buch in dieser Optik gelesen. Die Direktorin des französischen Universitätsinstituts, an dem ich drei Jahre gearbeitet hatte, eine freundliche, mir gewogene, mir politisch nahe stehende, zu emotionalen Ausbrüchen durchaus nicht neigende Kollegin, schrieb mir auf die Übersendung des Buches hin einen enttäuschten Brief des Inhalts, dass ich das Gastrecht der französischen Republik verletzt und in die Hand gebissen hätte, die mir gereicht worden sei. Es war der letzte, den ich je von ihr erhielt. (Tut mir immer noch leid, Marita.)

Nach diesem Muster verliefen auch die Buchvorstellungen vor deutsch-französischem Publikum. Bei der von der französischen Botschaft, damals noch in Bonn, organisierten Lesung vor französischen Lektoren an deutschen Universitäten, die häufig seit Jahrzehnten in Deutschland leben, Deutschland vielfach verbunden und in hohem Maße akulturiert sind, Berufsleser zudem, wurde mir vorgehalten, ich hätte das alte Vorurteil, in Frankreich sei es »dreckiger« als in Deutschland, mit meinem Text verlängert. Es war für mich sehr überraschend. Schwäbische Kehrwochenreinlichkeit ist mein Ideal nicht, wirklich nicht. Immer hatte ich bewundert, dass in Frankreich die Spuren des Alterns historischer Gebäude nicht getilgt, sondern mit Würde, als Würde vorgezeigt wurden. Meine Nachfrage nach Belegstellen im Buch führte erst einmal zu gar nichts und dann zu einer Bierdose. Ich hatte eine Reise mit dem Zug von Frankfurt nach Besançon beschrieben. Auf der Strecke reisten dort nächtens junge Soldaten, damals noch Wehrpflichtige, die das bevorstehende Ende ihres Dienstes durch den Vertilg erheblicher Mengen von Bierdosen feierten, von denen manche, riechend wie derlei riecht, durch die Abteile kullerten. Ich kann schlecht erfinden. Es war so. Und immerhin hatte ich in höflicher Anwendung ästhetischer Freiheit die vielen Bierdosen auf eine reduziert. Aber es half nichts. Die Wahrnehmungsmuster sind viel stärker als ein Text. Manchmal ist eine Bierdose nur eine Bierdose, manchmal ein Symbol. Wo es um das Eigene geht und das Fremde, wird sie allemal zum mächtigen Sinnbild, immer wieder recycelt. Das geht nicht nur dort so, wo nationale Reflexe einschnappen. Ich erinnere mich daran, dass wir als Schüler an unserem Gymnasium kein gutes Haar ließen, aber wehe, wenn die Schüler anderer Lehranstalten das Gleiche sagten, dann standen wir kampfbereit hinter unserer Albert-Schweitzer-Schule und ließen nichts auf sie kommen. »Schaut doch erst einmal, wie es bei euch ist …« Die nationalen Reflexe rasten auf die gleiche Weise ein, auch wenn die Nationen nicht miteinander verfeindet sind. Wer glaubt, das sei längst vorbei, der reflektiere im Stillen auf seine Gefühle, wenn Deutschland gegen Frankreich spielt, eine französische Champions-League-Mannschaft gegen eine bayerische, wenn französische Biathleten gegen deutsche rennen und schießen.

Und die Skepsis ist ja auch verständlich, wenn jemand hinter »Süßes Frankreich« ein Fragezeichen setzt, der nicht mit Charles Trenets berühmtem Lied »Douce France« aufwuchs, der sich nicht wie Trenet erinnert an den schwarzen Schulkittel, den damals in Frankreich alle trugen auf dem Schulweg; nicht die gleichen »alten Lieder« sang, unter anderen »Kirchtürmen« aufwuchs, sein kindliches »Glück« nicht mit französischen Altersgenossen teilte; wenn einer über Frankreich schreibt, dessen »Horizonte« anders waren, der »Himmel« seiner Kindheit anderswo blau, wo der »Fluss« anders verlief, die »Wiesen« eine andere Farbe hatten, die »Dorfstraße« anders aussah und das Elternhaus auch. Die Franzosen wissen schon selbst, dass die Erinnerungen an kindliche Unbeschwertheit im ländlichen Frankreich ganz wahr nur sind in einem Moment der Erinnerung, ganz wahr nur durch die Kunst des Sängers mit dem Hütchen im Nacken und der Blume im Knopfloch, wissen schon selbst, dass nie das ganze Frankreich »douce« war. Das Lied wurde 1943 verfasst. Da war ein Teil des Landes von den Armeen Hitlers besetzt und die andere Hälfte vom Kollaborationsregime in Vichy beherrscht. In beiden Teilen wurden die Juden gejagt und deportiert, in beiden Teilen Widerständler ermordet und Geiseln hingerichtet. Und trotzdem ist Trenets Erinnerungs- und Sehnsuchtsbild kein Kitsch, sondern ein Lied, das dem Glück einen Ort findet im ländlichen Frankreich – trotz alldem. So wie auch sein Lied von der »Route Nationale 7« zwischen Paris und der Côte d'Azur, das einmal jeder Franzose kannte, ein Lied über jene »Ferienstraße«, die aus unseren Herzen die »Säure und Bitternis« vertreibt, wo der Sommerhimmel glänzt und sogar die Olivenbäume blau strahlen: »Man ist glücklich auf der Nationale 7.« Ach, wenn ich heute von meinem Wohnort aus die Nationale 7 nehme, dann ist der Weg mindestens 20 Kilometer lang gesäumt mit Lagerhallen, Einkaufszentren, Schrottplätzen, Imbissbuden, mit all dem Zivilisationsmüll, der nach außen gestülpt wird, damit die Stadt selbst alt und schön aussehen kann. Dennoch, noch einmal: Trenets Chansons sind nicht verlogen, sonst hätte nicht ein des Kitsches so unverdächtiger Poet wie Jacques Brel über Trenet gesagt, »ohne ihn wären wir alle nur Buchhalter geworden«.

Das sei also gleich zugegeben: Es schreibt hier, obgleich ich jetzt fast dreißig Jahre lang in diesem Land arbeite, kein Franzose. Es fehlt die Erinnerung an den schwarzen Kittel und an die frühen Lieder. Manchmal merke ich es nicht mehr. In meinem Alltag ist viel mehr Französisches als Deutsches. Und dann kommt ein Fest mit Deutschen und Franzosen, die Herkunft und die Sprache spielen lange Stunden über keine Rolle, es wird gegessen, diskutiert, gelacht, (selten) getanzt, und dann ganz spät am Abend stehen die Franzosen zusammen und hören Lieder, die ich nicht kenne, werfen sich Anspielungen auf Schulbücher zu, die ich nicht verstehe, lachen über Namen, von denen ich nie gehört habe. Das ist nie einzuholen.

Aber vielleicht hilft es ein bisschen gegen die Missverständnisse, wenn ich bekenne, dass ich gerne in Frankreich lebe, ja, dass ich das Land liebe. Gustav Heinemann hatte schon recht, als er auf die Frage, ob er Deutschland liebe, die Antwort gab: »Ich liebe keine Staaten, ich liebe meine Frau.« Aber ich sprach ja auch nicht vom Staat, sondern vom Land. Ich meine das Land, das ich sehe, wenn ich in diesem Moment den Blick über den Bildschirm des Computers hinaus richte, auf das Häusergewirr der Altstadt von Aix-en-Provence, auf die runden Ziegel, polychrom und trotzdem braun, auf die Häuser, jedes verschieden und doch sichtbar zusammengehörig, aneinandergelehnt und doch individuell, auf die noch kahle Platane links im Garten und den gotischen Kirchturm von Saint-Jean-de-Malte rechts über den Dächern. Und im Hintergrund, strahlend weiß vor blauem Himmel, die Sainte-Victoire. Ja, ich meine auch die Fenster vor mir, die nicht gut schließen und vom Hausbesitzer trotzdem in diesem Jahrhundert wohl nicht mehr ersetzt werden, und, was bleibt mir übrig, auch den Lärm, den trunkene Jugendliche heute Nacht um fünf, wenn die Diskotheken schließen (es ist Samstag) auf den Straßen machen werden. Wie jeden Samstag. Ich meine aber nicht nur Aix, ich meine auch Paris, das mir immer noch, sei's bei der Ankunft an der Gare de Lyon, sei's bei der ersten roten, beleuchteten Zigarre an einem Tabakladen, bei der ersten langen weißen Schürze eines Kellners, beim ersten unverwechselbaren Eisengitter um die Pariser Bäume das Gefühl macht, in eine sehr französische Stadt zu kommen, die so kosmopolitisch ist, dass in ihr alle Welt zu Hause sein kann. Ich meine Frankreich.

Liebeserklärungen sind immer eine prekäre Sache, zumal in modernen, kalten Zeiten. So möchte ich das Geschäft gern Tucholskys Feder überlassen, der sich mit den Schwierigkeiten, für Deutsche über Frankreich zu schreiben, gut auskannte, galt doch damals, als er als Korrespondent der *Vossischen Zeitung* und der *Weltbühne* in Paris lebte, ein gutes Wort über Frankreich tatsächlich als Landesverrat. Ich meine nicht seine Hymnen auf Frankreich, die er in den ersten Monaten schrieb. Frische Liebe macht bekanntlich ebenso glücklich wie blind. Nein, ich meine die zwei Seiten »Dank an Frankreich«, mit denen er 1927 sein *Pyrenäenbuch* beschließt, zwei Seiten, die geschrieben sind (oder geschrieben zu sein vorgeben, so etwas weiß man selten) unter dem Eindruck der Rückkehr nach Paris am Ende der Pyrenäenreise. Sie sind ein bisschen sentimental, wie so vieles bei diesem großen Spötter. Wenn man so noch schreiben könnte, heute, dann würde ich so schreiben, nur gewiss nicht ganz so gut: »Dank, daß ich in Dir leben darf, Frankreich. Du bist nicht meine Heimat, und ich bin kein alter Franzose, der auf einmal kein Deutsch versteht. Ich habe Deine Kinderverse nicht auswendig im Kopf, ich muß mir erst vieles übertragen; nicht bei Dir habe ich Männchen auf die Zäune gemalt und eine lange ungehörige Zeichnung auf das Häuschen an der Ecke, nicht bei Dir bin ich verliebt durch die Straßen gelaufen, mit einem kleinen Brief in der Brusttasche und einem großen Schauder über dem Rücken … Keine Ecke sagt: hier bist du einmal … kein Haus sagt: hier oben hat sie einmal … Und doch bin ich bei Dir zu Hause.«

Zu dem Dank, der da abzustatten ist, gehört auch der dafür, dass das Leben in der zweiten, der fremden Heimat den Blick für die erste schärft. Es ist wie beim Umzug. Manches wirft man leicht weg. Die Gelegenheit ist günstig. Manches ungern, weil man es wohl noch mag, aber nicht mehr unterbringen kann. Und manches behält man nach gründlicher Inventur. Bewusst, obgleich es sperrig ist in der neuen Umgebung. Erst wenn man wirklich in die Möglichkeiten einer fremden Sprache eindringt, weiß man, was die eigene zu leisten imstande ist. So geht es mit vielem. Man wird nicht weniger deutsch, wenn man dauerhaft in Frankreich lebt. Man nimmt Neues an, verwandelt sich und bleibt sich und seiner Herkunft auch treu, nicht nur in der Erinnerung. Es geht nicht anders. Denjenigen, die sich ganz zu assimilieren versuchen, merkt man mindestens durch die Anstrengung der Verleugnung noch die Herkunft an. Und diejenigen, die alle Integration verweigern, finden gar nichts außer Unglück. Nur mit der Selbstverständlichkeit der Zugehörigkeit ist es für immer vorbei, auch wenn man es nicht glauben will. Da ist eine Distanz entstanden, die niemals mehr schwindet, auch bei denen nicht, die ein Leben lang von Rückkehr träumen, die sich dann immer als Rückkehr in etwas fremd Gewordenes erweist, wenn man spät die Probe macht wie viele der Maghrebiner, die einmal wegen der Arbeit kamen, dann ein Leben lang blieben und im Alter in etwas zurückkehren, wozu sie auch nicht mehr ganz gehören.

Zu solchem Dank an Frankreich könnte ich heute auch den hinzufügen, den Tucholsky dem seinen so gern hinzugefügt hätte und doch nicht konnte: Aus dem französischen Abstand konnte ich sehen, wie sich Deutschland nach schrecklichen Abwegen, die fast hundert Jahre dauerten und 1945 in den Köpfen wie in der Wirklichkeit noch längst nicht zu Ende waren, in eine normale, stabile Demokratie verwandelt hat, in der es sich leben lässt. In manchem besser, in manchem schlechter als in Frankreich. Da war ich mir vorher nicht so sicher. Und vorher war es auch noch nicht so ganz wahr.

Kein Buch also eines Franzosen von Anfang an; kein Buch, das Frankreich anzugreifen oder verteidigen zu müssen glaubt, und auch keines, das Frankreich Deutschland oder Deutschland Frankreich als Vorbild vorhalten möchte, sondern eines, das zum Verständnis des gegenwärtigen Frankreich beitragen möchte. Die Distanz, die die Zugehörigkeit zu zwei Kulturen unvermeidlich nach sich zieht, kann dabei von Vorteil sein. Es wäre schön, wenn kein Leser, gleich welcher Nationalität, sie als Überhebung verstehen würde.

Gewagt ist dieses Unternehmen aber nicht nur, weil ein Schreibpunkt zwischen zwei Ländern gefunden werden muss, sondern auch wegen seiner Methode. Dieses Buch ist kein wissenschaftliches Werk. Sein Verfasser ist Germanist, kein Frankreichforscher. Dabei ist es nicht antiwissenschaftlich. Wo ich Beratung gesucht und erfahren habe, wird manchmal zitiert, und an anderen Stellen, an vielen Stellen schimmert die Lektüre durch. Ein wissenschaftliches Buch hätte aber angesichts der Menge der Quellen und der Bibliotheken voll Forschungsliteratur erfordert, sich auf einen sehr kleinen Ausschnitt zu beschränken – oder mit Dutzenden ausgewiesener Wissenschaftler über Jahrzehnte ein Projekt zu entwickeln. Das dreibändige Werk über die französischen Erinnerungsorte (*Les Lieux de Mémoire*, Paris, Gallimard, 1997) sind das jüngste Zeugnis dafür, dass so etwas geht, zeigt aber auch, welche immensen Anstrengungen es erfordert. Kaum einer wird die 4741 Seiten durchgehend gelesen haben. Doch schon ein Blick aufs Inhaltsverzeichnis verschafft gemeinsam mit der Lektüre einzelner

Artikel einen Eindruck davon, wie vielfältig die Faktoren sind, die so etwas wie ein nationales französisches Gedächtnis konstituieren. Das lehrt Bescheidenheit. Und Skepsis gegenüber einer Art von Essayistik, die von der französischen Art, das Bett zu machen, umstandslos auf den Nationalcharakter schließen zu können glaubt.

Dieses Buch hier geht hingegen von Erfahrungen aus. Das garantiert freilich gar nichts. Jedenfalls nicht ihre richtige Interpretation. Erfahrungen sind begrenzt, standpunktabhängig und können gründlich täuschen. Die etablierten Deutungsmuster sind häufig stärker als die Wirklichkeit. Die Wirklichkeit fügt sich und wird darin untergebracht. Wer davon überzeugt ist, französische Frauen würden vorzugsweise auf einer Montmartre-Bühne Cancan tanzen, der findet bei einem kurzen Paris-Besuch auch dafür Bestätigung, wenn er sie nur sucht. Wenn man hingegen lange in einem Land lebt und dort ins Leben, ins Berufsleben vor allem, eingebunden ist, sein Telefon, sein Auto angemeldet hat, seine Aufenthaltsgenehmigung beantragt, wer vielleicht sogar die dicke Akte auszufüllen versucht hat, die zur Erlangung der Staatsangehörigkeit unabdingbar ist, wer häufig an französischen Tischen zum Essen eingeladen war, wer weiß, was die französischen Fernsehzuschauer lieben, welche Werbung sie anspricht, wer also die hunderttausend kleinen Alltagserfahrungen gemacht hat, die in einem großen Wort wie »Integration« beschlossen liegen, der hat nicht nur mehr Erfahrungen, sondern er hat vor allem genauere, weil er unbekannte (oder anders bekannte) Verhaltensweisen intepretieren und dekodieren musste. Hat er sie falsch verstanden, ist er auf die Nase gefallen, was ziemlich weh tun kann, aber der Erkenntnis manchmal aufhilft. Hat er sie hingegen immer falsch verstanden, dann hat er das Land längst verlassen. Erfahrungen garantieren gar nichts, aber ohne die Kontrolle durch Erfahrungen wird alles garantiert nichts.

Natürlich hängt alles davon ab, wo man seine Erfahrungen macht in einer Geographie, die vor allem sozial ist. Es leben nach den Statistiken des Konsulats in Marseille über 40 000 Deutsche in der Provence, die alle ihre Erfahrungen haben und ihr Bild davon, wie Frankreich ist. Lauter Experten. Die meisten davon haben ihr Geld mitgebracht, um sich in einer von der Sonne begünstigten Gegend anzusiedeln. Auch ihr Bild von Frankreich ist beglaubigt durch Erfahrungen, Erfahrungen mit Häusermaklern und Klempnern. Peter Mayle, der nun Engländer, hat ein amüsantes Buch darüber geschrieben. Es ist wahr, aber nur für einen, der sich als wohlhabender Engländer im Lubéron ein Haus kauft.

Das Problem für einen Wissenschaftler, der über Frankreich schreiben will, ist, dass es zu viele Informationen gibt und die alten dualistischen Konstruktionen der Art, dass Deutschland und Frankreich in allen Dingen entgegengesetzte Lebensweisen repräsentieren, sich so gründlich blamiert haben, dass sie ihm selbst beim schlechtesten Willen zur billigen Synthese nicht mehr zur Verfügung stehen. Das Problem von Büchern, die von Erfahrungen ausgehen, ist hingegen, dass man allemal zu wenig erfahren hat von der sozialen Vielfalt des Landes. In meinem Fall zum Beispiel von der Rolle der Kirche. Die geht auch dann, wenn die Kirche noch im Dorf ist, nicht in lustigen Clochemerle-Geschichten auf. Oder die Welt der Bauern. Als ich Raymond

Depardons großartigen Film mit dem Titel *La vie moderne* über das Leben einiger Bauernfamilien im Zentralmassiv sah, öffnete sich ein Fenster in diese traditionelle Bauernwelt, die seit dem Beginn der sechziger Jahre mit der Industrialisierung der Landwirtschaft im Verschwinden begriffen ist. Es ist ein hartes, isoliertes, beinahe wortloses Leben von armen, harten, häufig herzenswarmen Menschen, das sich da auf den Traktoren, in den Ställen und in den primitiven Wohnküchen mit den einfachen Gasherden und den blechernen Zuckerdosen auf abgeschabten Wachstüchern abspielt. Süßes Frankreich? Nein, höchstens für die, die in den Ferien mit dem Auto durchfahren. Selbst das Leben im ländlichen Frankreich ist nicht »douce«. Oder das Leben der traditionellen Oberschichten mit Stadthaus am Bois de Boulogne, Schloss auf dem Land und einem Partikel vor dem Namen. Wer kennt schon diese Welt, die der Öffentlichkeit so misstraut, sich vor ihr so abschließt wie die Bauern es auf ihre Weise tun? Michel Pinçon und Monique Pinçon-Charlot haben einige Bücher über diese Welt veröffentlicht, die sich lesen wie ethnologische Studien über ein fernes Land. Das Leben ist dort vielleicht wie ein langer, ruhiger Fluss, aber süß, nein süß ist es dort wohl auch nicht. Und dass es in den Banlieues der großen Städte nicht süß ist, weiß man ohnehin. Es sind keine Ghettos, zum Glück nicht, jedenfalls noch nicht. Aber einfach zugänglich sind sie auch nicht. Jedenfalls: Man weiß zu wenig und hat zu wenig erfahren. Um noch einmal Tucholsky zu zitieren: »Die wahren Informationen, die über den Tag hinaus Wert haben, holt man nicht für eine Sechserzigarre beim Portier des Außenministeriums.«

Bleibt die Frage, warum denn überhaupt über ein Thema schreiben, dem sich seriöse Fachwissenschaftler nur nähern, wenn sie es vorher kleinteilig zerlegt haben und an das andererseits alle Erfahrung nie ganz heranreicht? (Und die Fiktion übrigens auch nicht. Viele fiktionale Texte französischer Autoren über das gegenwärtige Deutschland wie fast alle deutscher Autoren über Frankreich böten sich als Belege an. Aber das wäre ein anderes Thema.) Die Antwort ist einfach: Weil wir ohne ein Bild des Nachbarlandes nicht auskommen. Solche Bilder sind zumeist von holzschnittartiger Simplizität, sie sind, wie Gutmeinende gern sagen, »vorurteilsgesättigt«. Dummerweise kann man aber ohne »Vorurteile« nicht auskommen, weil man sonst gar nichts wahrnehmen würde. Außerdem sind die »Nachurteile« auch nicht unbedingt klüger, jedenfalls erneut »Vorurteile«, wenn auch auf einer anderen Ebene. Sonst hätten die Millionen von deutschen und französischen Jugendlichen, die durch die Programme des deutsch-französischen Jugendwerks, dem einzig konkreten Ergebnis des so gern mythifizierten »Elysée-Vertrags« übrigens, mit der Realität des Nachbarlandes konfrontiert wurden, die Vorurteile in deutsch-französischen Dingen längst alle verloren. Das ist nicht so. Aber ganz bestimmt nicht durch Schuld des Jugendwerks. Für Journalisten, die in Paris oder Berlin arbeiten, für Geschäftsleute oder für Hochschullehrer gilt cum grano salis das Gleiche.

Gegen »Vorurteile«, gegen Klischees, oder, ein bisschen neutraler ausgedrückt, gegen Nationalstereotypen hilft weder der gute Wille noch die Haltung des »das kann man nicht verallgemeinern«, so sympathisch sie sich häufig auch gegen die Fuchtelei mit vorgestanzten »Erklärungen« ausnimmt. Wir verallgemeinern eben, besonders dort, wo wir uns nicht gut auskennen. Dort ganz besonders gern. So ähnlich ist es mit dem Vergleichen. Der ständige Vergleich, wie es »bei uns« und wie es »woanders« ist, zumal, wenn er sich mit raschen Wertungen verbindet, ist wissenschaftlich zu Recht in Verruf geraten, richtet er doch alles bipolar zu und bringt die Gemeinsamkeiten zum Verschwinden. Vor allem aber lässt der Reflex des Vergleichens außer Acht, dass so manches, was uns sehr französisch erscheint, deutsche Wurzeln hat, und vieles, sehr vieles Deutsche französische. Der jahrhundertealte Kulturtransfer wird vom Blick auf die Oberfläche der Dinge nicht wahrgenommen. Und dennoch vergleichen wir. Man muss von etwas ausgehen bei der Wahrnehmung. Und man geht vom Bekannten aus. Der Vergleich kann die Erkenntnis blockieren und kann aber auch der Ausgangspunkt einer neuen Erkenntnis sein.

Wie hartnäckig Nationalstereotypen sind, lässt sich in der von Ruth Florack herausgegebenen Textsammlung *Tiefsinnige Deutsche, frivole Franzosen* amüsant studieren. Auf fast tausend Seiten, die man beliebig um Abertausende erweitern könnte, beobachtet man die feinsten Geister dabei, wie sie mit Nationalstereotypen hantieren. Die sind in der Lutherzeit schon ausgebildet, und ihre Macht endet nicht dort, wo die Sammlung endet, im Jahre 1848. »Der« Franzose erscheint in der deutschen Perspektive zumeist frivol, leichtsinnig, leichtlebig; als verfeinert, aber unehrlich; geistreich, aber oberflächlich, als galanter und eleganter Verführer; »der« Deutsche als grob, naiv, aber tiefsinnig. Das Modell des Franzosen ist nach dem Aristokraten gemalt, das des

Deutschen nach dem des Bauern eines unentwickelten Landes und nach dem des Gelehrten des Volkes der Dichter und Denker gemodelt. Das dominierende deutsche Bild des Franzosen wird später so verallgemeinert, dass der leichtlebige französische Lebenskünstler aller Klassen weder ernsthaft noch arbeitssam oder ordentlich ist. Das französische Bild »des« Deutschen erfährt ein anderes Schicksal: Es zerfällt in zwei miteinander nicht kompatible Teile. Der eine Teil wird ausgearbeitet von Madame de Staël in *De l'Allemagne* (1813) auf dem Höhepunkt der klassisch-romantischen Glanzzeit der deutschen Geistesgeschichte. Im Buch der französischen Adeligen ist Deutschland, zivilisatorisch gesehen, ein Entwicklungsland, bewohnt von einfachen, naiven, träumerischen Menschen – und von tiefsinnigen, empfindsamen Genies der Literatur, der Philosophie, der Musik. So noch das Bild, das 1863 die erste Auflage des *Larousse*, des französischen *Brockhaus*, seinen Lesern präsentiert. Zwei Spalten über Geographie, Geschichte, Bevölkerung, ein paar Zeilen über die politische Gestalt – und dann acht ausführliche Spalten über Kunst, Literatur und Ideen. Nach 1871 ist alles anders. Preußen hatte den Krieg gewonnen und Deutschland gewann bald auch den Wirtschaftskrieg. Jetzt interessierte man sich in Frankreich auch für die deutsche Politik, die Wirtschaft, die Armee und selbst das Ausbildungswesen. Das alte Bild Deutschlands verwandelte sich. An die Stelle des tiefsinnigen Träumers rückte der servile Untertan mit der Pickelhaube, diszipliniert, brutal und räuberisch, mit Unternehmungsgeist und Organisationstalent ausgestattet, in den Vordergrund. Und da auf Bismarck der Erste Weltkrieg und auf den Ersten Weltkrieg der Zweite folgte, zog man später die Linie von Bismarck bis Hitler. Freilich verschwand das alte Bild dadurch nicht, sondern schlug in besseren Zeiten, in den Konzertsälen und Bibliotheken besonders, immer wieder durch. Und so war da das bis heute gern diskutierte »deutsche Rätsel«: Wie kann ein Volk Goethe und Goebbels, Beethoven und Hitler zugleich hervorbringen? »Zwei Seelen wohnen, ach …«: Der faustische Deutsche, lange Zeit ein Leitmotiv populärer französischer Deutschland-Bücher.

Die Hartnäckigkeit, mit der solche Bilder die Zeiten und die Generationen überdauern, hat damit zu tun, dass man sie beliebig variieren, anreichern und vor allem unterschiedlich bewerten kann. Man kann den aristokratisch-geschliffenen Franzosen bewundern und man kann ihn zur Schießscheibe bürgerlicher Adelskritik machen. Man kann »die« Franzosen ob ihrer mangelnden Arbeitsmoral tadeln, wie es im Wirtschaftswunderdeutschland der fünfziger Jahre gang und gäbe war, man kann ihnen aber auch die Lebenskunst neiden; man kann sie als langsam und unorganisiert schelten, aber man kann sich auch nach der Entschleunigung sehnen, die man in Frankreich gern angesiedelt sehen will, besonders in den Ferien. Dass die Wirklichkeit anders ist, verändert die Stereotypen nur sehr langsam, wenn überhaupt. Ein hübsches Beispiel dafür ist ein Motiv, das immer wieder auftaucht, wenn in der französischen Presse über den deutschen Pazifismus oder doch zumindest über die deutsche Zurückhaltung gegenüber militärischen Missionen berichtet wird. Besonders der Pazifismus erscheint nicht als Ausdruck einer tiefgreifenden Veränderung gegenüber der bellizistischen Tradition zwischen Bismarck und Hitler, sondern als Selbstverleugnung, als Verleugnung des eigentlichen Wesens der kriegerischen Nation, deren Charakter man doch kennt, seit Tacitus über die Germanen in ihren tiefen Wäldern schrieb.

Hier genau ist die Stelle, wo Nationalstereotypen umschlagen in Mythen, Mythen in dem Sinne, den Roland Barthes meinte, als er 1957 seine *Mythen des Alltags* verfasste. Mythen sind für Barthes allemal mit »falschen Augenscheinlichkeiten« verbunden, und sie versteinern etwas zu unveränderlichen Wesenheiten, zu geschichtslosen Essenzen. Der Mythos ist eine Sprache, die die Geschichtlichkeit der Dinge, von denen die Rede ist, hartnäckig verleugnet. Wenn im Untertitel dieses Buches vom »Mythos« die Rede ist, so in einer antimythischen Perspektive: Es soll gezeigt werden, wie die Phänomene sich darstellen, wie sie entstanden sind und wie sie sich verändern. Das bedeutet etwas anderes als »Entlarvung« von der Art: »Frankreich ist ja eigentlich gar nicht so …«

Ein wichtiger Fluchtpunkt solchen Blicks auf die Entwicklungen, die das heutige Frankreich hervorgebracht haben, ist in vielen Kapiteln die höfische Gesellschaft des Absolutismus mit ihren Idealen der Höflichkeit, des geschliffenen Benehmens, der Vorsicht in Bezug auf den ungefilterten Ausdruck spontaner Empfindungen, die Codierung der Liebe, die Nötigung zur Selbstkontrolle und zur Diplomatie im öffentlichen Bereich. Damit soll nun mitnichten behauptet werden, die Mentalitäten im heutigen Frankreich erklärten sich im Prinzip aus der absolutistischen Tradition des Landes, von der viele seiner Bürger, die Studenten eingeschlossen, nicht mehr viel wissen. Die Revolution, die Revolutionen spielen z. B. gewiss eine ebenso prägende Rolle. Aber sie wirken nicht unbedingt in eine diametral entgegengesetzte Richtung und erklären längst nicht die »zwei Frankreich«, von denen man immer noch spricht. Die Französische Revolution bedeutete einen tiefgreifenden Bruch, aber die nationalen Traditionen, die Entwicklung der Sprache, des Habitus allgemein waren schon so weit fortgeschritten, als er eintrat, dass in vielen Bereichen der Kultur, der zentralistischen Organisation wie des Verhaltens Kontinuitäten erhalten blieben.

Kurz: Es geht nicht um die Leugnung von Unterschieden, auch nicht um den hoffnungslosen Versuch, Nationalstereotypen wegzuschreiben, aber es geht darum, beharrliche Muster des Denkens, Fühlens und Handelns, die sich, erneuert und variiert, über viele Generationen in der französischen Gesellschaft entwickelt haben, zu besichtigen und auf sehr langfristige historische Entwicklungen zu beziehen, statt sie einem je schon gegebenen französischen Nationalcharakter zuzuschreiben.

Barthes' Reflexionen, das war damals eine revolutionäre Herangehensweise, nahmen ihren Ausgangspunkt von Objekten des Alltags, von scheinbar zufällig ausgewählten Zeitungsartikeln, Pressefotos, Theateraufführungen, die auf seine Subjektivität auftrafen und als Zeichen eines semiologischen Systems gelesen wurden. Manche Stücke sind berühmt geworden, etwa das Bild des Abbé Pierre, »Beefsteak und Pommes frites«, der »Blaue Führer« oder der »neue Citroën«. Die Methode wurde universell, aber die Objekte waren noch geradezu selbstverständlich französische Angelegenheiten, das angesprochene Publikum ein französisches.

Nur deshalb konnten die Essays so kurz und konzentriert sein. Die Éditions du Seuil, Barthes' damaliger Verlag, hat fünfzig Jahre später *Neue Mythologien* herausgebracht, 57 Texte zumeist sehr bekannter Autoren nach Barthes' Manier. Die Gegenstände haben sich vervielfacht. Zidane, iPod, Sushi, die Star Academy des Ersten Fernsehprogramms, Botox, Nespresso, Ducasse, der Tod des Abbé Pierre, der Smart, der »Kärcher«, das Kostüm von Ségolène … Die internationale Warenwelt verändert den französischen Mythos, der darum aber nicht verschwindet, sondern weiter und undeutlicher wird.

Dieses Buch teilt das Interesse an der Frage, was denn die aktuellen Veränderungen, die man so hübsch ungenau mit dem Begriff der Globalisierung bezeichnet, in Frankreich bewirken, wie sie auftreffen auf die traditionellen Denkweisen und Strukturen. Aber, siehe oben, es wurde nicht geschrieben von einem Autor, dessen erster Schreibtisch im sechsten Arrondissement von Paris stand. Und dessen letzter nicht dort stehen wird, so wie die Immobilienpreise sind. Es geht aus von französischen Erfahrungen, aber eben auch von deutschen Frankreich-Mythen. Und die deutschen Frankreich-Mythen, an dieser Stelle in dem weiter gefassten Sinn einer »vielen bekannten Erzählung« verstanden, hängen eng zusammen mit den oben genannten Nationalstereotypen und sind ebenso langlebig. Das Essen gehört dazu, der Wein, die »oh là là'«-Frauen, die Mode und die Revolution. Das sind die Kapitel der folgenden »Tour de France«, die sich ja auch verändert hat, seit da immer ein unsympathischer Amerikaner gewinnt, dem man das Doping nicht beweisen kann, was das deutsche Fernsehen so ärgert, dass es abschaltet, zumal man dem (Ost-)Deutschen, der knapp hinterherfuhr und eigentlich die Quoten machte, das Doping nachweisen konnte.

Natürlich könnte, ja müsste man die Themen erweitern. Es fehlt ein Kapitel über die Sprache, eines über die Konzeption des Intellektuellen, eines über Galanterie und Höflichkeit, eines über Universalismus und überhaupt noch ungefähr tausend. Manche Aspekte, die einmal als Gegenstand eines eigenen Kapitels gedacht waren, sind eingegangen in die vorliegenden: das über die Liebe und die Sexualität in das über die Frauen, das über das Verhältnis zum Besitz oder über das Wohnen in die »Revolution« ... Aber jedenfalls, so glaube ich, sind die ausgewählten Themen zentral für das deutsche Bild von Frankreich. Von vielem anderen, worauf Frankreich stolz ist, wollen Sie, lieber Leser, eben nichts wissen. Zum Beispiel von französischer Technologie, oder, am alltagsnahen Beispiel gesagt, davon, dass die französischen Hochgeschwindigkeitszüge billiger, schneller und pünktlicher sind als die deutschen. Von Atomkraftwerken zu schweigen. Es ist schief, aber es ist jenseits der Grenze auch so, auf anderen Gebieten. Man billigt dem Nachbarvolk Gebiete der Exzellenz zu und importiert willig, was Exzellenz verspricht. Und wo man sich selbst als exzellent empfindet, da importiert man nicht. Also (fast) kein Wort davon. Die Auswahl der Themen folgt aber nicht nur einer deutschen Sichtweise. Dann wäre sie selbst vom Mythos erschlagen. Sie folgt auch dem französischen Selbstbild. Die Gebiete, denen dieses Buch gewidmet ist, sind eben auch Gebiete französischen Stolzes.

Wir haben es gern, wenn ein Buch eine These hat, eine klare These, der man zustimmen oder die man ablehnen kann. Also in unserem Falle »Das heutige Frankreich, im Gegensatz zu Deutschland, ist« – dann ein Doppelpunkt, darauf eine Behauptung, schließlich der Beleg in mehreren Punkten einschließlich der scharfen Widerlegung abweichender Auffassungen. Es gibt eine jahrhundertealte französische Aufsatztradition, die nach diesem Muster verfährt, die der »Dissertation« (nicht zu verwechseln mit der deutschen Doktorarbeit). Alle gebildeten Franzosen, alle, die zu den Funktionseliten gehören, beherrschen ihre Regeln, sonst wären sie irgendwann schulisch gescheitert. Sie ist auf Klarheit und Widerspruchsfreiheit aus, und sie macht, wenn sie nicht allzu schematisch angewendet wird, ein großes intellektuelles Vergnügen. Aber sie gewinnt ihre zwingende Klarheit natürlich nur um den Preis, die Vielfalt der Phänomene und ihre Widersprüchlichkeit einzuschleifen, den Widerstand der Empirie nicht allzu ernst zu nehmen. Sie ist eine wunderbare und gefährliche Denkübung.

Dieses Buch hat keine alles organisierende These, längst nicht die beliebte, Frankreich sei ein liebenswert stagnierendes Land im Gegensatz zum sachlich kalten, aber in den Beschleunigungswerten klar überlegenen Deutschland. Die einzelnen Kapitel wurden einzeln geschrieben, manchmal in erheblichem zeitlichen Abstand. Schaut man nach verknüpfenden Fäden jenseits des immer wieder durchschlagenden historischen Bezugs auf die höfische Gesellschaft des Absolutismus und die Traditionen der Revolution, so fällt auf, dass auch im Alltag das Verhältnis zum »Natürlichen« in Frankreich in vielen Bereichen anders nuanciert wird als in Deutschland. Ich komme Ihnen jetzt nicht mit den germanischen Wäldern, so ist es nicht gemeint. Aber Kochkunst ist die Kunst des subtilen Verfeinerns, die auf Natürlichkeit pfeift, nicht erst in der Molekularküche Ferran Adriàs; die Mode schert sich weder um Bequemlichkeit noch um Zweckmäßigkeit, sondern um Eleganz. In Frankreich wird das als normal empfunden, den deutschen Frauen macht es häufig ein sichtbar schlechtes Gewissen. Die Natur will bekanntlich mit der Liebe auf etwas höchst Natürliches am Ende hinaus – in Frankreich wurde die Kunst, das Natürliche zu sublimieren, zum zivilisierten Spiel. Nacktheit (»ist doch nichts dabei«) gilt den einen als natürlich, die anderen mögen sie nur, wenn sie in Szene gesetzt ist. Selbst in der Politik gibt es bekanntlich in Frankreich eine große Skepsis gegen das Natürliche bis hin zu Verwaltungsformen, die auf die natürliche Struktur und gewachsene Tradition des Landes bewusst keine Rücksicht nehmen. Die Natur ist eben ungleich, die Republik ein Gesellschaftsvertrag von Gleichen.

Von Ökologie ist in diesem Buch nicht die Rede, aber ich wüsste viele Geschichten davon zu erzählen, wie sich von ihrem ersten Deutschland-Aufenthalt heimkehrende französische Studenten über die Mülltrennung, über die vielfarbigen Mülleimer an allen Ecken und Enden sanft mokierten, ebenso wie über die Radwege oder die Bürgerinitiativen zur Rettung eines verkrüppelten Baumes. Am hartnäckigsten und unversöhnlichsten trat diese Differenz in der Auffassung des Natürlichen lange Zeit in der unterschiedlichen Bewertung des »natürlichen« Mutter-Kind-Verhältnisses und den daraus resultierenden Konsequenzen für die öffentliche Erziehung zum Vorschein. Um noch einmal auf die Erfahrungen mit den Reaktionen des Publikums auf öffentliche Lesungen aus den *Französischen Affairen* zurückzukommen, die ein Kapitel über Erziehung in Frankreich enthalten: Leidenschaftlich wurden die Diskussionen nur dann, wenn es darum ging, ob die Kinder möglichst lange in mütterlicher Obhut bleiben sollten, um ihre zarte Natur gegen den Verderb durch die Gesellschaft zu schützen, oder ob nicht öffentliche Institutionen möglichst bald ihre Erziehungsarbeit am noch unzivilisierten Kleinkind tun sollten. Da gerieten sich dann die »Rabenmütter« und die »Gluckenmütter« in die Wolle und keine wollte bei den anderen ein gutes Haar finden. Die »Rabenmütter« beriefen sich auf das französische Modell, die »Gluckenmütter« aufs deutsche. Es war immer so, fast wie ein einstudiertes Stück. Wie schmerzhaft dieser Differenzpunkt ist, zeigt auf eine sehr reflektierte Weise auch das Buch von Béatrice Durand, *Cousins par alliance. Les Allemands en notre miroir*, das auf wohltuende Weise von Erfahrungen statt von apriorischen Konstruktionen ausgeht. Ausgelöst wurde es nach Durands Bekunden dadurch, dass sie, seit langen Jahren an deutschen Universitäten arbeitend, in dem Moment, als ihre mitgebrachten Vorstellungen von der Erziehung ihrer eigenen Kinder auf die Praxis der deutschen grünen Mittelschicht stießen, darüber nachdenken musste, was denn das Eigene war und wie das Fremde zu verstehen ist.

Man könnte, um ein unterschiedlich akzentuiertes Verhältnis zum »Natürlichen« auf den beiden Seiten des Rheins zu belegen, auch auf die Literatur kommen und fände reichlich Material. Auch dazu ist hier nicht der Ort. Aber es sei doch immerhin eine Passage aus Baudelaires »Lob der Schminke« aus *Der Maler des modernen Lebens* von 1863 zitiert. Ich wette, dass es in der ganzen deutschen Literatur der Zeit keinen Text von Rang gibt, der so radikal mit dem »Natürlichen« ins Gericht geht. Die Natur lehre uns »gar nichts«. Sie sei es auch, »die den Menschen dazu treibt, seinesgleichen zu töten, zu verzehren, einzusperren, zu foltern; denn sobald wir den Bereich der Notwendigkeiten und Bedürfnisse verlassen, um in den Bereich des Luxus und der Bedürfnisse einzutreten, sehen wir, dass die Natur nur zum Verbrechen raten kann. Diese unfehlbare Natur ist es, die den Verwandtenmord und die Menschenfresserei schuf und tausend andere Abscheulichkeiten, die aufzuzählen Scham- und Feingefühl uns verbieten. Die Philosophie (ich meine die gute) und die Religion befehlen uns, arme, schwächliche Verwandte zu ernähren. Die Natur (die nichts anderes ist als die Stimme unseres Interesses) gebietet uns, sie zu ermorden. Man überblicke und analysiere einmal alles, was natürlich ist, alle Handlungen und Begierden des rein natürlichen Menschen: nur Entsetzliches wird man finden.« Das ist nur der Auftakt zum Lob der Moden, von denen »jede ein neues, mehr oder minder glückliches Streben nach dem Schönen bedeutet…« und speziell der Schminke, aufgelegt, »alle Flecke, mit denen die Natur in so verletzender Weise den Teint übersät, verschwinden zu lassen…«

So hätten wir denn doch einen Nenner gefunden, auf den sich die ebenso vielfältigen wie beharrlichen Muster französischen Denkens, Fühlens und Handelns bringen ließen und der sie deutlich abgrenzte gegen die vorherrschenden deutschen Denktraditionen und Alltagspraxen bis heute? Luc Ferry in *Le nouvel ordre écologique*, Alain Finkielkraut in *La défaite de la pensée* und andere in ihrem Gefolge haben versucht, das Verhältnis zur Natur zum Prüfstein des Humanen wie zum Grenzstein zwischen deutscher und französischer Traditon zu machen. Und da es ihnen nicht an philosophischen Kenntnissen gebricht, sondern an Kenntnissen des gegenwärtigen Deutschland, strickten sie ihre Kenntnisse der deutschen Philosophiegeschichte an das Phänomen der deutschen ökologischen Bewegung, die bei Erscheinen ihrer Bücher in Frankreich kein Pendant hatte. Herder muss wieder für den Irrationalismus herhalten, zusammen mit der Romantik, die Tatsache, dass es in Deutschland eine Naturphilosophie gibt (Schelling), in Frankreich aber nicht, belegt die Dominanz naturverfallener Unvernunft deutschen Denkens, die dann mündet in des letzten Kaisers Darwinismus und Hitlers Rassenwahn, mündet in modernen Kommunitarismus, in reaktionäre grüne Politik und am Ende auch die Mütter ins deutsche Haus sperrt.

Die Geschichte hat in ziemlich kurzer Zeit die so gelehrte Konstruktion gründlich blamiert. In Frankreich wachsen die Radwege, die großen Städte experimentieren mit öffentlichem Fahrradverleih; die grüne Mittelschicht der Städte, die »bobos« (bourgeois-bohèmiens) sind zum einflussreichen sozialen Faktor geworden; die Grüne Partei hat sich dauerhaft national als wichtige politische Gruppierung etabliert; selbst in den Spitzenrestaurants gibt es Gemüsemenüs; die Winzer werben mit dem »Bio«-Aufkleber, die Autofirmen mit niedrigem Schadstoffausstoß und der rechte Präsident organisiert spektakuläre Umweltgipfel. Meine französischen Freunde sehen mich unterdes ein bisschen schief an, wenn ich mich laut darüber freue, dass die Mülltrennung in meinem Viertel noch nicht eingeführt ist und ich jeden Abend außer sonntags meine ungetrennte Mülltüte vor die Tür stellen darf. Es wird nicht mehr lange dauern. Die unsystematische Liste der Beispiele wäre leicht zu verlängern. Jedenfalls ist die Republik durch die nun auch in Frankreich verbreitete Sorge um die natürlichen Lebensbedingungen, die Qualität der Luft, des Wassers, der Nahrung nicht in Gefahr geraten. Diese Sorge ist nicht links und ist nicht rechts. Und sie ist auch nicht deutsch. Sie ist nicht einmal natürlich.

Hüten wir uns aber davor, das wachsende ökologische Bewusstsein in Frankreich einfach nur als Nachholeffekt zu sehen. Deutschland ist nicht immer voraus, hat nicht in jedem Falle die moderne Gesellschaft. Auch hier bewegen sich die Mentalitäten, die vor einigen Jahren noch traditionsbewehrt und kaum veränderbar erschienen. Nehmen wir das Beispiel der Vorschulerziehung und das Beispiel der Ganztagsschulen, die beide in Deutschland keine Tradition haben. Spätestens mit der Pisa-Studie wuchs in Deutschland das Bewusstsein davon, dass ungleiche Bedingungen im Zugang zur Bildung schon früh und durch öffentliche Erziehung behoben werden müssen, wuchs das Bewusstsein, dass nicht alle Schüler den freien Nachmittag aus eigener Kraft zum Lernen oder zum Geigespielen benutzen. Die »Gluckenmütter« haben in der öffentlichen Diskussion an Stimmkraft verloren, schneller, als zu vermuten war.

Natürlich liegt das Alte, lange in einer Gesellschaft Gewachsene unter dem Neuen. Aber es determiniert es nicht völlig. Es gibt Kontinuität und es gibt Wandel. Es ist gut, von den Traditionen zu wissen, statt sie unbewusst zu verlängern oder für natürlich zu halten. Aber man muss jeweils hinsehen, um zu erfahren, was gerade mit ihnen geschieht. Dazu will dieses Buch beitragen: zum historischen Verständnis französischer Mentalitäten wie zum Verständnis eines sich wandelnden Landes.

Tour de France

Die Tour de France 2007 sollte nach den Dopingaffären der vorausgegangenen Jahre ein sauberer Neuanfang werden. Nachdem gleich zu Beginn ein deutscher Fahrer eines deutschen Teams, das sich besonders wortreich im Kampf gegen das Doping hervorgetan hatte, bei einer Kontrolle erwischt wurde; nachdem dann der beste Zeitfahrer und darauf der Träger des Gelben Trikots wegen verbotener leistungssteigernder Manipulationen aus dem Rennen genommen worden waren; nachdem so auch dem Gutwilligsten klar sein musste, dass sich alle Fahrer dopen, die vorne dabei sind, schalteten die öffentlich-rechtlichen deutschen Fernsehanstalten die Kameras ab. In der Begründung war von Ehrlichkeit, Sportsgeist und Betrug am Zuschauer die Rede. Der Präsident des öffentlichen französischen Fernsehens (FR 2) antwortete seinerseits auf die Frage, warum sein Sender die Übertragungen nicht auch abbreche, mit dem Hinweis auf rechtliche Verpflichtungen, vor allem aber mit dem Satz, ein solches Rennen könne man nicht einfach ausblenden, schließlich gehöre es zum »kulturellen Erbe der Nation«. Man darf davon ausgehen, dass er der Mehrheit seiner Zuschauer aus dem Herzen sprach. Die Einschaltquoten waren gut und blieben gut, die Spaliere aus Hunderttausenden von Zuschauern, die die Strecken säumen, lichteten sich nicht. Und so ging fast alles so weiter wie vorher, obgleich »France Soir« mit einer schwarzumrandeten Todesanzeige für die Tour aufmachte. Daraus zu schließen, die französischen Zuschauer seien naiv, wäre voreilig. Eher schon dürfte man die deutschen Fernsehverantwortlichen scheinheilig nennen. Was wäre wohl gewesen, hätten sich Fußballspieler in den entscheidenden Spielen der »deutschen« Weltmeisterschaft im Jahr 2006 als gedopt erwiesen? Und dass auch im Fußball gedopt wird, ist unterdes eine Binsenweisheit, wenngleich vorerst ohne nennenswerte Konsequenzen. Der Präsident von FR 2 hat recht: In Frankreich gehört der Radrennsport allgemein, insbesondere aber die Tour de France zum »kulturellen Erbe der Nation«, in Deutschland ist er, lassen wir die DDR-»Friedensfahrten« einmal beiseite, ein Jan-Ullrich-Phänomen der neunziger Jahre, locker aufgepfropft auf ein neues, sportorientiertes Gesundheitsbewusstsein.

Eine erste Vorstellung davon, was das Rad in Frankreich bedeutet, bekam ich gleich im ersten Jahr meiner Tätigkeit dort, in Nizza während der achtziger Jahre. Zunächst einmal davon, was es *nicht* bedeutet – damals nicht bedeutete –, nämlich ein praktisches oder gar ökologisches Fortbewegungsmittel zu sein. Ich hatte kein Auto und wohnte vier Kilometer von der Universität entfernt, vier Kilometer, die erst sanft und dann steil vom Meer zum nördlichen Stadtrand bergauf führten. Dahinter dann die Straßen des bergigen Hinterlands, die mit ihrer Vielfalt an atemberaubenden Perspektiven auf die Alpen wie das Meer als Wegenetz eines Radfahrerparadieses gelten. Das Auto hätte mir übrigens nicht viel genützt, denn die Hauptachse des Wegs zur Arbeit war zu den Hauptverkehrszeiten immer verstopft. Was lag da für einen deutschen Universitätslektor, der vorher in Bremen gearbeitet hatte, näher als die Anschaffung eines Rades? Natürlich durfte es keines dieser fürs Flachland gebauten Hollandräder sein. Das war mir klar. Kettenschaltung, Felgenbremsen, ohne würde es nicht gehen. Aber ein kleiner Gepäckträger ist praktisch und Schutzbleche manchmal auch. Also ein »Halbrenner«, ein weißer Halbrenner. Von Peugeot natürlich, das war die einzige französische Fahrradmarke, die ich kannte. Ein französisches Rad sollte es schon sein. Außerdem klingt »Peugeot« besser als »Torpedo«, wie das Rad mit Dreigangschaltung geheißen hatte, das ich zur Konfirmation bekam. Die Fragen des Verkäufers, wieviel Ritzel er denn auflegen sollte, habe ich nicht verstanden. Das französische Wort für »Ritzel« (pignon) klingt ähnlich wie das für »Taube« (pigeon), und ich konnte mir nicht vorstellen, vom Kranz welcher »Tauben« denn da die Rede war. Ich wusste auch nicht, was ein »Umwerfer« ist. Ich wusste nicht einmal, dass der Name des Geschäfts, »Freilauf«, ein Wortwitz war. Das Angebot, günstig Fahrradschuhe zu kaufen, die in die ungewohnten, beim Aufsteigen nur mit Übung nach oben zu richtenden Metallkörbchen an den Pedalen passten (die heutigen Pedale mit den Skibindungen waren noch nicht verbreitet), lehnte ich natürlich ab. Wegen des Klötzchens unter der vorderen Sohle laufen ausgewachsene Männer darin ungefähr so wie ungeübte Mädchen in Schuhen mit Klötzchen unter dem Absatz. Natürlich auch keine alberne bunte

Rennkleidung und keine Hosen mit Schaumgummiein-
lagen am Po. Ich wollte ein praktisches Rad, tauglich für die
Stadt und Ausflüge ins Hinterland. Keinesfalls wollte ich
mit dem Rad auffallen und so aussehen wie jemand, der sich
als Radrennfahrer verkleidet hat.

Als ich zum ersten Mal mit meinem neuen Halbrenner zur
Uni fuhr, konnte ich mich des Eindrucks nicht erwehren,
dass mich die Autofahrer mit ihren dicken Blechrüstungen
geradezu jagten, besonders diejenigen, an denen Halterun-
gen für Rennräder angebracht waren. Und an der Universität fiel ich mit meiner unauffälligen Kleidung auf meinem
unauffälligen Rad so auf, als hätte ich gerade ein Zeitfahren
gewonnen. Meine Studenten kamen und bestaunten mein
Rad und meine Tat. In ihren Augen glänzte die Überzeugung, dass zwar alle Professoren ein bisschen verrückt sind,
aber dieses nun doch bedeute, dass ich völlig kopflos geworden sei, wie man den französischen Ausdruck »perdre les
pédales« (wörtlich »die Pedale verlieren«) übersetzen kann.
Der Hausmeister eilte heran und fand, ich dürfe mein Rad
nicht an den Zaun schließen, sondern ich solle es in der
Tiefgarage parken. Ich musste mir eingestehen, dass die Bilder von französischen Briefträgern in meinem Kopf, die mit
dem Fahrrad entlegene Höfe ansteuern, um dort eine Post-
karte abzuliefern, aus alten Filmen stammten (Tati!). Seit
den fünfziger Jahren, seit den Rollern und den Fahrrädern
mit Hilfsmotor waren sie anachronistisch. Keiner meiner
Kollegen, keiner der Studenten fuhr mit dem Rad in die
Universität. Es war mir nicht aufgefallen.

Mit dem Rad, mit schlanken Rädern ganz ohne Gepäckträger sah ich hingegen am Sonntagmorgen viele Pulks von

durchaus auch älteren Männern, durchaus auch mit Bauch unter den strammen bunten Radfahrerhemdchen mit den leuchtenden Werbeaufschriften. Keiner außer mir fand sie lächerlich. Ich sah sie übrigens fast immer von hinten, nachdem sie mich auf meinen Radtouren durchs Hinterland souverän und freundlich grüßend überholt hatten. Und sah sie dann später wieder, fröhlich am Mittagstisch im Garten eines Dorfrestaurants sitzend, vor dem keine Touristenautos parken. Die Räder waren übrigens wirklich sehr schlank, wogen höchstens 10 Kilo, während meines, wie auf der Garantiekarte stand, ungefähr 15 Kilo schwer war. Ich mochte es immer noch gern, mein Rad, aber ich fand diese blechern klappernden Schutzbleche jetzt doch manchmal lästig. Wann regnet es schon in Nizza? Und wer fährt ausgerechnet dann mit dem Rad? Ich fand auch, dass mein Freilauf sein *adagio ma non troppo* nicht ganz so volltönend klickte wie der der älteren Herren mit den Campagnolo-Schaltungen. Und der Gepäckträger sah, zugegeben, ein bisschen so aus wie ein Buckel. Er macht die Linien kaputt. Die Linien eines Rennrads sind erst dann schön, wenn man nichts mehr weglassen kann. Aber dann, dann ist es das schönste Sportgerät seit der Erfindung des Balls. Ein Formel-1-Rennwagen ist dagegen ein Monster. Übrigens nennt man das Rennrad auf Französisch auch »la petite reine« – die kleine Königin. Das ist zärtlich gemeint, auch bei Republikanern. Und Königinnen tragen natürlich keinen Rucksack und machen sich nicht mit Gepäckträgern gemein.

Meine Studenten haben sich allmählich daran gewöhnt, daß der »deutsche Prof« mit dem Rad in die Uni kam und haben es als harmlose Marotte abgebucht, etwa so wie bei

Deutschlandreisen die drei verschiedenen Mülleimer und die Mülltrennung überhaupt. Die Kollegen schwiegen höflich. Nur Robert interessierte sich für meine Ausflüge ins Hinterland. Welche Strecke, wie lang, wie steil? Robert gab Tipps. Und er erzählte vom Radfahren. Davon zum Beispiel, wie lange die Stars des Frühjahrklassikers Paris–Nizza auf den Col d'Èze brauchen, ein Wimpernschlag gegen die Ewigkeit meines langsamen Anstiegs. Am meisten Respekt war in seiner Stimme, wenn er vom Col de Turini sprach, nicht sehr weit entfernt, aber über 1500 Meter hoch und von drei verschiedenen Tälern auf allemal steilen Wegen aus erreichbar. Robert war schlank, ausdauernd, stieg mehrmals die Woche aufs Rennrad, vor allem aber war er freundlich, hilfsbereit und höflich. Mit ihm und meinem Halbrenner, so beschloss ich, wollte ich auf den Turini-Pass. Vorher habe ich die Strecke schon mal mit dem Auto erkundet. Auf dem Weg, der im Winter bei der Rallye Monte-Carlo die Königsetappe bildet. Nur eben langsamer und ohne Schnee und ohne Rallye. Die Straße schraubt sich durch enge Täler herauf bis etwa zur Hälfte des steilen Hangs, wo dann die Serpentinen beginnen, die selbst beim Autofahren beeindruckend sind. Dann, so kam es mir vor, ist man »oben« und fährt durch kühle Wälder in leichter Steigung noch 15 Kilometer bis zum Pass. Mit dem Rad, sehr früh am Morgen, war die Strecke dann doch sehr anders. 300 Meter nach dem Beginn der Steigung war ich in der größten Übersetzung und begann den Kampf darum, nicht abzusteigen. Ich wollte hinaufkommen, ohne abzusteigen und ohne zu schieben, das war mein Ziel. Wenn auch mit einer großen Übersetzung, einem 27iger-Zahnrad hinten, dem »Rentnerritzel«, wie sie im Fahrradladen gesagt hatten. Aber immerhin. Immerhin bekommt man auch einen Eindruck davon, was Radrennen ist. Es ist Leiden, wieder Leiden, nochmals Leiden und ein fortwährender Kampf gegen die Stimme des Versuchers, der da flüstert: »Warum machst du das eigentlich alles, du Idiot, statt da unten am Mittelmeer zu liegen und Löcher ins Blau des Himmels zu gucken?« Radfahren kann jeder. Oder kann jeder können. Jedem Kind kann man es in ein paar Stunden beibringen. Radfahren ist nicht technisch wie Tennis oder Skifahren. Radfahren ist nur das: Anstrengung und Leiden. Zumindest am Berg. Sicher, man gewöhnt sich irgendwie daran. Auf den Geraden zwischen den Serpentinen ist man an der Grenze, dann kommt die Kurve, die für ein paar selige Meter fast eben ist, wenn man sie außen nimmt, die Atmung beruhigt sich – und dann die nächste steile Gerade. Die Geschwindigkeit lag zwischen sieben und acht Kilometern in der Stunde. Wenn man langsamer wird, fällt man um. Solche Strecken erklettern die Spitzenfahrer der Tour de France mit Geschwindigkeiten von sagenhaften 35 Stundenkilometern, so schnell, dass ich bergauf bremsen müsste, um nicht aus der Kurve getragen zu werden. Es ist schwer vorstellbar, und selbst das Fernsehen zeigt nicht das Ganze dieser Leistungen, weil es die Steigung so wenig augenfällig machen kann wie bei der Übertragung von Skirennen das Gefälle. Marathonläufer laufen doppelt so schnell wie ich und das über viel längere Zeit. Das kommt mir enorm vor, aber ich kann es mir vorstellen. Aber mit 35 km/h hinauf auf den Turini?

Jedenfalls waren wir irgendwann »oben«, dort, wo die Serpentinen aufhören und man mit dem Auto in den vierten Gang schalten kann. Mit dem Fahrad habe ich es versucht, auf dieser schon seit Stunden ersehnten leichten Steigung, auf dem abschließenden Flachstück, das keines war. Es ging nicht. Es wurde eine elende Schinderei in der größten Übersetzung. Robert erkundigte sich nach meinem Frühstück, fand ein Croissant mit einem Café viel zu wenig für eine solche Tour, beschloss, ich hätte einen »Hungerast« und befahl mich in Peira Cava, einem schönen, aber verlorenen Bergnest fünf Kilometer vor dem Pass, vom Fahrrad. Direkt beim Gemischtwarenladen. Besser war kaltes Wasser nie. Besser hat auch das Baguette mit den dicken Scheiben roter Wurst und dem Cantal-Käse nie geschmeckt. »Mit dem schweren Rad sind Sie hier heraufgekommen. Sogar mit Gepäckträger. Chapeau. Macht man das in Deutschland so?«, hat der Krämer gesagt. Es war nett gemeint. Der Krämer erwies sich als ein Radsportexperte auf einsamem Posten. Er hatte alle Ergebnisse der Tour de France im Kopf. Und unzählige Geschichten darüber. »Wissen Sie, wann die Tour de France hier durchgekommen ist?« Robert wusste es. »Wer die Etappe gewonnen hat?« Robert wusste zu meinem Erstaunen auch das. Und dann erzählten sich zwei französische Männer, Anfang der dreißiger Jahre geboren, immer neue Geschichten »aus der großen Zeit«. Von Bartalis Sturz war die Rede, als Coppi ihn schließlich eingeholt hat, von Ferdi Kübler und Louis Bobet. Ausgebleichte Fotos wurden geholt, auf denen Bobet vorwegfährt – ohne Schutzhelm natürlich –, hinter ihm ein offener Simca und ein Jeep mit den Begleitern, am Straßenrand vor den engen Reihen der Zuschauer seine hübsche Frau mit Dauerwelle, wadenlangem Kleid und Stöckelschuhen, die ihn anfeuert:

ein Held. Und dann die Geschichten von Anquetil, der »eigentlich kein Kletterer war« und trotzdem immer wieder gewonnen hat. Gegen Poulidor, zärtlich »Poupou« genannt, als gehöre man der gleichen Familie an. Robert wie der Krämer waren gegen Anquetil, beide für Poulidor, »der 1964 nur geschlagen wurde, weil er bei der Etappe Briançon–Monaco, ganz hier in der Nähe, durch eine Reifenpanne drei Minuten verloren hat«. »2'36 waren es nur, aber entscheidende.« »Aber dann, bei der Etappe nach Luchon, da hat Poulidor ihn geradezu stehen gelassen. Das war ein Höllenritt.« Und so weiter. Ich war völlig ausgeschlossen von der Konversation. Zunächst, weil ich kaute und man mit vollem Mund nicht spricht. Dann aber, weil ich nichts wusste von den Heldentaten, die hier erzählt wurden. Gar nichts. Die Situation wäre übrigens völlig falsch interpretiert, wenn man sie als höchst zufälliges Zusammentreffen zweier Spezialisten für irgendein beliebiges Hobby sehen würde. Dies war etwas anderes als die Begegnung zweier Briefmarken- oder Modelleisenbahnsammler. Da wurden Stücke eines nationalen Mythos erzählt. National, aber keineswegs nationalistisch. Die italienischen, die belgischen Helden kamen auch vor, wurden auch bewundert und kommentiert. Besonders aber Poupou, der immer nur Zweiter geworden ist. Ich sollte übrigens auch keineswegs absichtsvoll ausgeschlossen werden. Dazu ist Robert viel zu nett und zu taktvoll. Es war wohl umgekehrt: Weil ich es (fast) geschafft hatte, auf den Turini zu kommen, einen Initiationsritus bestanden hatte, durfte ich Einblick nehmen in eine Welt, zumindest in eine prägende Erfahrung mehrerer französischer Generationen. Sie blieb mir verschlossen, weil ich als Erwachsener nach

Frankreich kam und mir die frühen Erlebnisse, die frühen Bilder fehlen, die durch Fotos nicht zu ersetzen sind. Aber ich weiß immerhin, dass es sie gibt. Seit jenem Gespräch zwischen Robert und dem Krämer bin ich jedenfalls sicher, dass die Tour de France mehr ist als eine Radrundfahrt. Es ist etwas, was ein- und was ausschließt, was darüber mitbestimmt, wer Franzose ist und wer nicht. Übrigens gilt das nicht nur für Männer: Meine Freundin Isabelle, eine kunstgeschichtlich äußerst beschlagene, dem Sport, vor allem aber der Sportberichterstattung gründlich abgeneigte Bibliothekarin, viel jünger als Robert, weiß auch, wer »Poupou« war. Die Tour de France in ihrer großen Zeit zwischen den Kriegen und in den fünfziger Jahren, das ist für Frankreich so etwas wie das »Wunder von Bern« für das Bewusstsein der Deutschen.

Übrigens lief es dann das letzte Stück vom Krämer bis zum Pass ziemlich leicht, nachdem ich mich wieder in den Sattel gezwungen hatte. Robert verzichtete natürlich darauf, mir noch mehr Stückchen aus der Tour-Mythologie zu erzählen. So etwas ist nur interessant, wenn die anderen die große Erzählung schon kennen, das wusste er. Stattdessen hat er mich französische Ausdrücke um das Rad gelehrt. Damals habe ich zuerst von der »petite reine« gehört. Davon, dass man die Tour »die große Schleife« (la grande boucle) nennt. Davon, dass ein Radfahrer, der kurze, steile Stücke bewältigt, indem er sich aus dem Sattel erhebt und in den anstrengenden Wiegetritt fällt, »en danseuse« fährt, »wie eine Tänzerin«. Übrigens sieht das meist gar nicht tänzerisch aus, sondern ziemlich nach Anstrengung. Die großen Stilisten des Radsports versuchen, die »danseuse«

zu vermeiden. Aber die französische Sprache will nun mal, dass die Ausdrücke, die sich ums Rad herumgruppieren, weiblich und zärtlich sind. Deutsche Metaphern wie die des »Radfahrers«, der nach oben buckelt und nach unten tritt, lassen sich nicht direkt ins Französische übertragen.

Ein populärer französischer Mythos, am Ende unter Beihilfe verantwortungsloser Radfahrer und betrügerischer Ärzte missbraucht von Sponsoren, Werbung und Medien – die Tour de France ist ein sehr geeignetes Objekt für kulturkritische Reflexionen. Die Wirklichkeit ist freilich wieder einmal komplexer: Die Tour de France wurde im Jahre 1903 von einer Zeitschrift, die ausgerechnet »L'Auto« hieß, initiiert, um dem Konkurrenzblatt »Le Vélo« Leser abzujagen. »Le Vélo« hatte ein Fahrradrennen Paris–Brest–Paris lanciert, das große Aufmerksamkeit fand. Henri Desgrange, der Direktor von »L'Auto«, beschloss, die Erfolgsformel zu kopieren, aber dabei zugleich zu überbieten. Nicht mehr nur von Paris in die Bretagne und zurück sollte es gehen, sondern rund um ganz Frankreich. Die Idee der Tour de France war geboren, geboren aus Geschäftssinn und Medienkonkurrenz, geboren aus dem Geist der Suche nach immer neuer Überbietung, aus dem Geist des Superlativs. Die erste »Tour« führte freilich nicht in alle Ecken des Hexagons, sondern umkreiste in großem Bogen den Süden und Südosten Frankreichs, also von Paris, dem nördlichsten Punkt, nach Lyon, Marseille, Toulouse, Bordeaux und dann über Nantes, Tours und Orléans zurück nach Paris. Ob der Norden und der Osten wegen der Nähe des deutschen Feindes gemieden wurden, werden die Tour-Historiker wissen. Wenige Jahre später, 1906, waren jedenfalls sowohl Roubaix an der belgischen Grenze als auch das deutsch besetzte Metz Etappenorte der »Tour«. Die erste Routenführung orientierte sich noch an den Flussläufen und Küstenniederungen, führte an der Rhône entlang, an den flachen Küsten des Languedoc und des Roussillon, folgte der Garonne, der Atlantikküste und dann der Loire. Man sollte sich das nicht so vorstellen wie heute den Radwanderweg an der Donau entlang von Passau nach Wien: Die erste Etappe startete in der Nacht bei Paris, führte über 467 Kilometer nach Lyon und nahm 18 Stunden in Anspruch. Aber auch das musste gesteigert werden im Dienste der Auflagenzahlen von »L'Auto«. 1910 kam ein Journalist des Blattes auf die Idee, die Strecke über steile, unzugängliche Bergpässe zu führen. Bei der Suche nach entsprechenden Wegen – ungepflasterte Schotterwege für den Holztransport im Hochgebirge – wäre er bei einer Panne unter dem Pic du Midi in den Pyrenäen beinahe erfroren. Die Strecke zum Tourmalet, so meldete er dann der Redaktion, sei befahrbar. Freilich müsse man eine Piste anlegen, um hernach den Aubisque zu überqueren. »L'Auto« stiftete 1500 Francs, die Region legte 1500 Francs dazu, da die neue Strecke dem Thermaltourismus neue Kunden zuzuführen versprach – und eine der Königsetappen der Tour war geboren. Sponsoring, Infrastrukturentwicklung, Tourismusförderung, das alles gab es von Anfang an, nur hieß es noch anders.

Die Wahl der Streckenführung folgte freilich nicht nur dem sportlichen wie journalistischen Gesetz der Überbietung, sondern es ging zugleich um anderes, um Nationales. Nicht nur die höchsten Gebirge der Pyrenäen wurden einbezogen, sondern auch die der Vogesen (legendär der Aufstieg zum »Grand Ballon«), des Jura und der Alpen. Die Tour markierte nun wirklich die seit Ludwig XIV. im Wesentlichen festliegenden natürlichen und politischen Grenzen des französischen Hexagons, mochten auch Teile davon nach der Niederlage von 1871 deutsch besetzt sein. Die Rennfahrer waren Grenzer ganz eigener Art, Grenzer, die nicht nur ein Terrain markierten, sondern jenen Heldenmut vorzeigten, mit dem jeder rechnen sollte, der es wagte, diese nationalen Grenzen zu verletzen. Frankreich war das, was die Tour de France einschloss. Der französische Autor Pierre Sansot schreibt, seine Generation habe die französische Geographie in der Schule und dann konkret in der Berichterstattung über die Tour gelernt: »Die *Tour* hat uns Frankreich wieder gelehrt. Uns Kindern des Südens erschien der ›Ballon d'Alsace‹ wie eine seltsame Laune der Erde. So, als ob eine Montgolfière irgendwo bei uns gelandet sei. Wir erfuhren davon nur bei zwei Gelegenheiten: während unserer Erdkundestunden in der Grundschule und bei der Tour de France. Das Pflaster von Roubaix wurde von den Rennfahrern gefürchtet, und ein ganzes Volk übernahm den Ausdruck von der ›Hölle des Nordens‹, so als ob die ganze Region mit besonderer Vorsicht zu genießen sei.«

Diese nationalidentitäre Seite der Tour de France war in den gut hundert Jahren ihrer Existenz unterschiedlich ausgeprägt. 1930 markiert einen Einschnitt, als man die Bildung von Nationalteams anordnete, ein Prinzip, das nicht lange durchgehalten wurde. Es starteten damals Frankreich, Deutschland, Belgien und Italien. Natürlich spielte die Zeit nach dem letzten Weltkrieg eine besondere Rolle, als die

Jeeps im Tross dominierten und die Tourdirektion sich gern in Uniform zeigte. Unvergessen bleibt auch, dass 1960, als die Strecke durch de Gaulles lothringischen Wohnort Colombey-les-deux-Églises verlief und der General unter den Zuschauern stand, die Tour für eine kurze Zeit anhielt, um den Landesvater zu ehren.

Die nationale Komponente der Tour hat sich allmählich ausgedünnt, besonders rasch in den letzten zwanzig Jahren. Seit 1983 starteten z. B. die Kolumbianer und brachten die Bergwertungen durcheinander, Australier streiften das gelbe Trikot über. 1986 gewann zum ersten Mal ein Amerikaner, Greg LeMond, die Tour. Seither hat kein Franzose mehr gewonnen. Der Spanier Indurain und, nach kurzen dänischen (Riis), deutschen (Ullrich) und italienischen (Pantani) Zwischenspielen, der Amerikaner Lance Armstrong mit seinen sieben Siegen dominierten die große Schleife. Dem Interesse des französischen Publikums hat das keinen Abbruch getan. Auch Besiegte können Helden sein. Der französische Publikumsheld des letzten Jahrzehnts war der des Dopings überführte Richard Virenque, kein Stratege, aber einer, der nie aufgab am Berg und im Leben, aus ähnlichem Holz geschnitzt wie Poulidor. Aber wenn denn doch mal ein Franzose zumindest eine Etappe lang vorne liegt, dann überschlagen sich die Stimmen der Fernsehreporter, künden von einem deutschen Ohren fast naiv, ja peinlich anmutenden Patriotismus. So wie Rudi Michel 1954 in Bern. Und wenn er auch am Ende verliert, der französische Radrennfahrer, es bleibt doch eine französische Radtour, die wichtigste der Welt. Das wissen die Franzosen, das wissen auch die Sieger. Welcher amerikanische Olympiasieger oder Weltmeister in welcher anderen Disziplin auch immer würde einem französischen Fernsehjournalisten auf Französisch zu antworten versuchen? Das gibt es nicht einmal beim Tennisturnier von Roland-Garros. LeMond hingegen und selbst Armstrong radebrechen auf Französisch – eine sehr unamerikanische Verbeugung vor dem Land, in dem sie siegten, mag sie auch von PR-Beratern nahegelegt worden sein.

Seit einigen Jahren hat sich eingebürgert, dass der Prolog der Tour im Ausland stattfindet. Auch Berlin hatte schon die Ehre. 2007 war es London. Niemand hat etwas dagegen. So lassen sich politische Zeichen setzen, ausländische Fernsehzuschauer und ausländische Werbepartner gewinnen. Eine wirkliche Europäisierung bedeutet das freilich nicht. Deshalb hat niemand etwas dagegen. Die Tour wird immer noch in den Alpen und in den Pyrenäen entschieden, auf französischen Straßen. Globalisierung schon, Fahrer aus aller Herren Länder, Übertragung weltweit – aber die Bindung an den französischen Boden bleibt erhalten. Hier, im Radsport zumindest.

Vielleicht bestand die identitätsstiftende Funktion der Tour immer schon nicht in erster Linie darin, dass sie Grenzen markierte, was freilich die Vorbedingung aller Identität ist. Mindestens ebenso wichtig war die Funktion, die innere Vielfalt des »terroir« der Regionen zu zeigen und zu organisieren. Die Tour startet im Allgemeinen in der Stadt und endet unvermeidlich in Paris, aber sie durchquert alle französischen Regionen, wenn auch nicht in jedem Jahr, da sich der Routenverlauf immer wieder ändert. Aber die Ebenen Flanderns, die burgundischen Weinberge, die savoyardischen

Seen unter den weißen Gletschern – mögen sie auch schmelzen –, die Sonnenblumenfelder der Provence, das Blau des Mittelmeers, die Dünen des Atlantik, die wogenden Kornfelder und grünen Hügel Innerfrankreichs, das ist immer dabei. Die Facetten der »douce France«, des lieblichen Frankreich im Sonnenlicht des Juli, kommen in vielen Abschattungen ebenso vor wie die steilen Pässe in unwirtlichen Gebirgsgegenden. Zur Vielfalt der Natur tritt die der Geschichte, treten die Schlösser, die Burgen, die Kirchen, die aus anderen Zeiten hineinragen in die Gegenwart. Die Rennfahrer sehen sie gewiss nicht, aber die Reporter, auch die heutigen Fernsehreporter, haben sie alle auf ihren Spickzetteln stehen, dirigieren die Hubschrauber mit den Kameras zu den Sehenswürdigkeiten, erzählen Anekdoten, erinnern an Geschichte und Geschichten, moderne, stolze Grundschullehrer der Nation. Die äußeren Grenzen gesichert, werden die inneren Reichtümer besichtigt und aller Welt vorgezeigt. So war es früher, so ist es heute noch. So ist es heute noch mehr, denn natürlich geht es heute auch darum, Touristen anzuziehen, sich vor den Kameras ins rechte Licht zu rücken.

Das gilt natürlich besonders für die wechselnden Etappenorte, besonders die kleinen. Die Tour bei sich zu empfangen, das heißt für einen Ferientag der Mittelpunkt Frankreichs oder doch zumindest in aller Munde zu sein. In Zeiten, in denen der Präsident sich für die Ferien auf namenlose Yachten von Milliardären einladen lässt, also für Ferienaufenthalte auf dem Land nicht zur Verfügung steht, ist das so, als würde man den wirklichen König mit seinem Tross empfangen, der ja bis in die Neuzeit hinein von Ort zu Ort zog, um seinen Herrschaftsanspruch im ganzen

Land geltend zu machen. Heute sind es 200 Rennfahrer und ungefähr 4000 Personen in ihrem Gefolge, davon über 1000 Journalisten, die die Karawane bilden und mit ihren 1600 Fahrzeugen untergebracht werden müssen. Manche der Etappenorte kommen nicht auf 4000 Einwohner und gerade deshalb ist es ihr ganzer Stolz, die Tour zu Gast zu haben. Und so bieten sie denn, wie es üblich ist, die schönsten Töchter der Region auf, um die fremden Helden zu ehren: Jeden Tag treten nach Abschluss der Etappe der Spitzenreiter im gelben Trikot, der Führende der Bergwertung im weiß-rot gepunkteten Trikot, der Etappensieger (manchmal, wenn nichts auf dem Spiel steht, lassen die Tourmanager einen Fahrer aus der Region die Etappe gewinnen), der Führende der Sprintwertung im grünen Trikot und der beste Nachwuchsfahrer im weißen Trikot auf ein Treppchen unter dem Dach einer mobilen Bühne, schütteln die Hände der Honoratioren und empfangen von zwei jungen Frauen (eine blond zumeist und die andere schwarzhaarig) ein Küsschen links und ein Küsschen rechts. Ob sie sich etwas dabei denken, weiß man nicht. Die schönsten Töchter des Landes für die stärksten Krieger. Ein paar Küsschen lang. Das Weitere übernehmen die Masseure. Der Tag, als die Tour de France da war, ist jedenfalls für solche Orte fest ins kollektive Gedächtnis gebrannt. Und am nächsten Tag, da bin ich sicher, haben die Kinder des Ortes jenes unvergleichlich traurige Gefühl, das ich während meiner Kindheit in einer nordhessischen Kleinstadt hatte, wenn das alljährliche Gastspiel des Zirkus vorbei war und nichts blieb als die Sägespäne in einem Kreis, der gestern noch eine Manege gewesen war.

Am Ende dann natürlich Paris. Was wäre der Glanz des

Sieges ohne den Glanz von Paris, was wäre die französische Vielfalt ohne den Mittelpunkt, ohne das organisierende Zentrum? Was ist der Henningerturm in Frankfurt, um den eines der wichtigsten deutschen Radrennen führte, gegen den Eiffelturm? Meist ist über den Sieg entschieden, wenn die Fahrer, die die Strapazen bis zum Ende ausgehalten haben, auf die letzte Etappe gehen. Im Fernsehen hat man den Eindruck, das Feld bummele entspannt dahin. Bei Durchschnittsgeschwindigkeiten von knapp unter 40 km/h. Den Abschluss der Rundfahrt bildet die Rundfahrt durch Paris. Da geht es dann am Ende noch einmal in allem Ernst und mit aller Anstrengung um den Etappensieg im Sprint vor dem Arc de Triomphe. Jetzt zeigt das Fernsehen die Monumente, die der Spickzettel der Fernsehreporter nicht bedürfen. Eiffelturm, Notre-Dame, der Louvre, die Tuileriengärten, die Seine, die Place de la Concorde und dann die breite Avenue hinauf zum Triumph und zum Triumphbogen. Wer denkt jetzt noch an den Prolog in London oder Berlin? Was waren sie mehr als der Ausgangspunkt eines Weges, der nach Paris führte?

Man wird zugeben, es ist nicht weit hergeholt, wenn man im Verlauf der Tour ein Abbild des französischen, des französisch-republikanischen Modells sehen will: natürliche, geschichtliche, regionale Vielfalt, am Ende gebündelt auf ein selbstverständliches, von allen akzeptiertes Zentrum hin, wo derjenige siegt, der der Beste war, derjenige, der es vor allen anderen verdient hat. Alles in Ordnung, so als habe es der insgesamt 21 000 Polizisten (Zahlen von 2007) gar nicht bedurft, um die Rundfahrt zu sichern. Nimmt man die symbolische Dimension der Tour ernst und hält sie gegen die französische Wirklichkeit, fallen freilich kleine Unstimmigkeiten auf: Was die Kameras vor dem Pariser Finale zeigen, wenn sie nicht auf die Beine, die Räder, die Gesichter der Fahrer zoomen, sind Natur und Geschichte, ist das ländliche Frankreich in seiner vielfältigen Schönheit, sind die steinernen Reste seiner aristokratischen Vergangenheit und sind sakrale Überbleibsel kollektiver Glaubensgewissheit. Aber Frankreich ist kein Land der Bauern und Fischer mehr, und seine Kirchen bleiben meist leer, wenn sie nicht von Touristen besichtigt werden. Das Frankreich, das das Fernsehen zeigt, wenn auf der Rennstrecke gerade nichts passiert, ist höchst gegenwärtig, buchstäblich mit den Händen zu greifen und doch zugleich imaginär und vergangen. Dazu passt, dass die Banlieues der großen Städte bei der Tour keine Rolle spielen. Dazu passt, dass der Radsport eine der wenigen Sportarten ist, bei der keine Schwarzen und keine Nordafrikaner zu sehen sind. So wie es in Frankreich bis zum Algerienkrieg war und wie es heute in keiner französischen Großstadt mehr ist. Le Pen, der lauthals beklagte, die französische Fußballnationalmannschaft sei eigentlich gar keine französische Mannschaft, weil sie – Staatsangehörigkeit hin, Staatsangehörigkeit her – weitgehend aus Söhnen von eingewanderten Schwarzen besteht, hätte gegen die Teilnehmer der Tour nichts einzuwenden. Und selbst die ausländischen Sieger achten auf ihre weiße Hautfarbe. Die Tour de France sieht aus wie Frankreich, aber ein Frankreich, wie es einmal war. Dass etwas nicht stimmt, merkt man nur an den roten Flecken aus Eigenblut auf den weißen Westen der Sieger. Wahrheitsfanatiker müssten ihnen dankbar sein, diesen Betrügern.

Die Faszination der Tour braucht die Illusion, die Fahrer seien zwar Helden der Landstraße, aber doch aus dem gleichen Holz geschnitzt wie wir alle. Das populäre Frankreich muss sich in seinen Helden wiedererkennen können. Nicht zufällig ist die berühmteste aller Anekdoten, die sich um die Tour ranken und über Generationen weitergereicht werden, die Geschichte von Eugène Christophe, dem 1913 auf der Abfahrt vom Col du Tourmalet die Gabel seines Rades brach. Materialwagen gab es nicht, fremde Hilfe durfte nicht angenommen werden. Von Beruf Metallarbeiter, machte sich Christophe selbst in der Schmiede von Sainte-Marie-de-Campan (wohin er zunächst 14 Kilometer laufen musste) an die Reparatur, schmiedete in stundenlanger Arbeit das Eisen, formte es mit dem schweren Hammer auf dem Amboss, ersetzte die Gabel – und stieg dann, ohne gegessen zu haben, aufs reparierte Rad, um noch zusammen mit seiner Mannschaft anzukommen (übrigens, ganz am Rande, es war ein Peugeot-Fahrrad). Beim Schmieden soll er Schreie ausgestoßen haben wie Gueule d'Or in Zolas Roman »L'Assomoir«. Es gibt kein Foto von der Szene dieses düsteren Heroismus, nur eine Zeichnung von Paul Ordner. Sie ähnelt auf seltsame Weise einem Rubens-Bild von Hephaistos, der die Blitze des Zeus schmiedet. Hephaistos, der Schmied, klein, hässlich, aber ausdauernd und geschickt, ist der Proletarier unter den Göttern des Olymp. Christophe, der Proletarier, schuf sich selbst sein Gerät, um hinaufzukommen auf seinen Olymp, zu den ewigen Helden der Tour.

Bei der Tour de France zu starten, das hieß und heißt, sich quälen zu können, Ausdauer zu zeigen, nicht aufzugeben. Ihre Helden kamen lange aus dem ländlichen und dem proletarischen Frankreich, wo man solche Eigenschaften lernte. Wer hier antrat, der hatte nichts zu tun mit jenen anderen Sportlern, die in langen weißen Hosen bei Tennisturnieren antraten. Robert Chapatte, der 1957 nach dem Ende seiner aktiven Zeit die erste Fernsehsendung über die Tour realisierte, soll der erste unter den bekannten Rennfahrern gewesen sein, der das Abitur absolviert hatte. Und Poulidor, um wieder mal auf ihn zu kommen, Poulidor war ein Kommunist aus dem traditionell laizistischen Limousin. Das Proletariat, das ländliche Frankreich und die Tour – das gehörte lange Zeit zusammen. Die *Humanité de Dimanche* berichtete damals nicht weniger emphatisch von der Tour als die Sportzeitschriften.

Übrigens sind natürlich nicht alle berühmten Tour-Anekdoten von so düsterem Heroismus geprägt wie die von Eugène Christophe. Eine andere, kaum weniger bekannte rankt sich um einen Fahrer namens Zaaf, der, wie es in den ersten Jahren der Tour durchaus üblich war, im Languedoc während des Rennens in eine Kneipe einkehrte, sein Essen zu sich nahm, natürlich seinen Wein dazu trank – und dann noch ein Glas für die Reise – der jedenfalls schließlich beschwingt aufs Rad stieg und beherzt in die Richtung fuhr, aus der er gekommen war, bis ihm die ersten Konkurrenten begegneten.

Wer würde sich da nicht identifizieren können? Heute sind andere Hilfsmittel als der Rotwein aus dem Languedoc üblich geworden, aber die Identifikation mit den Fahrern ist weitgehend ungebrochen. Hunderttausende wählen ihren Urlaubsort oder doch zumindest ihre Urlaubsroute so, dass sie einmal die Karawane der Tour vorbeifahren sehen, bilden der Rundfahrt ihr Ehrenspalier. Das konzentriert sich in den Städten, beim Zeitfahren, besonders aber auf den langen Passanstiegen in den Alpen und den Pyrenäen. Da werden die Wohnwagen oder die Zelte tagelang vorher in Position gebracht, geeignete Aussichtspunkte erkundet, zu markieren und zu reservieren versucht. Eifrige Fans malen Grußbotschaften auf die Straße. Lange bevor die vorausfahrenden Motorräder die führenden Fahrer ankündigen, sind die Plätze am Straßenrand eingenommen. Dabei sieht man eigentlich nichts, was für den Rennverlauf von Bedeutung ist. Man sieht Fahrer, die sich wundersam schnell den Berg hinaufquälen. Man sieht, wer im Moment vorne liegt, obgleich man nicht sieht, warum, denn die kleinen Unterschiede der Geschwindigkeit kann man nur messen, nicht sehen. Man sieht aber nicht, ob er am Ende der Etappe noch vorne liegen wird. Man sieht nicht die Taktik des Mannes im gelben Trikot und die seiner wichtigsten Konkurrenten. Man sieht schwitzende Männer mit seltsamen Helmen, die in bunten Klamotten vorbeirasen, ein paar vorweg, ein großer Pulk hinterher und dann noch ein paar verstreute Nachzügler. Es ist ganz anders als beim Fußball oder beim Basketball oder eigentlich überall sonst. Da sieht man im Stadion, wenn die Tore fallen, man sieht, wer sie schießt, wer die Vorlagen gibt, man sieht die Taktik, man sieht die Tricks. Nichts von alledem haben die Zuschauer der Tour. Würden sie vor dem Fernseher sitzen bleiben, wären sie besser informiert und optisch näher dran. Aber sie geben willig den Überblick preis, um etwas im Sport selten Gewordenes zu gewinnen: Unmittelbarkeit und Nähe. Die Fahrer sind in

Greifweite, man kann ein Stück neben ihnen herlaufen – nicht lange freilich –, man kann sie anschieben, ihnen zur Kühlung Wasser über den Kopf gießen, man kann sie anfeuern, man hört ihr Keuchen, riecht ihren Schweiß. Sie sind für einen Moment wirklich, nicht virtuell. Kurz bevor an den Pässen oder am Etappenende die Absperrungen beginnen, stehen die Zuschauer als kompakte Masse auf den Straßen, in die die Fahrer hineinfahren wie Moses ins Rote Meer und sie teilen, ehe sie hinter ihnen wieder zusammenfließt. Für einen Moment sind Masse und Fahrer eins, sind die Bilder wirklich. Das gibt es beim Fußball nicht, nicht mehr: da sind die Spieler durch hohe, starke Gitter von den Zuschauern getrennt, da treten sie durch unterirdische Gänge in die geschützte Arena.

Die Orte der Symbiose zwischen Zuschauermasse und Rennfahrer sind freilich selten. Meist säumen die Zuschauer wie eine lockere Schnur die Strecke, oder sie werden um entscheidende Punkte herum durch Absperrungen zurückgehalten. In jedem Falle aber wirkt die Tour egalisierend. Vor ihr sind alle Zuschauer gleich. Keine Differenz zwischen Stehplätzen und VIP-Lounges. Die Tour ist das einzige große Sportereignis, das gratis ist. »Neben der Messe das einzige kostenlose Spektakel«, hat nicht ohne Frivolität, aber mit viel Recht Odon Vallet formuliert. Antoine Blondin, der berühmteste aller Tour-Journalisten, der von 1954 bis 1982 Hunderte von Artikeln über »sein« Rennen schrieb, dabei einen eigenen, bis heute prägenden Stil entwickelte, eben je leichte Plauderei über französische Historie, französische Literatur, über große und kleine Geschichten, locker verbunden mit der Berichterstattung über das Renngeschehen und seine Hintergründe, jener Antoine Blondin schrieb, Frankreich stelle sich bei der Tour de France mit seinen Fahrern täglich zum Familienfoto auf. Es ist der gleiche Blondin, der bündig formulierte: »Die Tour, das ist alle Tage 14. Juli.« Wenn man sich zum Familienfoto aufstellt, dann sind die Differenzen vergessen, sichtbar gemacht wird das allen gemeinsame Band. So ist es am Nationalfeiertag, nur fröhlicher, festlicher. Lange Zeit hat Jacques Goddet, der die Tour sechzig Jahre lang leitete, darauf geachtet, dass die Tour am 14. Juli in Paris ankam und endete.

»Neben der Messe das einzige kostenlose Spektakel« – das kann kaum bestritten werden. Und wie die Messe eine Veranstaltung mit festen Ritualen. Freilich sind es nicht die gleichen. Es sind weltliche, die aber gut zu den geistlichen passen. Genauer: Sie passen zu den katholischen. Die großen Radsportnationen waren bis in die jüngste Zeit katholisch. Frankreich, Italien, Spanien, Belgien und Deutschland konnten 1930 Mannschaften aufbieten, als es nicht mehr um Werksmannschaften, sondern um Nationalteams gehen sollte. Deutschland, zur Hälfte katholisch, und Belgien, gleichfalls zur Hälfte katholisch, unter »ferner fuhren«. Ähnlich später Holland und die Schweiz. Die Herkunftsländer der Sieger mögen sich in den letzten beiden Jahrzehnten verschoben haben: dennoch bleiben die drei großen Radsportnationen Frankreich, Italien und Spanien, die drei europäischen Kernlande des Katholizismus. Die großen Rundfahrten dieser Länder, Vuelta, Giro und die Tour de France, sind die größten Ereignisse des Radsports, wenn auch die Zeiten vorbei sein mögen, in denen ein einziger Fahrer im selben Jahr alle drei gewinnen konnte.

Man kann das Schauspiel der Messe genießen, ohne die Regeln zu kennen, ohne zu durchschauen, was wann warum geschieht. Auch die Tour de France gehorcht, ob man es weiß oder nicht, strengen Regeln. Bei der Tour kämpfen nicht Einzelfahrer Schulter an Schulter nach dem Prinzip jeder-gegen-jeden-und-der-Schnellste-gewinnt, sondern es treffen Mannschaften aufeinander, früher Werkteams um Produkte, die etwas mit dem Radsport zu tun haben, dann National- und Regionalmannschaften, heute Söldner im Dienste von Telefongesellschaften, Uhrenherstellern, Banken, die auf diese Weise für ihre Produkte werben. Jeder Mannschaft steht ein Chef vor, für den alle anderen fahren. Nur er hat Aussicht auf den Sieg. Seine Mannen, die Wasserträger, schützen ihn, geben ihm Windschatten, führen ihn wieder heran, wenn er den Anschluss verloren hat, »ziehen ihn« vorwärts. Alle für einen. Und dann am Ende einer für alle in seiner Mannschaft: der Sieger bekommt mindestens 400 000 €, 400 € Preisgeld bekommen die Fahrer jenseits des 90. Platzes. Dafür quält sich niemand drei Wochen lang. Also wird umverteilt. Nur manchmal kämpfen die Chefs direkt gegeneinander wie weiland vor Troja oder im Palast von Attila: indirekt beim Zeitfahren, direkt auf den schwierigsten Bergetappen. Mann gegen Mann, nachdem selbst der Stärkste der Knappen nicht mehr folgen konnte. Der Rest, also die Bergwertung und die Sprintwertung, die Etappensiege und selbst die heroischen Ausreißversuche von Außenseitern – das ist Beiwerk, damit es zwischen den entscheidenden Kämpfen nicht langweilig wird. Das Grundprinzip ist also das der feudalen Ordnung, das von Lehnsherren und Vasallen. Es passt zum Prinzip der Messe wie in den französischen Regionen, die die Tour durchradelt, die Burgen zu den Kathedralen.

Man muss zugeben, die Tour bietet viel Stoff für den Mythos: Ein reiches, stolzes, sicheres Territorium, die Harmonie von Vielfalt des Landes und (Haupt-)Stadt, von Natur und Geschichte, die Versöhnung von Feudalität und Industrie, von Kirche und Proletariat, von Helden und Volk, von heroischer Anstrengung und fröhlichem Fest. Wer möchte von der Idee lassen, dass dies möglich sei, wo es doch in der »großen Zeit« der Tour während der III. und der IV. Republik möglich war, zumindest in der nostalgischen Erinnerung? Und die spielt eine entscheidende Rolle: Die französischen Fernsehzuschauer der Tour sind im Durchschnitt um die sechzig Jahre alt. »Es scheint mir, dass das Publikum der Tour tatsächlich mit nostalgischem Blick auf eine Periode zurückblickt, wo die Dinge klar und im Gleichgewicht waren ...« So der Historiker Patrick Cabanel.

Dass sie es nicht mehr sind, das kann auch der verklärteste Blick vom Sofa auf den Bildschirm kaum übersehen. Dass das mit dem Prinzip der Überbietung zu tun hat, das schon am Anfang der Tour stand, erkennt er wohl nicht. Immer wieder wurde überboten. Leicht überboten die Durchschnittsgeschwindigkeit von 25 km/h auf 2500 Kilometern aus dem Jahre 1903. Schließlich entwickelte sich ja auch die Technik, halfen die Schaltungen und die neuen Bremsen und die besseren Pedale. 1938 erzielte Gino Bartali eine Durchschnittsgeschwindigkeit von 30 km/h auf 4447 km Rundfahrt. Dass man sich da nicht nur von Wasser, Wurst und Baguette ernährt, sondern ein bisschen »Dynamit« braucht, wie die ersten Dopingmittel in den fünfziger Jahren hießen, das will dem Publikum einleuchten. Und wird den Helden nachgesehen. 2005 lag die Durchschnittsgeschwindigkeit um 40 km/h. Die Fernsehreporter wissen genau, welcher Streckenabschnitt von wem wie schnell schon einmal gefahren wurde, feiern jeden Rekord, obgleich sie wissen, dass diese Leistungen nicht möglich wären ohne illegale Drogen und alles, was zu illegalen Drogen gehört: Kriminalität, Verschleierung, Lüge, Dealer, Paten, Schwarzgeld, Geständnisse, Verrat, Reue, Rückfall und so weiter und so von neuem.

Wie gesagt, ganz neu ist das nicht. Und wie sollten auf einmal vernünftige Selbstbeschränkung und Rücksicht auf die eigene Gesundheit dort zu obersten Werten werden, wo Kampf gegen die menschlichen Grenzen wie gegen die Grenzen des eigenen Körpers je schon Prinzip waren? Aber dort genau liegt der Unterschied zu früher: Damals wurden Grenzen hinausgeschoben, aber zugleich auch markiert und bestätigt. Grenzen des Landes und Grenzen des menschlichen Körpers. Spätestens mit dem Blutdoping, das nicht nur gefährlich ist, sondern auch an magische Tabus rührt, spätestens mit der Aussicht auf endogenes, nicht mehr kontrollierbares, genetisch eingelagertes Doping setzen jenes Unbehagen, jene Angst ein, die immer dann entstehen, wenn es keine Grenzen mehr zu geben scheint. Auf Dauer will sich niemand einen Homunkulus für einen Prometheus vormachen lassen.

Es steht wohl schlecht um die Zukunft der Tour de France. Als Tour-Bio, wie manche vorschlagen, wird sie jedenfalls nicht überleben. Die Leichtathletik ist bekanntlich an den Rand des öffentlichen Interesses gerückt, seit dort die Rekorde nicht mehr regelmäßig überboten werden, weil man Dopingkontrollen durchführt. Das Ende von Frankreichs Liebe zum Rad muss das nicht bedeuten: Im Sommer 2007 hat Paris, aber hat auch Aix-en-Provence, wo ich jetzt wohne, zur Entlastung des städtischen Verkehrs ein aufwendiges System des öffentlichen Fahrradverleihs eingeführt, das jedem Nutzer mit Kreditkarte gegen geringes Entgelt erlaubt, sich innerhalb der Stadt mit dem Rad fortzubewegen und am Zielort wieder an eine automatische Station anzudocken. Die Räder sind von guter Qualität, aber ein bisschen schwer. Sie haben Schutzbleche und Gepäckträger und Schlösser für die kurzfristige Sicherung. So elegant wie mein weißer Peugeot-Halbrenner von damals sind sie nicht. Aber sie werden eifrig benutzt. In Paris besonders bergab. Bergauf fährt man dann mit der Metro. Ich muss mich mal erkundigen, ob es unterdes eine Fahraddockstation an der Universität Nizza gibt.

Essen

»Ich frage mich ja immer, wie ihr das macht in Frankreich: Vier Gänge jeden Mittag, dazu den Wein und dann wieder an die Arbeit. Und abends dann noch mal das Gleiche. Die Franzosen wissen wirklich zu genießen. Aber ich könnte das nur im Urlaub.« So oder ähnlich habe ich es dutzendfach gehört, wenn mit meinen zumeist frankreichkundigen deutschen Freunden oder mit meinem weitgereisten deutschen Friseur oder Frau Frieser aus der Frankfurter Kleinmarkthalle die Rede darauf kommt, dass ich in Frankreich lebe. Die deutsche, ja auch die europäische und nordamerikanische Vorstellung von Frankreich ist untrennbar verbunden mit einem reich gedeckten Tisch und kulinarischer Opulenz allüberall und dreimal am Tag. Den Franzosen ist es recht, denn es entspricht ihrem Selbstbild, die Nation der Feinschmeckerei zu sein. So glauben fast alle daran, weltweit, sonst würden nicht in den USA und in Japan, von den wohlhabenden europäischen Ländern zu schweigen, die ambitioniertesten Restaurants zumeist französische Namen tragen und häufig auch französische Köche beschäftigen.

Ich dementiere selten. Es wäre zu kompliziert. Und schließlich hatte ja mein frühes Interesse an Frankreich durchaus damit zu tun, dass man dort besser essen konnte als in Deutschland. Aber vermutlich verraten mich ein paar traurige Gesichtszüge, wenn ich dann an mein täglich Brot in der Cafeteria meiner französischen Universität denke: Dass sie den Charme einer kleinen Autobahnraststätte hat, kann unerwähnt bleiben. Funktional-schöne Inneneinrichtung ist keine französische Spezialität und meines Wissens hat das auch noch niemand behauptet. Aber das Essen? Also das Essen, das man auf einem rosafarbenen Tablett zum Tisch bugsiert, das Essen besteht aus einem von langer Hand vorbereiteten Salatbüfett, dessen bescheidenes Angebot man sich auf quietschende, wenig stabile Plastikteller schiebt, bevor man sich vor vier Warmhaltebecken stellt, hinter denen ein als Koch verkleideter freundlicher Mitarbeiter mit Kelle steht und nach dem Begehren fragt. Spontan optisch identifizierbar ist meist nur das, was in der DDR Sättigungsbeilage hieß. Was in den Becken daneben vor sich hin wärmelt, steht auf einer Schiefertafel angeschrieben. Die Wahl ist auch hier bescheiden, die Qual absehbar. Vermutlich, weil er sich ein bisschen schämt für das, wofür er nicht verantwortlich ist, füllt der Kochdarsteller die Teller überreichlich. Immer. Dann führt die Schlange am Kühlschrank vorbei, in dem neben Mineralwasser Wein in kleinen Plastikflaschen steht und sich auf seine Zukunft als Essig freut. Die Kassiererin ist freundlich. Wer das bei ihr Erworbene kulinarisch verfeinern möchte, wozu allemal Anlass ist, kann sich (ohne Aufpreis immerhin) kleine Papiersäckchen mit Salz und Pfeffer aufladen oder aus großen, thermoskannenähnlichen Behältern der Firma Amora per Knopfdruck reichlich Senf, Mayonnaise oder Salatdressing auf den Teller drücken. Neuerdings gibt es auch Olivenöl und Balsamessig, der nun sehr jung. Das berüchtigte hauchdünne Rindersteak mit verkochten, grün-grauen Bohnen aus der Dose, ein langjähriger Klassiker des Hauses, gibt es hingegen nicht mehr. Das soll daran liegen, dass bei großem Andrang die Zahl der verbogenen Metallbestecke nicht ausreichend ist und das ersatzweise reichlich vorhandene Plastikbesteck beim Versuch, die zähe Masse in mundgerechte Stücke zu zerlegen, regelmäßig zerbrach, so dass man sich gezwungen sah zu warten, bis die Spülmaschine wieder Messer freigab, die dann sehr heiß waren, so heiß wie das Essen unterdes kalt. So viel zu meinem gewöhnlichen Déjeuner im Land der kulinarischen Exzellenz. Drei Stunden dauert die Sache wahrlich nicht, selbst wenn die Sonne scheint und man im Innenhof noch einen Café trinkt. Warum ich überhaupt dort essen gehe? Die anderen Mensen sind weiter entfernt und kaum besser, die umliegenden kleinen Restaurants wenig einladend. Ich gehe hin, um in Gesellschaft zu essen. Allein mit dem Henkelmann im Büro – das ist noch schlimmer, selbst wenn das Fleisch zart ist und man sich ein silbernes Messer und eine Stoffserviette von zu Hause mitgebracht hat.

Ich will das nicht mit der *Spiegel*-Kantine in Hamburg vergleichen. Dort sind die Einkommen höher. Aber zum Beispiel mit der Mensa in Frankfurt, wo ich gelegentlich esse. Nicht nur, dass es ein schöner Ort ist, wo man sich gerne aufhält. Auch das Angebot ist unvergleichbar viel reichhaltiger und von weit besserer Qualität. Nein, man isst nicht überall und immer gut in Frankreich.

Aber jedenfalls doch in den Restaurants? Wenn man den

Essführern glaubt, dann schon. Schließlich ist Aix-en-Provence eine wohlhabende Stadt, mit Marseille liegt eine Großstadt in der Nähe und mit dem Lubéron eine gehobene Ferienregion. Aber einfach ist die Wahl auch in Aix nicht. Das beste Restaurant ist steif und teuer. Aber man hat Platz und kann im Sommer wunderbar im Garten sitzen. Das zweitbeste, modern stylisch eingerichtet, liegt in schönem alten Gemäuer, aber ohne Fenster nach draußen. Die schönsten sind die Café-Restaurants auf dem Cours Mirabeau. Dort werden in winzigen Küchen überteuerte Gerichte für Touristen geschmurgelt, durchgekochte Spaghetti mit undefinierter Tomatensauce für maulende Kinder zum Preis von 12 € zum Beispiel. Der Eisbecher danach kostet noch einmal so viel. Die besten dieser Restaurants sind noch die, die zu Ketten gehören.

Natürlich kann man, um derlei sicher zu entgehen, einen Tisch bei Christian Loubet oder Reine Sammut in Lourmarin reservieren. Oder im *Petit Nice* in Marseille, Terrasse direkt über dem blauen, blauen Meer und überhaupt Paradies. Selbst wenn man mittags hingeht und das kleine Menü wählt und sich beim Wein zurückhält, kommt man kaum unter 200 € pro Person davon. Nach oben hin ist die Rechnung so offen wie die Richter-Skala. Meine Kollegen leisten sich das nicht, weder die Sekretärinnen noch die Professoren. Das ist etwas für Geschäftsleute, die die Kosten absetzen können. Oder aber für sonst wie reiche Menschen, wovon es in Marseille besonders viele Sorten gibt, wenn Sie wissen, was ich meine. Spitzenrestaurants werden aufgrund der Arbeits- und Materialintensität relativ immer teurer. Man ist stolz darauf, dass es sie in Frankreich, dass es sie in der Region gibt. Man kennt die Namen der Köche. Man weiß, wenn sie einen Stern bekommen oder verloren haben. Aber man geht nicht hin, wenn man kein Nabob ist. Früher war das in manchen Regionen ein bisschen anders. Zu den Haeberlins im Elsass, zur Mère Blanc in Vonnas gingen zu besonderen Gelegenheiten auch Gäste, die keinen Hubschrauberlandeplatz brauchen.

Keine Schwierigkeit hingegen, Fastfood zu finden. Das war vor drei Jahrzehnten, als ich zum ersten Mal über eine längere Periode in Frankreich lebte, noch sehr anders. In den Nizzaer Vierteln, die nicht auf Touristen schielten, gab es zwischen 15.00 und 19.00 Uhr einfach nichts Warmes zu essen. Keine Bratwurst, keine Pommes mit Mayo, aber auch nichts Vergleichbares nach französischem Geschmack. Damals, 1979, hat McDonald's seine erste Filiale in Frankreich eröffnet. Die Presse war sich mehrheitlich sicher, dass sich derlei Form von Nahrungsaufnahme in Frankreich nicht durchsetzen würde. Von wegen. 1995 zählte die Kette über 400 Filialen, 2005 waren es über tausend. Mit über zwei Milliarden Euro Umsatz ist McDo heute die größte Restaurantkette Frankreichs, Tendenz steigend, stärker als in den meisten anderen europäischen Ländern. Andere haben das Konzept kopiert. Quick, Pizza Hut, Burger King – all das hat seinen Platz heute sogar auf den Champs Elysées. José Bové, Kleinbauer und grüner Globalisierungskritiker, hatte 1999 eine im Bau befindliche McDonald's-Filiale in alle Einzelteile zerlegt – aufgehalten hat er die Entwicklung nicht. Natürlich wollen solche Zahlen mit Vorsicht statt – je nach Standpunkt – mit Entsetzen oder Häme gelesen werden. Zum Teil handelt es sich um

Nachholeffekte. Es will auch berücksichtigt sein, dass das Angebot durchaus nicht das Gleiche ist wie in Großbritannien oder Deutschland. Und McDonald's repräsentiert nicht das Fastfood schlechthin. In Aix spielen Pizzastände mit guten, im Ofen gebackenen Pizzen eine viel wichtigere Rolle. Es gibt neuerdings Sushi-Läden von ordentlicher Qualität. In vielen Bäckereien kann man Sandwiches aus gutem Brot mit frischem, vielfältigem Belag neben den traditionellen Quiches erwerben. Aber es bleibt doch die noch vor wenigen Jahren unvorstellbare Tatsache, dass unterdes etwa 30 Prozent der Franzosen ihr Mittagessen im Stehen einnehmen. Vorbei sind die Zeiten, als Paul Morand 1937 die Essenssitten der New Yorker mit geradezu ethnologischer Verblüffung beschrieb: »In New York kehrt mittags niemand nach Hause zurück: man isst in Clubs oder Cafeterias in der Nähe des Arbeitsplatzes, sei es in den Büros, sei es, ohne die Arbeit zu unterbrechen [...]. In den populären Imbissen verschlingen Tausende von Lebewesen, den Hut auf dem Kopf, aufgereiht wie im Stall, ihre Nahrungsmittel, die übrigens frisch und appetitlich sind und weniger kosten als bei uns. Sie füllen ihre Teller eilig mit Fleischklößen voll; hinter ihnen steht man Schlange und wartet auf ihren Platz.« Man merkt das Erstaunen, man merkt, dass derlei Nahrungsaufnahme in Morands Augen eben doch nicht als menschlich zu gelten hat, mögen die Esser auch einen Hut aufhaben. Oder gerade deshalb. Von Baseballkappen ist noch nicht die Rede.

Und die Bistros? Diese Bistros, die einen so guten Ruf haben, dass sie in Deutschland gern zur Nobilitierung der Namen von gemütlichen, anspruchsvollen, mittelpreisigen

Großstadtrestaurants gewählt werden? Die Bistros mit dem Patron in weißem Hemd und langer schwarzer Schürze, mit dem Akzent der Auvergne, vielleicht zum Überfluss einem Schnurrbart, Madame kocht in der Küche noch selbst, die Bänke aus rotem Leder, die Wände vergilbt von Gauloises? Die gibt es noch. Allerdings ohne Tabakrauch. Sie machen auch durchaus die Franzosen noch träumen, man denke etwa an das Bistro auf dem Montmartre von Amélie Poulain, aber die Träume haben doch auch etwas Nostalgisches. Vor dem Ersten Weltkrieg gab es in Frankreich eine halbe Million Bistros, 1960 waren es noch 150 000, heute zählt man kaum mehr die Hälfte. Der Wirt hat nicht mehr den Akzent der Auvergne und auf der Speisekarte fehlt der Pot-au-feu ebenso wie der Coq-au-vin.

Das alles und noch ein bisschen mehr hätte ich meinen Freunden wie meinen Neidern erzählen müssen, die mich in Frankreich zwei Mal am Tag in froher Runde köstlich und ausgiebig speisen sehen, unter südlicher Sonne, von Platanen beschattet, neben leise plätschernden Brunnen, umringt von schönen Frauen.

Die Reaktion kann ich mir vorstellen:

»Du willst uns wohl im Ernst erzählen, du würdest in Frankreich schlecht essen?«

»Nein, ich esse ausgezeichnet. Aber nicht immer, zum Beispiel nicht in der Cafeteria unserer Uni. Und nicht zwei Mal am Tag, leider. Täte ich vielleicht, wenn daheim eine geschickte und willige Frau der Familie das Essen bereithielte und beglückt über die Ankündigung wäre, ich brächte noch zwei Freunde mit. Ich lebe allein. Und wenn ich nicht allein leben würde, dann wäre meine Partnerin mit hoher

Wahrscheinlichkeit berufstätig. Und ob sie überhaupt kochen könnte?«

»Also doch viel Restaurant?«

»Das ist allemal teuer und allein macht es wenig Spaß. Beim Essen mit Kollegen spielen pragmatische Gesichtspunkte immer eine Rolle. Der Parkplatz zum Beispiel oder der schöne Garten. Die Qualität des Essens selbst ist nie unerheblich, aber auch nicht immer das Entscheidende. Aus dem Alter bin ich heraus. Da kommt es mir dann eher auf die Kollegen als auf das Essen an. Und mit Freunden weiß ich schon zu wählen. Ich kenne ja die Gegend unterdes ganz gut. Man kann hier schon gut essen, aber man muss sich informieren, möglichst informell, und Erfahrungen sammeln. Man kann in allen französischen Regionen gut essen. Aber leichter ist es, schlecht zu essen. Im Durchschnitt ist die Qualität in einem Schweizer oder einem norditalienischen Restaurant wahrscheinlich besser. Da fehlen die Spitzen, aber das Schlechte ist auch nicht so schlecht.«

»Und Fastfood?«

»Gelegentlich ein Viertel Pizza oder ein gutes Sandwich. Aber ich behalte nie den Hut beim Essen auf und esse nicht im Gehen. So viel Zeit muss sein.«

»Also alles in allem so wie in Deutschland? Offenbar haben sich die Verhältnisse angeglichen?«

»In mancher Hinsicht schon. Weil sich die Lebenssituationen angeglichen haben. Ich bin nicht der Einzige, der zumeist allein lebt. Frauen wie meine Mutter und meine Großmutter, die zwei Mal am Tag für die Familie kochten, gibt es kaum mehr. Wenn solche Frauen heute, zumeist unfreiwillig, nicht berufstätig sind, sitzen sie vor dem Fernseher und essen Chips. Außerdem hat auch meine Mutter nur einmal am Tag gekocht und zwar mittags. Abends gab es Brot mit guter Wurst und geschmacklosem Käse. Das war und ist allerdings in Frankreich nicht so, da ist das Abendessen die Hauptmahlzeit, zumindest während der Woche.

Und das Nahrungsmittelangebot hat sich auch angeglichen, vor allem, weil es in Deutschland besser geworden ist. Selbst das in den Supermärkten der deutschen Städte ist bisweilen sensationell. Kein Vergleich mit der Situation von vor 20 Jahren und längst nicht mit der vor fünfzig. Bei uns gab es während meiner Kindheit im Winter als Gemüse nur Kohl aus dem Garten. Weißkohl, Grünkohl, Rosenkohl, Wirsing, natürlich auch eingelegten Kohl, also Sauerkraut. Dazu im Sand konservierte Möhren und Schwarzwurzeln. Als Beilage Kartoffeln. Das war der Standard während der fünfziger Jahre. Da war der Unterschied zum Gemüseangebot in Südfrankreich natürlich riesig, auch ohne Treibhäuser. Die verbreitete Nahrungsmittelnostalgie (›der echte Geschmack ist verlorengegangen‹) ist absurd. Übrigens ist sie auch scheinheilig: Berliner Soziologen haben einer Gruppe von Testpersonen, die sich beinahe unisono darüber beschwert hatten, der wahre Geschmack von Milch sei durch industrielle Behandlung verlorengegangen, so dass sie nicht mehr umschlage, sauer werde und ›wie früher‹ mit Zucker gegessen werden könne, solche fermentierte Biomilch mitgebracht – und niemand wollte davon kosten.«

»Es gibt wirklich keine Unterschiede mehr in der Nahrungsmittelqualität?«

»Schon. Gemüse und Obst, die für weite Reisen gezüchtet werden, verlieren häufig an Qualität. Meine Kinder lieben ein Rezept mit den kleinen provenzalischen Artischocken, das mir mit den teuer in Frankfurt gekauften einfach nicht gelingt, obgleich die aus der Provence kommen sollen. Um auch mal nostalgisch zu werden: Der Geschmack der jungen Erbsen aus unserem Garten, die meine Mutter morgens um sechs pflückte, weil sie überzeugt war, sie seien zarter, wenn man sie vor Sonnenaufgang pflücke, den kann man eben nur haben, wenn man sie kurz darauf verzehrt. Oder nehmen wir die Bouillabaisse. Deren Qualität hängt nicht davon ab, ob man da ein Stück weitgereisten, tief geeisten Hummer 'reinwirft, sondern davon, dass man viele, ganz frisch gefangene Fische der roten Sorten als Basis benutzt. Abends schmeckt sie schon nicht mehr so rein.

Aber diese Unterschiede sind kaum national determiniert. Die meisten Gemüse auf dem Markt von Cavaillon sind eben besser als die auf dem Markt von Lille, denn sie werden vor der Haustür angebaut. Hingegen sind die Fische auf dem Markt von Lille um ein Drittel billiger als die auf dem Markt von Aix, aber keineswegs schlechter, denn der größte französische Fischereihafen liegt in der Nähe. Entfernungen und Jahreszeiten spielen immer noch eine Rolle, trotz aller Kühltechnik und aller Transportmöglichkeiten.«

»Und die Köche?«

»Für jemanden, der früher, wenn er mit dem Auto von Frankfurt nach Berlin fuhr und wusste, dass zwischen *Ernos Bistro* in Frankfurt und dem *Maître* in der Berliner Meinickestraße nahe der Autobahn kaum ein nennenswertes Restaurant lag, dann nach Frankreich zog und nun bei Besuchen die heutige Situation erlebt, sind die Veränderungen im kulinarischen Deutschland dramatisch. Wer heute in den großen Städten noch schlecht isst, ist selbst daran schuld. Die großen, bekannten Köche haben zu den französischen Lehrmeistern aufgeschlossen. Viel wichtiger ist aber, dass sich auch auf der Ebene darunter viel getan hat, nicht nur durch die kräftige ausländische Entwicklungshilfe. Freilich ist die Entwicklung nicht gleichmäßig. Hat man in Hamburg die Wahl zwischen, sagen wir, zwanzig guten Restaurants um 30 Euro, so kann es passieren, dass man in einem angesehenen Ausflugslokal im Umland, sagen wir: bei Ahrensburg, den Rehrücken durchgebraten und bedeckt von der klebrigen Mehlsauce ›an‹ fettigen Kroketten serviert bekommt. Der spektakuläre kulinarische Aufschwung in Deutschland ist, die süddeutschen Regionen, wo es nie ganz übel schmeckte, einmal beiseitegelassen, von gehobenen städtischen Mittelschichten ausgegangen. Aber neben dem Neuen liegt mehlgesättigt noch das Alte. Ganz nah bei. In Frankreich gab es auch diese Bewegung von oben nach unten, vom Adel zu den Bürgern, von Paris in die Provinz, aber eben auch von unten, von der bäuerlichen und bürgerlichen Küche nach oben. Deshalb steht die Feinschmeckerei dort auf solideren Füßen, auf festeren Traditionen, auf breiteren Schichten. Übrigens kann man das auch auf den Märkten sehen: Auf dem Hamburger Isemarkt, auf dem Münchener Viktualienmarkt oder in der Frankfurter Kleinmarkthalle kauft die gehobene, hedonistische städtische Mittelschicht ein, und entsprechend steht das Angebot dem städtischen in Frankreich kaum nach. Aber auf dem Land sieht es im Norden und Osten ganz anders aus als in Frankreich auf dem Land, gleich ob im Süden, Norden, Osten oder Westen.«

Ja, es gibt starke Angleichungsprozesse zwischen dem Essen in Deutschland und dem in Frankreich. Viele Zeichen sprechen dafür, dass sie sich im Moment noch beschleunigen. Schon deshalb, weil in Deutschland die Aufholanstrengungen auf kulinarischem Gebiet gründlich und mit großem Ernst betrieben werden. Mit Genuss wird so wenig gespaßt wie mit der Gesundheit. Die Kochbücher sind Legion, die auf Essen und Trinken spezialisierte Presse hat längst das Niveau der französischen Vorbilder übertroffen, die *Zeit* und endlich auch die *FAZ* haben Kochkolumnen, Kochshows laufen vom Vormittagsprogramm bis zum späten Abend, die alten Hausfrauenküchen werden herausgerissen und durch halbprofessionelle Hightech-Anlagen ersetzt.

Und dennoch bleiben tiefverwurzelte Unterschiede in der Art, mit dem Essen umzugehen. Nur lassen sie sich eben nicht einfach in den überkommenen Gegensatzpaaren von Ernährung einerseits, Genuss andererseits, von Mehlschwitzen einerseits, feinen Buttersaucen anderseits, von Pommes mit Mayo einerseits und viergängigem Menü andererseits, kurz: dem von Kartoffel und Gänseleber unterbringen. Die Dinge sind verwickelter als die alten Holzschnitte, in die wir sie gern einfügen wollen.

Nehmen wir mal »meinen« Markt in Aix. Vielmehr: meine beiden Märkte. Der eine, vor dem Rathaus, findet täglich statt, der andere, vor dem Justizpalast, am Dienstag, Donnerstag und Samstag. Das heißt, sie liegen schön im Zentrum der Stadt, sozusagen gleichberechtigt mit den Orten der politischen Gemeinde und der juristischen Gewalt. Und man bekommt alles dort, was man zum Essen braucht, täglich. Mein Kühlschrank und besonders das Kühlfach sind klein, in den Supermarkt gehe ich nur, wenn ich am Morgen keine Zeit zum Einkaufen hatte. Die Kunden kommen aus allen Schichten und aus allen Altersgruppen, die in der Innenstadt vertreten sind, dies freilich eine wichtige Einschränkung. Aber Bobo-Märkte (»Bobos« nennt man in Frankreich die Angehörigen der meist grünen, städtischen Mittelschicht) sind es nicht. Es gibt alles, was der Bauch begehrt, außer Wild. Das ist in Frankreich, zumindest in »meiner« Gegend, selten, weil die Revolution das Jagdrecht demokratisiert hat, jeder dritte französische Mann ein Jäger ist und das, was er schießt, wenn er denn was schießt, zu Hause selbst verspeist. Vor allem gibt es frisches Obst und Gemüse der Gegend und der Saison. Nicht teuer, falls man nicht unbedingt die Steinpilze aus dem Zentralmassiv oder die Melonen von Cavaillon haben möchte. Günstig natürlich auch die vielen Brotsorten, besonders die Baguette, knusprig nur für ein paar Stunden, anders als in Deutschland, wo sie haltbar gemacht wird, dafür aber nie recht knusprig ist. Das Brot muss billig sein in Frankreich, so wie Bier in Bayern oder Espresso in Italien. Eine meiner Studentinnen, die unterdes in Dänemark lebt, zufrieden und mit gutem Einkommen, hat mir neulich gesagt: »Man bekommt gutes Baguette in Kopenhagen und sogar mittelmäßigen Camembert. Aber 3,50 Euro für ein Baguette und 6 Euro für einen simplen Camembert – so viel dafür auszugeben, das kriege ich nicht fertig, auch wenn ich Lust darauf habe und es mir notfalls leisten könnte.« Auch die Oliven, die Salate, die Kräuter, die Gewürze sind billiger als im Supermarkt. Käse und Fisch freilich werden allmählich zu Luxusgütern. Beim

Käse kann man sich an die regionalen halten, von lokalen Produzenten verkauft, aber wahrlich nicht verschenkt.

Vor den Fischständen staunen die Touristen, vor allem die Kinder der Touristen, darüber, was es so alles im Meer gibt und dass man das alles essen kann. Sie fragen die Eltern danach, wie die Fische und die Meeresfrüchte denn heißen und bekommen fast nie eine Antwort. Kabeljau ja, Thunfisch auch, die Dorade oder den Loup de mer nennt man als Deutscher auf französisch, die verschiedenen Sorten von Crevetten und Langustinen erkennt man gleichfalls, aber der Rest? Wer weiß, was auf Deutsch »bigorneaux« sind oder »bulots« oder »violets« oder »tellines« oder »encornets«? Wer weiß die verschiedenen Austernsorten zu unterscheiden, die spanischen Muscheln und die »bouchots«? Wer weiß, dass die Jakobsmuscheln im September wegen der Schonzeit noch aus schottischer Zucht stammen und ihr Geld nicht wert sind, während sie ab Oktober zu gleichem Preis auf der Zunge zerschmelzen? Wer weiß, dass die kleinen, bunten Felsenfische verschiedener Sorten, weder zum Braten noch zum Pochieren noch zum Frittieren geeignet, eine phantastische Suppe ergeben? Die Franzosen wissen das auch nicht alle, gewiss nicht. Aber diejenigen, die hier kaufen, die wissen es, wissen um die Zubereitung, haben Erinnerungen an glückliche Mahlzeiten, wo das auf den Tisch kam.

Nirgendwo aber sieht man bei unserem Rundgang auf dem Markt die Unterschiede zwischen dem traditionellen französischen und dem gegenwärtigen deutschen Umgang mit Nahrungsmitteln so deutlich wie dort, wo auf den ersten Blick alles gleich ist, besser als in der Fleischerei. Die

Boucherie du Palais ist keine Luxusfleischerei, die Preise nicht höher als im Supermarkt, die Verkäuferinnen tragen keine Plastikhandschuhe und keine Hauben. In der ersten Hälfte des Raums stehen ein paar Salate und dann das vorgeschnittene Fleisch, so wie auch in deutschen Metzgereien üblich, wenn auch im Angebot reichhaltiger. Mehr Lamm, mehr Sorten von Federvieh, vor allem auch Innereien, die hier nicht als Hundefutter gelten, sondern als (potentielle) Delikatessen. Dann kommt hinten im Laden der Teil, wo zwei Metzger vor zwei Holzböcken stehen, vor sich Messer und Waage, hinter sich auf einem Holzregal große Stücke, wirklich große Stücke von Rind, Kalb und Lamm. Zwischen denen wählt man, dann wird vom Stück abgeschnitten, zugeschnitten, die Sehnen entfernt, das Fett auch, aber nicht ganz, dann wird vielleicht gefüllt oder ein Braten geschnürt und all das getan, was die Kochbücher meinen, wenn dort steht: »Lassen Sie es sich von Ihrem Metzger vorbereiten.«

Der Vorgang scheint einfach für jemanden wie mich, der vom Land kommt, höchst natürlich und keineswegs irgendwie mit Luxuskonsumption verbunden. Dabei ist er hoch komplex.

Das unscheinbarste, aber vielleicht wichtigste Problem ist der Ekel. Meine Gäste aus Deutschland (sie könnten auch aus London oder New York sein), besonders die jungen, meine Kinder eingeschlossen, bleiben lieber draußen stehen, wenn ich Fleisch einkaufe. Sie mögen zwar Fleisch, aber sie wollen nicht wissen, dass sie Tiere essen, Tiere, die ihretwegen brutal getötet und zerlegt wurden. Unschuldige kleine Lämmchen zum Beispiel. Lämmchen sind irgendwie immer unschuldig. Das ist der Grund, weshalb man in den meisten deutschen Metzgereien, gerade den nobleren, von den Plastikbehältern in den gläsernen Kühlschränken der Supermärkte ganz abgesehen, das Fleisch in möglichst dünne Scheiben und möglichst kleine Würfel schneidet und kein Blut zu sehen ist, in den Plastikbehältern von Vlieskissen unauffällig aufgesaugt. Tierfleisch, so hat es der französische Soziologe Jean-Vincent Pfirsch in einer Studie über den Nahrungsmittelgeschmack in Deutschland und Frankreich ermittelt, wird in Deutschland viel stärker als auf der anderen Seite des Rheins aus moralischen wie ideologischen Gründen misstrauisch beäugt. Er führt das darauf zurück, dass in Frankreich spontan ein viel stärkerer Unterschied zwischen Mensch und Tier gemacht werde. Vergröbert gesagt: Die Deutschen, und nicht nur die, haben den Verdacht »Tiere sind auch Menschen«, während doch nur umgekehrt eine Wahrheit daraus wird. Ins gleiche Register gehört der sachverständige, zumindest unproblematische Umgang französischer Esser mit kurz zu bratendem Fleisch und Meeresfrüchten. Was roh oder blutig ist, ruft nicht automatisch Abscheu hervor. Auch Austern sind keine Menschen, selbst wenn sie verschlossen sind. Meint man in Frankreich.

Was Wunder, dass der Fleischer einem deutsch formatierten Unbewussten zu einer unheimlichen Gestalt wird. Einerseits haftet ihm noch etwas von der Gewalt des Priesters an, der über Tier- und Menschenopfer entschied, andererseits etwas vom Henker, traditionell als unrein ausgegrenzt aus der Gemeinschaft. Er ist stark, Herr über Leben und Tod, hat aber auch unvermeidlich Blut an den Händen. Da mögen Fabien und Christian hinter ihren Böcken noch so freundlich dreinschauen, für deutsche Besucher haben sie etwas von Horváths Schlachter Oskar aus den *Geschichten aus dem Wienerwald*, diesem gemütlich-schrecklichen Menschen mit seinem »Abschlachten geh'n ma's, die Sau« im Blick auf Schweine- und Fräuleinfleisch zugleich. Die französischen Damen jeden Alters freuen sich hingegen darüber, persönlich begrüßt zu werden, freuen sich über die Komplimente, über die gepflegte Konversation über die neuesten Filme oder die Gartenpflege, trotz oder gerade wegen des großen, scharfen, irgendwie virilen Messers, das währenddessen flink sein Werk tut, freuen sich über die Beratung und fühlen sich privilegiert behandelt, wenn Fabien sich die Hand flüchtig an der roten Schürze abwischt und zum Abschied reicht. Oder ihnen ein Küsschen gibt.

In den Bereich von Ekel und Faszination zugleich gehört zum Teil auch noch der Umgang mit dem Fett. Tiere haben nun mal Fett, selbst am Filet hängt noch ein bisschen davon. Hier wird es vor den Augen der Kunden entfernt. Aber man sieht noch, dass es mal da war. Außerdem wird es nicht ganz entfernt, falls man nicht ausdrücklich darauf besteht, denn es ist Geschmacksträger und verhindert das Austrocknen. Tierisches Fett ist aber in den reichen Gesellschaften der Gegenwart zum »Igittigitt«-Objekt geworden, nicht nur, aber auch, weil die jungen Frauen – und nicht nur die – befürchten, es werde sich nach seiner Inkorporation auf ihren Hüften wiederfinden. Dazu kommt der diätetische Gesichtspunkt: Fett, vor allem das »böse«, macht Übergewicht. Übergewicht macht Herzinfarkt. Was verschlägt dagegen, wenn das Fleisch trocken und geschmacklos ist? Der einzige Kompromiss in diesem Dilemma ist das magere und zarte, wenn auch meist etwas fade Filet, vorzugsweise das Rinderfilet. Die meisten Käufer in deutschen Schlachtereien hätten es am liebsten, wenn das Rind oder das Kalb nur aus Filet mit Kartoffelbeinen und Gemüsekopf bestünde.

Mit dem Widerspruch zwischen der Orientierung auf Geschmack oder der auf Gesundheit und Schlankheit sind wir am Nervpunkt des Essverhaltens in den reichen Ländern Europas und Nordamerikas angekommen. Seine Analyse sei einstweilen noch zurückgestellt zugunsten einer Fortsetzung der Überlegungen darüber, warum manche Kunden der *Boucherie du Palais* vorne stehen bleiben, wo das Fleisch vorgeschnitten ist, und andere weitergehen bis zu den Fleischern am Bock. Neben so komplizierten Dingen wie der Auffassung vom Mensch-Tier-Verhältnis, der Ekelstruktur, der Fettaversion, der Sorge um die Gesundheit hat es vor allem zu tun mit Kompetenz. Es ist sinnlos, zu Fabien zu sagen, »Ich möchte gern ein Steak«. Obgleich er auch darauf freundlich reagieren wird: »Vom Kalb, vom Rind? Dick, dünn?« Aber dann muss er schon fragen: »Was soll es denn werden?« Kurz: der Kunde muss Gerichte im Kopf haben, Zubereitungsverfahren, er muss sein persönliches Kochbuch kennen, muss wissen, »wie kochen geht«, und er muss es sagen können. Sonst steht er am Ende dumm da wie in der Schule, wenn er die Vokabeln nicht gelernt hat. Denn alle die Stücke, die da liegen, haben Namen. Das »Rindersteak« kann Filet sein, Faux-Filet, Rumpsteak, Aloyau, Bavette, Araignée, Poire und noch viel mehr. Das alles kann man aber auch als Braten zubereiten. Ebenso, aber nicht genau analog, beim Kalb und beim Lamm. Dem entprechen jeweils Preise, Qualitäten, optimale Zubereitungsweisen. Für all das gibt es natürlich auch im Deutschen Ausdrücke, übrigens regional verschieden, aber die kennen meist nur die Metzger, sie sind Fachvokabular, nicht Allgemeinwissen. Aber es ist dieselbe Zunge, die spricht und die schmeckt. Was sie nicht sagen kann, bekommt sie auch nicht. Höchstens, indem man mit dem Finger draufzeigt. Aber dazu muss man wissen, was es für ein Stück ist, muss es zumindest optisch erkennen. Jahrelang habe ich eine österreichische Freundin dazu zu bewegen versucht, in Aix einmal Tafelspitz zuzubereiten. Wir fanden das Wort nicht und das, was wir im Lexikon fanden, kannte der Schlachter nicht. Die Tiere werden in den verschiedenen Ländern, aber auch den verschiedenen Regionen verschieden zerlegt, deshalb. Bis ich Fabien dann an einem Stück gezeigt habe, wo er sitzt, der Tafelspitz. Jetzt gibt es Tafelspitz in Aix.

Man könnte nun vermuten, die Kunden am Schlachterbock seien entweder Profis, ausgebuffte Hobbyköche oder alte Frauen und die Schlange sei nie lang. Aber so ist es nicht. Ja, es gibt Restaurateure, es gibt auch die älteren Damen mit einer sehr genauen Vorstellung von der Fleisceslust, die hier zu haben ist, begleitet übrigens häufig von einem Partner, dem die Vorlust, die seines Alters ist, in die Augen geschrieben steht, es mag auch die Hobbyköche geben, die sich übrigens in Frankreich nicht so einfach als Zunft ausmachen lassen wie in Deutschland oder England, weil in Frankreich Kochen kaum als Hobby gesehen wird. Vor allem aber kaufen hier jüngere Frauen, gar nicht dick, die Sonntagsbraten für die Familie. Zumindest in einem Teil der französischen Gesellschaft existiert die Überlieferung des kulinarischen Wissens in den Familien noch ziemlich gut, besser jedenfalls als auf der anderen Seite des Rheins. Darauf würde ich wetten, wenn mir auch kein Statistiker dabei hilft, es zu beweisen. Ob sich das in der nächsten Generation fortsetzt? Es gibt auch sehr junge Leute, Studenten, die bei Fabien kaufen. Aber viele sind es nicht. Ist es das Alter, das Geld? Oder ein Generationsbruch, der nicht verschwinden wird?

Der Kompetenz der Kunden entspricht die der Metzger: Sie schneiden und präparieren nicht nur mit den selbstverständlichen Gesten der Geübten jedes Handwerks. Sie kennen die Herkunft des Fleisches, raten zu, raten ab, geben Auskunft über Garzeiten, erinnern sich an Vorlieben der Kunden, drücken mit dem Daumen, dem bloßen natürlich, ins Fleisch, um zu sehen, ob es zart ist. Am liebsten haben sie es, wenn man etwas verlangt, was gefüllt, bardiert oder gewickelt werden muss. Da schnüren sie denn ganz ruhig, aber mit bewundernswerter (und bewunderter) Geschicklichkeit Lustpakete, die gesotten und gebraten werden können. Trotz der Geschwindigkeit dauert es natürlich ein bisschen, und besonders an den Markttagen werden die Schlangen lang. Aber keiner beschwert sich. Zumal ja Konversation betrieben wird. Mit den Kunden, unter den Kunden. Über das Essen. Und im Rahmen des Schicklichen auch über Persönliches. Genuss braucht schon ein bisschen Zeit und Vorbereitung. Das wird selbstverständlich akzeptiert.

Die Beobachtungen bei dieser Flanerie über den Markt haben sicher viel Zufälliges. Aber sie laufen doch, aufs Ganze betrachtet, auf das Gegenteil dessen hinaus, was am Anfang beschrieben wurde. Dort fiel die für einen historischen

Blick rasend schnelle Annäherung zwischen den französischen und deutschen Esskulturen ins Auge. Und dagegen, daneben gibt es offenbar stabile Unterschiede, die eben nicht nur historisch sind, sondern im Alltag nach wie vor sichtbar. Das ist nicht einfach ein Paradox oder gar nur ein Denkfehler, sondern es sind widersprüchliche Aspekte widersprüchlicher Wirklichkeiten. Viele der genannten Aspekte der Differenz führen regelmäßig zu Alltagssituationen, die mit dem Ausdruck »peinlich« nur ungenau umschrieben sind, wenn man sie nicht einzukalkulieren weiß.

Am auffälligsten sind die Nahrungsmitteltabus, die aber nur zum Teil auf nationalkulturelle Unterschiede zurückgehen. Konkret: Zu Schweinefleisch kann man Angehörige der französischen Mittelschicht kaum mehr einladen. Unter den Geladenen wird sich gewiss zumindest einer finden, der Schweinefleisch aus religiösen oder diätetischen Gründen ablehnt. Dabei war das hausgeschlachtete Schwein während meiner nordhessischen Kindheit die größte aller Delikatessen, der Schlachtag mit Mett und Weckewerk ein Festtag, die Würste und Schinken auf dem Boden der Inbegriff kulinarischen Reichtums …

Ähnlich die Innereien. Die noblen wie Kalbsbries und Kalbsnieren sind unbezahlbar teuer (bei einem deutschen Metzger kosten sie kaum ein Zehntel), werden aber garantiert zumindest von einer Dame am Tisch als grobe Unhöflichkeit empfunden. Ob das, wie man sagt, damit zusammenhängt, dass Innereien früher als Privileg der Häuptlinge und sonstigen Vornehmen galten, sei dahingestellt. Um die populären Innereien wie Kalbskopf mit Sauce Gribiche oder die wunderbaren »Pieds et Paquets«, eine Marseiller Spezialität aus gefüllten Lammkutteln und Lammfüßen, acht Stunden lang geschmort, in Gesellschaft genießen zu können, sollte man ältere französische Herren wie Jacques Chirac einladen, dessen Lieblingsspeise der Kalbskopf ist. Möglichst ohne Frauen, obgleich es dann keinen Spaß macht. Freilich könnte man in diesem Falle auch an Schneckenpfännchen oder Froschschenkel als Vorspeise denken. Ortolane, die Lieblingsspeise Mitterrands, wären in Chiracs Anwesenheit eine Unhöflichkeit. Außerdem ist ihr Verzehr streng verboten. Zudem pflegt man sie, zumindest am Anfang, wenn die Deckel der Pfännchen gehoben werden und der Bratenduft ausströmt, unter großen weißen Servietten zu essen – also wirklich nichts für Frauen.

Die Meeresfrüchteplatte, mit der in Paris die Wintersaison anfängt, akzeptieren auch jüngere französische Frauen. Aus familiärer Gewohnheit und weil die Meeresfrüchte wenig Kalorien haben. Außerdem kann man sich ja auf die Crevetten konzentrieren und den Herren die Austern lassen und auf deren aphrodisische Wirkung hoffen. Wenn die deutsche Dame am Tisch statt dessen ein Steak bestellen möchte, muss man dem Kellner einen Wink geben und nachdrücklich auf »à point« bestehen, also rosa in der Mitte. Weiter sollte man nicht gehen. Mit Damen, die keine Meeresfrüchte essen und das Steak durchgebraten haben wollen, sollte man keine Zukunft ins Auge fassen.

Schwierig wird es Weihnachten, besonders in deutsch-französischen Familien. Auch wenn man nicht an der Tradition hängt: Austern und Gänseleber sollten es schon sein. Die lassen sich nicht durch Dresdner Christstollen ersetzen. Aber Austern sind lebendig und Gänseleber nicht

nur unendlich fett, sondern auch noch Ergebnis von Tier-
quälerei… Überhaupt kann die Periode der »Feste« zwischen Weihnachten und Neujahr unter Franzosen für Ausländer (fast) aller Art etwas Belastendes bekommen. Gutes
Essen ja, aber müssen es so viele Gänge sein? Und muss zudem dauernd darüber geredet werden? Täte nicht auch ein
bisschen Geigenspiel ganz gut oder etwas Sport?

Die Differenzen liegen freilich nicht nur in den Tabus. Sie
können sich auch unscheinbar in den »Musts« verstecken:
Ich erinnere mich, wie wir in gemeinsamen Ferien mit unserer französischen Freundin Isabelle auf der Terrasse eines
schönen Restaurants oben auf dem Salzburger Schlossberg
saßen und Nudelgerichte bestellten. Zu Nudeln wird in
Deutschland und Österreich kein Brot serviert. Zweifach
massiv Kohlehydrate, das hat von der Nahrungsmittelzu-
sammensetzung her gesehen keinen Sinn. Für Isabelle gehört aber nach französischer Sitte zu jedem Gang (außer
zum Dessert natürlich) ein gut gefüllter Brotkorb, wenn es
schon für den Wein zu heiß war in der Mittagssonne. Von
den beiden Elementen der Eucharistie mindestens eines.
Das ist eine Art kulinarisches Sakrament. Also bestellten wir
Brot. Der überlastete Kellner vergaß, es zu bringen. Es kam
ihm wohl nicht so wichtig vor, schließlich hatten wir ja schon
mal die Nudeln. Isabelle hingegen weigerte sich ostentativ,
auch nur eine Nudel in den Mund zu nehmen, ohne ein
Stück Brot zur Hand zu haben. Also warteten wir gemeinsam vor unseren Nudeltellern, bis das Brot endlich kam. Es
dauerte lange. Es musste erneut gemahnt werden. Die Nudeln waren schließlich kalt. Unseren denn doch leicht vor-
wurfsvollen Blicken wich der von Isabelle souverän ins Weite

des Salzachtals aus, aber es stand in ihren Augen die feste Überzeugung zu lesen, dass hier trotz Mozarts Geburtshaus zu unseren Füßen, trotz Trakl und Jedermann und Festspielhaus und der Barockkirche Fischer von Erlachs, die sie so bewundert hatte, die Zivilisation doch noch in den Anfängen stecke.

Die Differenzen stecken im »was«, im »wie«, aber auch im »wann« und »wo« des Essens, trotz des Vordringens des Fastfoods. Ich erinnere mich, dass wir anlässlich der Drehaufnahmen für einen Dokumentarfilm mit einem kleinen Hamburger Kamerateam nach einem populären Pariser Restaurant suchten, um dort gemeinsam das Mittagessen einzunehmen. Timmi, dem Beleuchter, dauerte die Sache zu lange, und so kaufte er sich auf dem Weg ein riesiges Sandwich, dessen Reste er unter den leicht befremdeten Blicken des Patrons dann auch kauend mit ins Restaurant nahm. Auf die Frage des Kellners, was wir denn zu bestellen wünschten, kam auf Deutsch die Antwort, die übersetzen zu müssen ich schon befürchtet hatte: »Ich möchte nichts. Ich habe gerade gegessen.« Dem Kellner blieb vor Verblüffung der Mund offen stehen: »Wenn Monsieur schon gegessen hat, warum kommt er dann ins Restaurant?« Ich konnte es ihm auf die Schnelle nicht erklären. Als er gegangen war, vermutlich mit dem Gedanken, dass die Deutschen doch nach wie vor ein merkwürdiges Volk seien, ereiferte sich Timmi über die mangelnde Aufmerksamkeit französischer Kellner: »Der hat doch gesehen, dass ich gerade eben ein Sandwich gegessen habe. Warum fragt er denn so blöd? Zweimal nacheinander essen ist ungesund und macht dick.« Übrigens ist Isabelle schlank, trotz der Kohlehydrate im

Doppelpack, ebenso wie Chirac trotz der Vorliebe für fetten Kalbskopf mit sahniger Sauce. Nur Timmi ist dick. Obwohl er das Mittagessen ausgelassen hat.

Solche Geschichten kennt jeder, der beim Aufeinandertreffen zweier Esskulturen häufig zugegen ist. Sie sind mehr als Anekdoten und verweisen auf tiefe kulturelle Differenzen, die im Folgenden noch näher besichtigt werden sollen. Religion spielt eine Rolle, Konfession, Geschlecht, Generation. Aber auch, wir haben es schon gesehen, die Artikulation zwischen Mensch und Tier, zwischen Mensch und Natur in der jeweiligen nationalen Tradition. Zivilisiertes Essen bedeutet in Frankreich ein viel größeres und weiteres Nahrungsangebot, die Entwicklung von Rezepten und Zubereitungsarten für alles Genießbare über atavistische Tabus hinaus. Der Natur auf alle möglichen künstlichen Weisen sinnlichen Genuss abzugewinnen, ist das Ziel, dem kein schlechtes Gewissen und kein Tierschutz und kaum ein Ekel wirklich im Wege stehen. Freilich muss das Ganze gebändigt und kodifiziert werden durch Riten, etwa den Kalbskopf mit der Sauce Gribiche (und nicht etwa einer Rotweinsauce), oder, elementarer noch, durch die Beigabe von Brot, um bei unseren Beispielen zu bleiben. Es gibt im Prinzip feste Regeln für den Zeitpunkt der Essenseinnahme und wenn das nicht mehr allgemein gilt, dann gilt es doch noch für bestimmte Orte, zum Beispiel eben das Restaurant. Gegen diese zugleich auf Genuss und auf Regel und Riten angelegten Vorstellungen stehen die des Salzburger Kellners (nicht zwei Mal Kohlehydrate), die das Essen von den Nahrungsmittelbestandteilen her denkt. Nennen wir sie die diätetische. Und die von Timmi. Timmi, der schlecht erzogene, dicke und auch ein bisschen dumme Beleuchter, der in unserer Geschichte eine schlechte Rolle hat, steht nämlich keineswegs allein, sondern für die mächtigste Tendenz im Essverhalten der Europäer und Nordamerikaner: für den Individualisten, den Verteidiger der kulinarischen Wahlfreiheit gegen alle einschränkenden Riten, Sitten und Zwänge. Er ist, auch wenn es ihm nicht bewusst war und es ihm wohl auch nicht recht sein würde, geradezu der Repräsentant der Esstendenzen der einkommenstarken, mobilen, liberalen, religionsfernen städtischen Eliten zweier Kontinente.

Wem das zu pessimistisch ist, dem habe ich als unschuldige Repräsentanten dieser Tendenz junge, hübsche, intelligente, sagen wir: überwiegend hübsche und intelligente Studentinnen anzubieten, Studentinnen eines binationalen, deutsch-französischen Master-Studiengangs unserer Universität. Master heißt, sie sind keine Anfängerinnen mehr, sondern müssen schon drei Jahre studiert haben, binational heißt in diesem Falle, die fünfzehn- bis zwanzigköpfigen Studentengruppen bestehen etwa zur Hälfte aus Deutschen und Franzosen (die meist Französinnen sind). Sie werden gemeinsam jeweils ein Jahr in Aix-en-Provence und ein Jahr in Tübingen zu Spezialisten für deutsch-französischen Kulturaustausch ausgebildet. Das heißt auch, sie haben schon am Anfang ordentliche Kenntnisse der jeweiligen Fremdsprache und ein vertieftes, im Prinzip positiv gestimmtes Interesse an der Kultur des anderen Landes. In dem Fall, von dem ich spreche, waren in der Gruppe sogar fünf Studentinnen aus deutsch-französischen Familien.

Zum Kennenlernen auch außerhalb des Seminarzusammenhangs luden wir, die Professoren des Studiengangs, die Studenten zu einer gemeinsamen kleinen Wanderung und zu einem sonntäglichen Mittagessen in ein Ausflugslokal am Fuße der Sainte-Victoire ein. Natürlich hatten wir pädagogische Hintergedanken. Mit Studenten, die sich untereinander kennen und mögen, arbeitet es sich besser. Aber vor allem wollten wir die universitätsfremden deutschen Studenten würdig begrüßen mit einigem vom Besten, was die Region zu bieten hat: Sainte-Victoire unter der strahlenden Herbstsonne und, natürlich, ein gutes gemeinsames französisches Mittagsmahl. Das dreigängige Menü – Vorspeise, Hauptspeise mit Gemüse und Kartoffelbeilage, Dessert – hatten wir unter drei vom Wirt angebotenen Möglichkeiten vorher festgelegt. Es gruppierte sich um eine Souris d'agneau, das obere Stück einer Lammkeule, am Knochen gebraten. Sehr landestypisch, sehr sonntäglich, religionsneutral.

Schon als wir vorher über das Programm redeten, taten sich unvermutete Differenzen auf: Die Deutschen fanden, man solle erst die kleine Wanderung machen und dann zu Mittag essen, denn mit vollem Bauch wandere es sich nicht gut. Womit sie im Prinzip recht hatten. Die Franzosen wandten ein, das sei nicht möglich, denn man müsse ja spätestens gegen 13.00 Uhr zu Tisch gehen. Womit sie auch recht hatten. Schon an dieser Stelle zeigte sich, was wir nicht sofort erkannten, eine kulturelle Differenz: Die beiden Gruppen hatten eine unterschiedliche Vorstellung von »Wanderung«. Die einen dachten sie sich als Verdauungsspaziergang und die anderen als etwas Sportlich-Anstrengendes. Und sie hatten implizit eine unterschiedliche Prioritätensetzung: Für die Franzosen war das gemeinsame Essen das eindeutige Zentrum, für die Deutschen nicht unbedingt. Sie fanden die Gruppierung um die festgelegte Mahlzeit eher unpraktisch, wir selbstverständlich.

Am vereinbarten Sonntag waren die Bedingungen optimal, sowohl für vielerlei Genüsse als auch für das Interesse an der Alltagskultur des Landes. Der Himmel blaute, das weiße Gestein der Sainte-Victoire strahlte in der Sonne, das Restaurant war ein von Einheimischen besuchtes Traditionslokal, populär und doch anspruchsvoll; unter den Gästen viele Familien, häufig Großeltern, Eltern, Kinder. Französische Sonntagsidylle.

Unser Tisch war verabredungsgemäß eine lange Tafel. Einige Studenten setzten sich, bevor der Kellner den Tisch angewiesen hatte. »Die lange Tafel konnte doch nur für uns sein.« Das Büfett-Prinzip: Man muss sich beeilen, um an die besten Plätze zu gelangen. Kein Gefühl dafür, dass jede Tafel, selbst eine runde, eine Ordnung impliziert. Die Würdigsten, die Ältesten, diejenigen, die bezahlen (je nach dem) sitzen am Kopfende oder in der Mitte der Längsseiten. Das war seit der griechischen Polis und dem christlichen Abendmahl selbstverständlich. Auch und besonders in Frankreich. Die französische Sprache kennt den Ausdruck »bas morceaux«, wörtlich: »niedere Stücke«, was heute die schlechteren Stücke vom Fleisch meint. Das bezieht sich aber nicht darauf, dass die Stücke des Tierkörpers, die dem Boden näher sind, per se schlechter wären, sondern bezeichnet die Stücke für den (sozial) unteren Teil des Tisches, der eben, seinem sozialen Rang entsprechend, die schlechteren Stücke bekam.

Unsere Studenten setzten sich, je jünger, desto schneller, nach Sympathie und möglichst weit von den Professoren, »weil man sich da ja gut benehmen muss, Konversation betreiben und nicht entspannt reden kann«. Am Ende kamen drei Studenten, die gerne zusammensitzen wollten, aber keine drei benachbarten Plätze mehr fanden. »Können wir uns an den Nebentisch setzen, da ist ja noch etwas frei?« Kein Gefühl dafür, dass die gemeinsame Tafel Gemeinschaft bildet, einschließt und ausschließt. Sie wollten die Gemeinschaft erst einmal kleiner, vermutlich aus Angst vor der größeren. Auch um den Preis, sich auszuschließen. Wahrscheinlich ohne zu wissen, was sie da taten. Sicher ohne zu wissen, dass Schlüsselwörter unseres politischen Vokabulars sich von den Banketten der Antike herleiten. »Partizipation« (*participatio*) kommt von *pars capere,* sich sein Teil nehmen. Der *princeps,* aus dem der Prinz wird, ist derjenige, der zuerst bedient wird, der *privatus* ist hingegen der Ausgeschlossene, der nicht am Allgemeinen teilhat.

Nun ja, das ließ sich alles regeln, wenn auch im Dilemma zwischen der Akzeptanz von Destrukturierung einerseits, der Gefahr, die darin liegt, versäumte Erziehung an Erwachsenen nachholen zu wollen, andererseits. »Versäumte Erziehung« – das war mein spontaner Gedanke. Man kann das natürlich anders sehen. Schwer erträglich freilich wurde die Sache, als der Kellner das Menü ankündigte. Drei Gänge, wie gesagt. Der Käsegang ist immer weniger selbstverständlich. Guter Käse ist teuer für den Wirt und zudem leicht verderblich, guter Käse hat fast immer viel Fett und wird vor allem von weiblichen Gästen häufig ausgelassen. Es gibt Gänge, die allmählich aus der normalen französischen

Menüfolge verschwinden. Wie die Gemüsesuppe, die früher zu jedem Familienessen gehörte.

Schrecken machte vor allem das »souris d'agneau«, das Stück von der Lammkeule. Nicht nur, weil es, wörtlich übersetzt, »Maus vom Lamm« heißt. Eklig schon der Name. Überhaupt Fleisch, war das Problem der einen. »Lamm kenne ich nicht«, war das Problem der anderen. »Da ist Knoblauch dran«, war das Problem der nächsten. »Ist das innen noch blutig?«, das Problem der Übernächsten. Schrecken machte auch die Größe der Portionen. Die waren wirklich beeindruckend, weil das Stück am Knochen gebraten wird, der die Portion optisch aufs Doppelte vergrößert. Aber auch unter Abzug der Knochen waren die Portionen groß. Große Portionen sind traditionell der Stolz populärer Restaurants. Viel und gut, das waren lange die Schlüsselbegriffe von Restaurantempfehlungen in Frankreich, vor allem auf dem Land. Hier machten die Fleischberge, die während unserer Bestellzeremonie am Tisch vorbeigetragen wurden, mächtig Angst. Muss man das vielleicht sogar restlos verzehren in diesem Land der Gourmands?

Und so verwandelte sich dann das, was eigentlich nur Menüankündigung sein sollte, in zähe Verhandlungen. Die zwei Vegetarier bekamen Nudeln zugesagt und wurden sofort zu drei Vegetariern. Vegetarier findet man zwar in Frankreich immer noch ein bisschen kurios, aber man ist ja tolerant und außerdem waren es Ausländerinnen. Damit war der Bann gebrochen. »Ich mache Diät. Kann ich vielleicht den Salat und eine Vorspeise bekommen? Das Eis zum Dessert nehme ich aber.« Das »oui, Mademoiselle« kam nun schon ein bisschen gequält. »Für mich dann das

Gleiche, aber ohne Dessert. Ich mache wirklich Diät.«
»Kann ich das Fleisch ohne Knoblauch bekommen? Ich vertrage keinen Knoblauch.« »Ich hätte gerne eine halbe Portion. Ich esse nicht so viel. Es wäre doch schade, wenn es weggeworfen werden müsste. Aber braten Sie es mir gut durch.« Der Kellner floh schließlich vor dieser Kakophonie von Wünschen, die sprachlich in babylonischer Vielfalt vorgetragen wurden: »Einigen Sie sich doch erst einmal. Aber denken Sie daran, daß Sie das Menü bestellt und wir danach eingekauft haben.«

Wir wiesen dann darauf hin, dass das Lamm eine lokale Köstlichkeit sei, der Knoblauch längst verkocht, dass man seinen Teller keinesfalls ratzeputz leeren müsse, baten darum, auch an die Schwierigkeiten des Hauses zu denken. Wir wiesen natürlich nicht darauf hin, dass sie eingeladen seien und sich nach den Sitten des Gastlandes grober Unhöflichkeit gegenüber eben diesem Land, gegenüber der Universität, die die Einladung bezahlte, und gegenüber dem Koch des Hauses, in dem sie speisten, schuldig zu machen im Begriffe waren. Es wirkte ein bisschen und verlagerte die Verhandlungen auf die Nachbarn: »Kannst du mein Fleisch essen? Ich nehme dir dafür den Salat ab.« Und so weiter. Am Ende hatte etwa ein Drittel der Teilnehmer das Menü erfolgreich in eine Art Kinderteller verwandelt und Berge von Lammfleisch wurden, noch am Knochen, zurück in die Küche getragen.

Natürlich haben wir die Rechnung in der vereinbarten Höhe bezahlt. Und trotzdem merkte man, dass der Wirt ein bisschen beleidigt war. So wie wir. Ich möchte mir gar nicht vorstellen, was passiert wäre, hätte es zwischen den Teilnehmern eine Einigung über die Bezahlung der Rechnung geben müssen. In Frankreich bringt der Kellner die Rechnung immer für den ganzen Tisch. Im Normalfall wird sie dann durch die Zahl der Tischgenossen geteilt und entsprechend beglichen, während in Deutschland bis auf Ausnahmen jeder Einzelne seine Rechnung verlangt und begleicht. Er bezahlt, was er verzehrt hat, während in Frankreich jeder einen gleichen Anteil von dem bezahlt, was am Tisch verzehrt worden ist. Das ist aus deutscher Perspektive ein umständliches Verfahren. Es setzt implizit voraus, dass niemand besonders viel von besonders teuren Gerichten bestellt, denn einen Teil davon müssen ja die anderen mittragen. Es ist also eine Einschränkung der Wahl und verlangt Selbstzucht. Gleiches gilt für den Wein, besonders, wenn Abstinenzler am Tisch sitzen. Außerdem muss man dividieren können, manchmal nicht so einfach, vor allem, wenn man kein Abstinenzler ist. Außerdem kann man auf die Weise nicht mit der Kreditkarte begleichen, in Frankreich viel gewöhnlicher als in Deutschland. Deshalb vor allem muss man daran denken, Bargeld oder ein Scheckheft mit sich zu führen. Trotzdem ändert sich die Praxis nicht, was keineswegs nur an der Bequemlichkeit der Kellner liegt.

Nachdenkend über unser Mittagessen, arm an verzehrtem Lammfleisch, aber reich an interkulturellen wie intergenerationellen Merkwürdigkeiten, war zunächst einmal das Gefühl zu relativieren, wir hätten es einfach mit schlecht erzogenen Studenten zu tun gehabt. Gut erzogen, das heißt unter anderem, dass die Kenntnis und Befolgung von gesellschaftlich anerkannten Normen erfolgreich vermittelt wird.

Selbst der bewusste Normverstoß setzt ja ihre Kenntnis erst einmal voraus. Darum handelte es sich hier aber offenbar nicht. Diese Studenten waren nicht angetreten, um am Mittagstisch unter der Sainte-Victoire veraltete Normen zu unterlaufen oder lächerlich zu machen. Weder die französischen allgemein noch die der Professorengeneration im Besonderen. Sie verhielten sich einfach nach anderen Normen, die sie für berechtigter hielten, für selbstverständlicher. Sie hätten sie freilich kaum benennen können. Aber das ist auch schwierig.

Um mit der Sitzordnung anzufangen: Wir hatten, nicht bewusst, aber doch in der Verlängerung einer langen Tradition, zwischen den Studenten aus verschiedenen Ländern und verschiedenen Städten eine Gemeinschaft herstellen wollen. Deshalb die Tafel. Der Vorschlag, sich an den Nebentisch zu setzen, war, so gesehen, die Verweigerung von Gemeinschaft. Ein interkultureller Studiengang kann aber nur gelingen, wenn sich auch Gemeinschaft über die jeweilige nationale Herkunft hinaus herstellen lässt. Man stelle sich Leonardo da Vincis Gemälde vom Abendmahl an Einzeltischen zu jeweils vier Jüngern vor …

Wir wollten Gelegenheit zu einer lustvollen, temporär begrenzten, möglichst auf das Semester ausstrahlenden Gruppenerfahrung geben, aber wir wollten natürlich auch eine strukturierte Gruppe. Der Abstand zwischen Professoren und Studenten ist in Frankreich hoch, manchmal zu hoch, in Deutschland eher flach, manchmal geradezu platt. Das muss ausgemittelt werden zwischen der deutschen und der französischen universitären Tradition, vor allem dann, wenn die französischen Professoren deutscher Herkunft sind. Es ist aber schwierig. Besser, man bleibt im Kreis der zwei, drei Kommilitonen, die man schon kennt und mag. Keiner wollte sich frech und bewusst über Hierarchien hinwegsetzen oder sich an die Spitze einer neuen stellen. Man wählte seinen Platz nach »den Nachbarn kenne ich schon«, also dem Sympathieprinzip und dem Prinzip der freien Wahl. Dagegen ist nichts einzuwenden. Schließlich sind wir ja auch für die Liebesheirat und nicht für die angebahnte Ehe. Nur steht eben zu fürchten, dass die freie Wahl so frei nicht war, sondern aus Angst erfolgte, aus Angst vor unbekannten Sitationen mit unbekannten, zum Teil vorgesetzten Personen. Was darf man da sagen, was nicht? Man ist sich der Konversationsregeln so wenig sicher wie der Regeln der Tischordnung. Deregulierung aber erhöht die Angst.

Das in uns fortwirkende magische Denken geht davon aus, dass man »ist, was man isst«. Der gemeinsame Verzehr gleicher Nahrungsmittel ist also, zumindest symbolisch, die Arbeit an der Herstellung von Gemeinsamkeit. Simmel hat darauf hingewiesen, dass das in perfekter Weise nur in der christlichen Eucharistie erreichbar ist, denn man verzehrt wirklich das Gleiche: Blut und Fleisch Jesu Christi. Nein, so weit wie beim Abendmahl wollten wir nicht gehen. Aber immerhin so weit wie (lange) selbstverständlich beim Mittagsmahl in einem laizistischen Land katholischer Tradition. Der Wunsch, sozusagen à la carte zu essen, kündigte also wie der Umgang mit der Tischordnung Gemeinsamkeit auf bzw. ließ sie nicht zu.

Zudem ging es um eine Einladung, also um eine Gabe, wenn auch aus dem Universitätshaushalt. Lassen wir Marcel Mauss ruhig beiseite und kommen wir nur auf das Sprichwort vom geschenkten Gaul, dem man nicht ins Maul schaut. Das wussten die Studenten und das hätten sie auch nicht getan. Aber hier ging es eben darum, ihn sich einzuverleiben, den Gaul. Und dann wird es offenbar etwas anderes, dann setzen andere Mechanismen des Umgangs mit der Gabe ein. Übrigens war es nicht einfach nur eine Gabe der gastgebenden Universität, sondern eine Gabe typischer, hochgeschätzter Produkte der Gegend (die Lammkeule) in landestypischer Zubereitung. In der Ablehnung steckte eben symbolisch auch die misstrauische Ablehnung des Landes bzw. der Region, die zu entdecken und verstehen man sich eben anschickte. Es war ein bisschen so, als böte man bei einem Zusammentreffen dem anderen die Wange zur »bise« (zum Küsschen) dar und der wendete sich ab und murmelte, er habe Angst vor der Schweinegrippe.

Verlassen wir die »französische« Logik und ihre kulturhistorischen Hintergründe, um einen Blick zu werfen auf die implizite Logik des Verhaltens der Studenten. Diese Logik war gewiss (wie die unsrige) von unbewussten Affekten gesteuert, zum Beispiel eben dem Ekel. In der Begründung folgte sie aber einer anderen Esslogik. Sie ging davon aus, dass die Entscheidung über die Einnahme von Nahrungsmitteln ein strikt individueller Akt ist, der in jedem Moment der Entscheidung des Einzelnen obliegt. Unter dieser Grundprämisse ist die Tatsache, dass man gerade eine Diät macht, Fleischverzehr aus moralischen oder gesundheitlichen Gründen ablehnt, keinen Knoblauchgeruch ausströmen will wegen des Rendezvous am Abend oder etwas einfach nicht mag, ein höherrangiger Wert als der der Einfügung in eine Gemeinschaft. Es handelt sich sozusagen um ein Freiheitsrecht. Und damit ist es legitim, keine kindliche Caprice. Die Studenten hätten den Konflikt zwischen dem Verhalten, das von ihnen erwartet wurde, und ihren individuellen Optionen ja unterlaufen können, etwa indem sie in die Küche zurückgehen ließen, was sie nicht verzehren wollten. Stattdessen fühlten sie sich aber berechtigt, auf ihren individuellen Optionen zu bestehen, auf ihrer Freiheit, auf à la carte statt auf einem Menü. Es ging ganz offenbar um das Aufeinandertreffen zweier Werteordnungen beim Essen. Die eine, die um des Kommunitären willen die individuelle Vorliebe zurückstellt, und die andere, die das Kommunitäre nur so weit akzeptiert, als es persönlichen Vorlieben oder Entscheidungen gegen bestimmte Nahrungsmittel bzw. Zubereitungen nicht im Wege steht.

Da das Mittagessen nicht als soziales Experiment unter strikter Beobachtung geplant war, sondern einfach nur als ein gemeinsames Mittagessen, vermag ich mich nicht genau daran zu erinnern, ob sich denn die beiden Grundpositionen treffgenau den französischen bzw. den deutschen Studenten zurechnen lassen. Ich vermute eher, dass das nicht der Fall war. Sicher ist aber, dass die entschiedensten Bemühungen um die Freiheit der Speisewahl von deutschen Teilnehmern ausgingen. Mag sein, dass sich französische Studenten, gemeinhin noch so erzogen, dass sich derlei in derlei Situationen nicht schickt, die Gelegenheit ergriffen haben, mit Zwängen zu brechen – zumal dieser Bruch ganz offenbar nicht sanktioniert wurde. Sicher jedenfalls gab es eine Fraktur zwischen den Generationen: die Lehrenden, wie gesagt: Lehrende deutscher Herkunft an einer französischen Universität – waren allesamt erstaunt, wenn nicht befremdet über das Verhalten eines erheblichen Teils der Studenten. Ganz so erstaunt hätten sie übrigens nicht sein sollen. Auch bei wissenschaftlichen Kolloquien, internationalen zumal, wird die Auswahl des gemeinsamen Menüs immer mehr zu einem der schwierigsten Punkte der logistischen Vorbereitung. Meist läuft es auf Fisch oder Huhn hinaus. Büfetts werden immer beliebter.

Was bei unserem Mittagessen zu beobachten war, entspricht auf verblüffende Weise den Ergebnissen der großen internationalen Vergleichsstudie zu Nahrung, Körper und Essverhalten, die unter der Leitung von Claude Fischler, dem weltweit wohl ausgewiesensten, jedenfalls klügsten Soziologen des Umgangs mit dem Essen, von 2000 bis 2002 in sechs Ländern erhoben wurde, in Frankreich, Italien, der Schweiz, Deutschland, England und den Vereinigten Staaten. An der aufwendigen, methodisch reflektierten Studie nahmen immerhin 7000 Personen teil, so dass sie auf Repräsentativität durchaus Anspruch erheben kann. Als Ergebnis zeichnen sich zwei einander entgegengesetzte Modelle des Essverhaltens ab, das US-amerikanische und das französische. Die vier anderen Länder bewegen sich dazwischen, mal näher zum einen Pol, mal mehr zum anderen. Es erstaunt nicht, dass die englischen Esser den amerikanischen am nächsten sind, die Schweizer und Italiener den französischen und die deutschen meist in der Mitte liegen – mit einer Grundtendenz in transatlantischer Richtung: »Zwei Pole scheinen sich in Bezug auf die zeitgenössische Ernährung herauszubilden, repäsentiert am einen Ende der Skala durch Frankreich, am anderen durch die Vereinigten Staaten. Auf der Seite der Vereinigten Staaten erscheint eine individuelle und ›private‹ Konzeption des Verhältnisses zur Ernährung, eine Konzeption, die auf diesem Gebiet jedem Einzelnen die Freiheit zu wählen und zu entscheiden zumisst, dies auf wissenschaftlich-medizinischer Grundlage, d. h. auf einer angenommen wissenschaftlichen: Die Bürger-Konsumenten müssen über möglichst umfassende Informationen über die Produkte und ihre Zusammensetzung verfügen [...]. Auf der Gegenseite dieses Pols der Autonomie wird der Akzent auf die *Formen* des Essens (geregelte Mahlzeiten, Reihenfolge der Gänge, Präsenz von Tafelgenossen, festgelegte Zeiten und Orte für das Essen) und auf das Thema des ›guten‹, miteinander geteilten Nahrungsmittels gelegt. Wir haben gesehen, dass besonders auf der französischen Seite die Geselligkeit [im Original ›convivialité‹, ein schwer zu übersetzendes Wort] und die Sorge um die Qualität der Produkte vorrangig sind [...].«

Dieses Grundmuster schlägt bei der Antwort auf alle Fragen, die gestellt wurden, immer wieder durch. Auf der einen Seite »jeder für sich«, selbst verantwortlich für seinen Körper, auf der anderen Seite die Tradition, das Essen als kommunitäres Ereignis, eingefügt in Tradition. So sehen die meisten befragten Amerikaner das Essen eher unter diätetischen Gesichtspunkten (Salat und Gemüse sind gut; alles, was Fett ist, ist schlecht usw.), sie reflektieren auf die Gattung (z. B. Obst), die Nährstoffzusammensetzung (z. B. Kohlehydrate), die Franzosen auf die Qualität des jeweiligen Nahrungsmittels (der Salat ist nicht frisch, also schlecht; das Fleisch ist abgehangen, also wahrscheinlich gut). So machen die US-Bürger kaum einen Unterschied zwischen der

Einnahme von Medikamenten und der von Nahrung (in der Mode der »Nahrungsmittelergänzungsstoffe« deutet sich diese Tendenz auch in Deutschland an). Sie essen, sozusagen auf eigene Rechnung, Vitamine und Nährstoffe, während die Franzosen Lammkeule oder Kalbskopf essen. Das gilt auch beim gemeinsamen Restaurantessen, wo die Rechnung selbstverständlich jeweils separat geht, außer sie ist Anzahlung auf sexuelle Leistungen. Aufschlussreich, ja kurios ist in diesem Zusammenhang auch die sprachliche Analyse der Antworten, die die Probanden gaben: im französischen Diskurs taucht zwischen »Gesundheit«, »Zucker«, »Fett«, »Kohlehydrate«, »Eiweiß« ganz unvermittelt das Wort »Vergnügen« (»plaisir«) auf, so, als sei es ein Nahrungsbestandteil. Überhaupt ist in den Antworten der Franzosen fast fünf Mal häufiger die Rede vom »plaisir« als in den US-amerikanischen. Vorhersehbar auch, dass die Zustimmung zu der Aussage, eine gesunde Ernährung sei die, die fünf einfache Prinzipien respektiere: mit Maß, abwechslungsreich, drei Mal am Tag und nicht öfter, frische Produkte wählen – in Frankreich eine viel höhere Zustimmung erfuhr als in allen anderen Ländern, besonders in den USA.

Aus den erhobenen Ergebnissen haben Fischler/Masson fünf Profile typischen Essverhaltens erstellt, fünf Steckbriefe sozusagen, auf denen sich (in einer nächsten Phase der Erhebung) die meisten Befragten wiedererkannten:

Da ist zunächst (A) der »rationale Esser«, der auf die Ratschläge der Mediziner und Ernährungswissenschaftler fixiert ist und glaubt, auf diese Weise Krankheiten vermeiden zu können bzw. alt zu werden.

B ist der Gemeinschaftsesser, der die traditionellen Regeln beachtet, drei Mal am Tag isst, möglichst mit Freunden oder in der Familie. Er lässt ungern eine Mahlzeit aus und nimmt sich Zeit.

C ist der schuldgeplagte Esser, der immer darunter leidet, seinen Appetit nicht richtig kontrollieren, seine Essgewohnheiten nicht ändern, nicht mehr Sport machen zu können.

D ist Feinschmecker (und Vielfraß manchmal auch). Essen ist für ihn eines der großen Vergnügen des Lebens.

E ist der Bio-Esser, besorgt um den eigenen Körper, aber vor allem auch um die Umwelt, der die Nahrungsmittel entstammen.

Natürlich sind die Profile nicht trennscharf, sondern überlappen sich. So konnten denn die Befragten auch mehrere Profile kombinieren. Man hätte es vorhersagen können: Der »rationale«, autonome Esser A kann sich auch, cum grano salis, wenn er nicht eben auf Salzdiät ist, im gequälten Esser C und im moralischen Esser E wiedererkennen. Er findet sich am häufigsten in den USA und ist protestantisch. Der Gemeinschaftsesser B geht hingegen gern mit dem Genussesser D zu Tisch, in Frankreich, aber noch häufiger in Italien. Der Schweizer gesellt sich gern dazu, achtet aber doch darauf, dass auch ein bisschen Bio auf dem Teller ist. Vom Preis her kann er es sich ja auch leisten…

Man sieht, trotz aller Veränderungen in Bezug auf das Angebot von Nahrungsmitteln, der Kontrolle, der Hygiene, in den reichen industrialisierten Ländern bestehen wichtige kulturelle Unterschiede fort. Sie sind in der Tat sowohl kulturell als auch national. So ist, alles in allem, eine deutliche Nähe der anglophonen Haltungen, also derer der englischen und amerikanischen Esser einerseits, der frankophonen (Frankreich und französische Schweiz) bzw. im weiteren Sinne romanischen (Frankreich, französische Schweiz und Italien) andererseits zu konstatieren.

Die Zugehörigkeit zu einer Kultur wiegt dabei deutlich schwerer als die Ausbildung und die Berufsgruppe: Die zahlreichen an der Studie beteiligten französischen Ärzte, wie ihre amerikanischen Kollegen gewiss gut informiert über die medizinischen und volksgesundheitlichen Aspekte der Ernährung, reagierten nach kulturellen Dispositionen, nicht nach »rationalen«, sie waren, grob gesagt, zuerst französische Esser und dann erst Ärzte. So lag ihre Zustimmung zu den genannten fünf einfachen Prinzipien weit höher als die der amerikanischen Kollegen.

Ingesamt gesehen, sind, zumindest auf den ersten Blick, zwei Resultate der Studie von Fischler/Masson am verblüffendsten. Das erste: Die »rationalen« Esser, die am meisten um ihre Gesundheit und ihren Körper besorgt sind, sind auch die unglücklichsten. Sie bestehen auf der Freiheit einer möglichst großen Wahl, sie informieren sich, sind aufgeklärt, aber wenn sie dann vor der Wahl stehen, entpuppt sie sich als Qual, wenn auch als eine höchst private und freiwillige. Die Wahlfreiheit, gegen die Religion, gegen elterliche Erziehungsregeln, gegen das Kantinenangebot endlich gewonnen, schlägt in eine Art »Tyrannei der Wahl« (so der Psychologe Barry Schwarz) um und schränkt das Wohlbefinden auf diese Art und Weise ein. Das dürfte damit zusammenhängen, dass die Idee, ganz allein vernünftig darüber zu bestimmen, was für den eigenen Körper gut ist, den Esser allemal überfordert. Er müsste zum Spezialisten werden, zum Ernährungswissenschaftler, um sich diesem Ziel zu nähern. Normalerweise hat er aber beruflich noch etwas anderes zu tun. Davon abgesehen: Er müsste auch zum Sportwissenschaftler werden, zum Experten aller Aspekte seines Alltags. Aber selbst wenn er sich auf die Ernährung konzentrierte, würde ihn der Mangel an Informationen über manche Aspekte, die zu verschleiern die Agroindustrie Interesse hat, schwer zu schaffen machen. Nehmen wir an, ihm gelänge auch dieses. Dann würde er als Experte für Ernährungsfragen feststellen müssen, dass das, was die Wissenschaftler für »gesund« halten, starkem Wandel unterworfen war und aller Wahrscheinlichkeit auch in Zukunft sein wird. Zucker z. B. galt zu Anfang des 20. Jahrhunderts als sehr wertvolles Nahrungsmittel – was er ja auch in spezifischen Zusammenhängen und wohldosiert sein kann. Kurz: Der rationale Esser ist ungefähr so rational wie meine Mutter, die den Hunger noch gekannt hatte, also nichts Essbares wegwerfen mochte und demzufolge die Reste vom Salat – natürlich mit Sahne zubereitet – den satten Essern mit den Worten feilbot: »Nehmt noch, Salat ist gesund.« Sie hat daran geglaubt, weil sie es in irgendeiner Frauenzeitschrift gelesen hatte. Ansonsten hielt sie sich, hielt sie uns an die genannten fünf einfachen Prinzipien. Wenn jemand die Fragwürdigkeit solcher »Ernährungswissenschaft« durchschaut, wird er eher unglücklicher. Er ist dann vielleicht Experte, aber er schließt sich selbst aus vom Genuss. Der Ausdruck »Experte« kommt übrigens vom lateinischen *ex pars*, was diejenigen bezeichnete, die vom gemeinsamen Mahl an der Tafel ausgeschlossen waren.

Nun gut, wir wissen nicht erst seit Anthony Giddens' *The*

Transformation of Intimacy (1992), dass auf alle alltäglichen Praxen ausgedehnte Wahlfreiheit zwischen unzähligen Optionen, verbunden mit der Notwendigkeit zu wählen, Unbehagen, Unsicherheit, Ängste, Identitätsprobleme nach sich ziehen kann. Wer sie überall haben muss und darunter leidet, kann ja zum Psychoanalytiker gehen und auf der Habenseite verbuchen, dass er wahrscheinlich länger und gesünder leben wird als die fröhlichen Traditionsesser. Freilich kann er sich, bleibt er dem wissenschaftlichen Herangehen treu, nicht dem paradoxen Ergebnis entziehen, dass in Frankreich, wo die traditionellen Essgewohnheiten am lebenskräftigsten sind, Übergewicht und Fettleibigkeit weniger häufig vorkommen als in den anderen europäischen Ländern und weit weniger als in den USA. Übergewicht erhöht aber bekanntlich das Herzinfarktrisiko und das Risiko, von Dutzenden anderer schwerer Krankheiten geschlagen zu werden. Gemein, aber unbestreitbar: Vom gesellschaftlichen Durchschnitt her gesehen hat der lustvolle Gourmet, der sich an ein paar elementare zivilisatorische Regeln hält, die besten Chancen, auf der Beerdigung seines gesundheitsbewussten Freundes in geselliger Runde den Leichenschmaus zu genießen.

Auch ein French paradox und nicht das unangenehmste.

Aufs Ganze und vor allem auf langfristig wirksame Haltungen gesehen, haben meine deutschen Freunde und Bekannten, die mich in Frankreich jeden Mittag ein gutes, mehrgängiges, geselliges Mittagsessen einnehmen sehen, also gar nicht so unrecht, obgleich ihre Vermutungen mit meinen Realitäten überhaupt nicht deckungsgleich sind. Das Modell, das sie mit meiner alltäglichen Wirklichkeit gleichsetzen, entspricht einer jahrhundertealten Praxis (die übrigens nie die Praxis aller war), ist durch die Zwänge der heutigen Arbeitswelt praktisch erheblich modifiziert, aber bestimmt immer noch die Idee, die sich die meisten Franzosen von einem »richtigen« Déjeuner machen. Und wenn denn Zcit ist für die Realisierung der Idee, zum Beispiel am Sonntagmittag, dann ist es auch so, ungefähr jedenfalls, wie es sein sollte. Die partielle Übereinstimmung zwischen dem von außen herangetragenen Nationalstereotyp und langfristig wirksamen kulturellen Selbstbild der Franzosen selbst ist nicht zufällig. Beide sind bestimmt durch die »longue durée«, sind langlebig, hartnäckig und kaum durch vergleichsweise junge Entwicklungen, wie eingreifend sie auch seien, modifizierbar. Sie sind, so gesehen, eher Nachurteile und Wunschträume als Vorurteile.

»Longue durée«, das bedeutet, wie wir gesehen haben, dass die großen historischen Formationen und Scheidelinien fortwirken. So etwa die zwischen den Ländern lateinischer Kultur und den Ländern germanischer Kultur, überlagert von der zwischen protestantischen Regionen und katholischen. Dementsprechend prägt sich die Moderne mit ihrer Freisetzung von Individualismus, freier Entscheidung, individueller Verantwortung und dem Primat ökonomischer Effektivität, die sich grundsätzlich in allen Ländern, von denen die Rede war, durchgesetzt hat, auf unterschiedliche Weise aus.

Natürlich spielen, um das Blickfeld auf Frankreich und Deutschland einzuschränken, auch nationalkulturelle Gegebenheiten eine Rolle. Das fängt bei den natürlichen an, was kaum ein Text über die französische Küche zu feiern vergisst. Frankreich verfügt zwischen Flandern und dem Mittelmeer, zwischen Bretagne und dem Rhein, zwischen Bordelais und Elsass über einen außerordentlichen Reichtum an hochwertigen und verschiedenen Nahrungsmitteln. Hören wir die Beschreibung des Pariser Marktangebots in den *Tableaux de Paris* von Sébastian Mercier aus dem Jahr 1799: »Niemals wird wohl an irgendeiner Stelle Europas der Gourmand sich an einem besseren Platz finden, um seine Gefräßigkeit zu befriedigen: Er muss nur die Hände ausstrecken und kann die roten Rebhühner des Quercy & die Barsche des Rheins greifen; kann wählen zwischen dem Haselhuhn aus den Pyrenäen und den feinen Poularden der Caux. Der pausbäckige Comus [ein Satyr, der in der griechischen Mythologie Sinnengenuss verkörpert] hat, glaube ich, niemals einen Altar gehabt, der so vielfältig und so überladen mit Fleisch war…« Und so weiter in der Aufzählung dessen, was dem (zahlungskräftigen) Pariser Esser am Ende des 18. Jahrhunderts zur Verfügung stand. Schon an der deutschen Grenze, in Straßburg, so weiß er, sind die Verhältnisse ganz anders. Dort findet sich »ein einfaches und sauberes Lebensmittel, wunderbar für die Gesundheit, ein säuerliches Lebensmittel, das ihre Finanzen nicht ruiniert, sehr angenehm im Geschmack, das […] Sauerkraut von Straßburg […] es ist das Hauptlebensmittel der Deutschen, denen es damit gut geht & ich glaube, wenn man es in Paris benützte, würde es die schwachen und kränkelnden Konstitutionen wieder beleben.«

Das Zitat ist in vieler Hinsicht bemerkenswert. Zunächst natürlich als Beleg für die Vielfalt und Qualität des Nahrungsmittelangebots im Paris des ausgehenden 18. Jahrhunderts. In keiner deutschen Stadt, auch nicht in Berlin, fand sich annähernd Vergleichbares. Das hatte aber nicht nur mit der Natur zu tun, sondern mit politischen Gegebenheiten. Zuallererst natürlich mit der frühen nationalen Einigung in Frankreich. Poularden und Rebhühner und Barsche wird es auch in Deutschland gegeben haben, aber sie wären dort an unzähligen Zollgrenzen verfault, bevor sie auf den Tisch städtischer Esser hätten kommen können. Die nationale Einigung war die Voraussetzung eines effektiven Transportwesens. Und dann natürlich die Großstadtbildung: Paris hatte damals etwa 600 000 Einwohner, die größte deutsche Stadt, Berlin, kaum 200 000. Wie die Konzentration der politischen und ökonomischen Macht in Deutschland im Verzug war, so auch die Versorgung der Märkte und die Ausbildung der Fertigkeiten, mit exzellenten Produkten sachgemäß umzugehen. Interessant ist die zitierte Textstelle aber auch deshalb, weil sie keineswegs den Hochmut einer überlegenen Nation ausdrückt, sondern gegen die opulente Dekadenz das Einfache und Gesunde anführt. Der Gegensatz zwischen Genuss- und Gesundheitsdiskurs, der uns so ausführlich beschäftigt hat, ist nicht neu.

Zu den Voraussetzungen der kulinarischen Exzellenz gehört aber nicht nur das Nahrungsmittelangebot mit seinen geographischen, klimatischen, sozialen und politischen Aspekten. Mindestens von gleicher Bedeutung ist die unvergleichliche zivilisatorische Ausdifferenzierung der höfischen Gesellschaft des französischen Absolutismus. Eine große, weitgehend entmachtete, letztlich funktionslose, weitgehend auch von den traditionellen militärischen Aufgaben entbundene Gruppe von Höflingen, in einem beständigen, aber nicht mehr mit Gewalt ausgetragenen Kampf um soziale Höherstellung in Richtung auf den König begriffen, entwickelt eine subtile Kultur sozialer Codes, sozialer Hierarchien, in der die Tafelsitten eine wichtige Rolle spielen. Absolutistische Höfe gab es auch in deutschen Landen, aber bekanntlich keine von vergleichbarer Bedeutung. An diesen Höfen, besonders am preußischen Friedrichs II., imitierte man das französische Modell. So hatte Friedrich II. natürlich einen französischen Koch mit Namen Noël, auf den er sogar Preisgedichte reimte. Diese Tradition hielt sich bis zum letzten deutschen Kaiser, der, obwohl ein geschworener Feind der Franzosen, den damals berühmtesten Küchenchef der Zeit, Auguste Escoffier, an den Herd stellte, wenn er mit der deutschen Aristokratie die großen Schiffe einweihte, die ihm den Griff zur Weltmacht erlauben sollten.

Eine entscheidende Differenz zwischen dem Schicksal der Küche in Frankreich und Deutschland entstand in der Sattelzeit um 1800: Die Französische Revolution vernichtete die Tradition kulinarischer Exellenz keineswegs, sondern transformierte und verbreitete sie. Die arbeitslos gewordenen Köche des Adels begannen, in Paris Restaurants zu gründen, die nun allen zugänglich waren, die die Mittel hatten. Die Bürger eigneten sich die vormaligen Privilegien des Adels an. Damit entstand rasch die Gastronomie (das Wort »Gastronome« ist zum ersten Male 1803 nachweisbar, das Adjektiv »gastronomique« 1807). Ihr Gründervater war Grimod de La Reynière mit seinem *Almanach des Gourmands*, ein verarmter Adeliger, der binnen weniger Jahre die drei großen Medien des Schreibens über Essen erfand: den Führer, die Abhandlung und die gastronomische Zeitschrift. Spätestens damit wurde in Frankreich die Gastronomie auch ein legitimes Produkt des Geistes, nicht nur des Bauches und der mündlichen Überlieferung unter weitgehend namenlosen Domestiken, die unten im Keller anonym wirkten. Es war die Zeit, in der Talleyrand, der Vertreter Frankreichs beim Wiener Kongress, der nach dem Willen der europäischen Herrscher nach dem Sturz Napoleons die alte Ordnung wiederherstellen sollte, an seinen König schrieb: »Sire, ich brauche keine Anweisungen, ich brauche Kasserollen.« Es war die Zeit, als mit Carême der erste Küchenstar im modernen Sinne wirkte, Vorgänger der Ducasse und Robuchon von heute. Und es war die Zeit, als Brillat-Savarin seine *Physiologie du goût,* diese *Méditations de gastronomie transcendentales* veröffentlichte und den Gegenstand damit wissenschaftlich und philosophisch adelte. Die damit begründete Tradition riss niemals ab. Sie konnte sich weiter demokratisieren, wie es auf geradezu unglaubliche Weise das Festbankett zeigt, das im Jahre 1900 vom Präsidenten Loubet für 22 295 französische Bürgermeister gegeben wurde. Nein, kein Büfett, sondern ein wohlstrukturiertes französisches Menü von unglaublicher Reichhaltigkeit: Lachs, Rinderfilet, Ente, Bresse-Huhn und Fasan gab's, Gang um Gang, von den Vorspeisen, vom Käse und vom Dessert abgesehen. Dazu fünfzigtausend Flaschen Wein und tausend Flaschen Champagner. Diese französische Tradition konnte auch die Veränderungen verdauen, die das so opulent begonnene neue Jahrhundert brachte: Den Siegeszug des Autos, auf dem der rote Guide Michelin basiert, die Regionalisierung, die dazu führte, dass während der zwanziger und dreißiger Jahre die besten französischen Restaurants auf dem Land lagen (Point in Vienne, Dumaine in Saulieu, Pic in Valence), die Wendung zu einem schlankeren kulinarischen Ideal mit der Nouvelle Cuisine.

Entscheidend anders war die Entwicklung in Deutschland, wo das adelige Exzellenzmodell von den aufstrebenden bürgerlichen und vor allem bildungsbürgerlichen Schichten weitgehend zurückgewiesen wurde. Die nationale Prägekraft adeligen Lebensstils war viel weniger stark als im Nachbarland. Ein hübsches Beispiel dafür ist das Lob der Kartoffel, das Matthias Claudius dem dekadenten Genuss von Ochsenbraten und Wein entgegensetzte, der nach des frommen Wandsbeker Boten Meinung zu Ehebruch und Oper, zu Advokaten und Kastratenwesen führe: »Schön rötlich die Kartoffel sind/ Und weiß wie Alabaster!/ Sie däun' sich lieblich und geschwind/ Und sind für Mann und Frau und Kind/ Ein rechtes Magenpflaster.« Claudius stand nicht allein. Nehmen wir unter den unzähligen Stimmen die von Wilhelm von Humboldt, gemeinhin als der Vater des modernen deutschen Universitätswesens apostrophiert. Er schreibt seiner Frau von ebenjenem Wiener Kongress, zu dessen politischer Gestaltung Talleyrand, der kein geringer Politiker war, von seinem König Kasserollen verlangt hatte. Er schreibt über einen Besuch bei Friedrich von Gentz, dem einflussreichen österreichischen Diplomaten, der sich unter seinen Augen große Mengen an Pasteten und Kipferln, fingerdick mit Butter bestrichen, einverleibt hatte, während der preußische Gelehrte in politischer Mission sich mit zwei kleinen Tassen Kaffee begnügte. Seiner Frau gegenüber verbarg er seinen Ekel nicht und nicht sein Menschenbild: »Die Nüchternheit und Mäßigkeit sind unendlich edle Eigenschaften, und mir kommt es immer eine schlimme Einrichtung in der Schöpfung vor, daß Essen und Trinken ein Bedürfnis und nicht nur eine bloße Liebhaberei wie Pfeiffen und Singen.« Das zielt auf mehr als auf die sprichwörtliche Erfahrungsweisheit, dass der volle Bauch nicht gern studiert, es formuliert vielmehr die Überzeugung dass der Geist nicht hoch fliegen kann, wenn der Bauch gefüllt ist. Humboldt sieht ihn als Feind des Geistes, wünscht sich letztlich die Erlösung vom Leib, die Veränderung der Schöpfungsordnung. Der Mann des Geistes als Engel.

Humboldts Position dürfte als typisch anzusehen sein für die Position der deutschen Intelligenz der Goethezeit. Zugleich aber sollte nicht übersehen werden, dass Friedrich von Gentz auch ein deutscher Intellektueller war, dessen Geist vielleicht weniger hoch flog als der Humboldts, der dafür aber als einziger Romantiker auch politisch erfolgreich war, weil er sich dem katholischen österreichischen Kaiser verdingte: Die protestantisch-asketische Haltung Humboldts mag vorherrschend gewesen sein, aber es gab daneben auch die katholisch-genussfreudigen deutschen Lande. Spuren davon finden sich noch heute auf der kulinarischen Landkarte der deutschsprachigen Länder, wo der Süden zweifellos mehr Höhepunkte bietet als der Norden und Osten.

Trotzdem: Humboldts Haltung setzte sich folgenreich durch. Wie sehr und warum kann man gut studieren am Schicksal eines Unternehmens, das dem von Brillat-Savarin zur Seite zu stellen ist, Ruhmors *Geist der Kochkunst* aus dem Jahre 1822. Nicht zufällig steht hier an der Stelle des sozusagen naturwissenschaftlichen Wortes »Physiologie« das deutsche Zauberwort der Zeit: »Geist.« Und an der Stelle von »Geschmack« die »Kunst«. »Geist« und »Kunst« zusammen mit »Kochen«, das war in Deutschland eine Obszönität und musste dem adeligen, übrigens als Gelehrten ausgewiesenen Autor Hohn, Spott, ja geradezu Abscheu eintragen. Mochte sich Rumohr auch gegen die »Lüstelei der Reichen« aussprechen, sich von den typisch französischen Vermischungen in der Welt der Speisen abgrenzen, er war schon durch seine Themenwahl gerichtet. So rügte Heinrich Laube in seiner höchst mittelmäßigen Literaturgeschichte, Rumohr habe »in einem *Geist der Kochkunst* das niedrigstgestellte Sinnenpaar, Geruch und Geschmack, mit künstlerischen Gesetzen versorgt«. Caroline Schelling-Schlegel schrieb gar angeekelt über den Freiherrn: »… der Freßsinn ist […] vortrefflich bei ihm ausgebildet, es läßt sich garnichts gegen seine Ansicht der Küche sagen, nur ist es abscheulich einen Menschen über einen Seekrebs ebenso sinnig reden zu hören wie über einen kleinen Jesus.« Als sie das schreibt, hat sich in der deutschen Ideengeschichte die folgenreiche Scheidung von »Kultur« und »Zivilisation« längst ausgebildet. Seit dem Neuhumanismus zu Beginn des 19. Jahrhunderts erfährt der Begriff der »Zivilisation«, dessen Bedeutungsgehalt während der Aufklärung auf Deutsch, Französisch und Englisch noch weitgehend identisch war, in Deutschland eine Abwertung in Richtung Bauch, während der Geist nun ohne Leib und ohne Unterleib auskommen muss. Daraus konnte dann später die Entgegensetzung zwischen Zivilisation (Frankreich) und Geist (Deutschland) werden.

So einfach lagen die Dinge in der Wirklichkeit natürlich nicht. In Deutschland bestand nicht nur der Gegensatz zwischen Nord und Süd, zwischen katholischen und protestantischen Staaten fort, sondern auch der zwischen Askese-Ideal und der am französischen Lebensstil orientierten Adelskultur bzw. der durchaus opulenten kulinarischen Kultur der großen Hafenstädte. Man lese nur die Beschreibungen von Festessen durch Fontane oder Thomas Mann. Beides bestand nebeneinander, manchmal im Kampf, manchmal versöhnt in der Heuchelei wie in Friedrich Nicolais Roman *Sebaldus Nothanker*, der zu seinem Pastor sagt: »Sehen Sie, Herr Pastor, ich bin ein deutscher Patriot: ich kann das französische Essen nicht leiden.« In der Wirklichkeit der Fiktion ist er ein genusssüchtiger Vielfraß. Heuchelei pflegt Schuldbewusstsein zu machen, treibt in die Dichotomie von Moralisierung und Entregelung. So verwickelt und widersprüchlich die Dinge auch in der Wirklichkeit gewesen sein dürften, außerhalb des Adels wurde die französische Tafelordnung in Deutschland bis zum Ende des 20. Jahrhunderts nie zum dominierenden Geselligkeitsmodell. Eher schon die Saufgelage der Korporationen, mit denen die deutschen Eliten während des Wilhelminischen Deutschland in den Geist eingeführt wurden, die Gulaschkanonen des Ersten Weltkriegs, die »Gelobt sei, was hart macht«-Askese, die die Nationalsozialisten predigten, oder die Brotsuppen der Nachkriegszeit. Die rasche Entwicklung einer breiten kulinarischen Kultur seit den siebziger Jahren des 20. Jahrhunderts ist, so gesehen, ein höchst erfreulicher Bruch mit einer langen deutschen Tradition. Hier hat die nachlassende Verbindlichkeit des goethezeitlichen Bildungs- und Kulturbegriffs einmal wohltätige Folgen. Ebenso, aufs Ganze gesehen, auch die Individualisierung und Liberalisierung des Genusses, die die Vorstellung, die viele ältere Franzosen noch von deutscher Geselligkeit haben, die der Verbindungsbesäufnisse oder der Gelage der grölenden Germanen, die im egalitären Kreis der Krieger Unmengen von Bier aus den Hirnschalen erschlagener Feinde trinken, als einigermaßen gestrig erscheinen lässt. Die Spuren der Vergangenheit bleiben freilich sichtbar: Bei der Beobachtung der deutschen (Berliner) Kontrollgruppe der ausführlich vorgestellten Untersuchung von Fischler/Masson fiel als deutsche Besonderheit eine außergewöhnliche Moralisierung des Essens auf.

Annäherung der Essgewohnheiten also, aber vor dem Hintergrund sehr unterschiedlicher Traditionen. Sie werden erzwungen von der veränderten Arbeitswelt, von veränderten Geschlechterverhältnissen, von der Globalisierung. Die französische Küche hat nicht mehr universelle Geltung und nicht mehr das Privileg der Exzellenz. Universell sind eher Spaghetti und Pizza, von den unzähligen italienischen Restaurants in alle Welt exportiert. Spitzenrestaurants gibt es unterdes in fünf, sechs europäischen Ländern. In den letzten Jahren hat bei einem Teil der Gastrokritik die spanische Hochküche, die sich mit dem Namen Adrià verbindet, die mangels besserer Begriffe so genannte Molekularküche, der französischen zum ersten Mal seit dreihundert Jahren den Rang abgelaufen. Auch wer bezweifelt, ob solch quasi-chemischer, die Materialien dekonstruierender und dann mit technischen Höchstschwierigkeiten wieder kombinierender

Stil sich in der Breite durchsetzen wird, konstatiert mit Vergnügen, dass die französische Küchenwelt sich angesichts der vielfältigen Herausforderungen bewegt, neue Rezepte, neue Produkte, neue Menüformen, neue Restaurationsformen erprobt, manchmal kurios, manchmal nur beutelschneiderisch, aber doch häufig innovativ. Zum bequemen Ausruhen reicht der Lorbeer nicht mehr, wohl aber für neue Gerichte.

Frankreich kann sich seiner kulinarischen Ausnahmestellung nicht mehr sicher sein, aber es bleibt ein Land exzellenter Produkte, exzellent ausgebildeter Köche (wer einmal verfolgt hat, was den Köchen im Wettbewerb um den Titel des »Meilleur ouvrier de France« – den Titel des besten französischen Arbeiters, separat ausgetragen nach den Regeln der jeweiligen Handwerkszunft – an Fertigkeit und Geschwindigkeit abverlangt wird, sieht sofort die Differenz zum begabten Hobbykoch und staunt über die Geschwindigkeit wie über die Geschicklichkeit), vor allem aber das europäische Land mit den reichsten kulinarischen Traditionen und dem sachverständigsten Kundenstamm. Die Küche wird von den Franzosen, gleich wie sie im Alltag essen, als Teil ihrer Nationalkultur angesehen. Dass die französische Regierung die Aufnahme der französischen Küche auf die UNESCO-Liste des Weltkulturerbes beantragt hat, folgt nur dieser Logik. Zu ihr gehört auch, dass alljährlich im Oktober eine landesweite »Semaine du goût« stattfindet, an der Hunderte von Köchen teilnehmen, darunter die bekanntesten, die in die Schulen gehen, in die Krankenhäuser, in die Universitäten und dort die Jugendlichen auf den Geschmack zu bringen versuchen, kulinarischen Geschmack, der nicht ererbt werden kann, sondern gelernt werden muss, in den Familien, aber eben auch in den Institutionen öffentlicher Erziehung. »Semaine du goût« heißt das seit zwanzig Jahren bestehende, landesweite Unternehmen, »Woche des Geschmacks«, keineswegs »Woche der gesunden Ernährung«, obgleich es darum natürlich auch geht. Aber eben nicht ohne *plaisir*. Und nicht ohne Geselligkeit.

Es sieht so aus, als würde das bekannte gallische Dorf aus den *Asterix*-Comics noch einige Zeit den verschiedensten Invasionen Widerstand leisten und sich am Ende jedes Abenteuers um eine gemeinsame Tafel versammeln, wenn es vielleicht auch etwas anderes zu essen gibt als Wildschwein.

Wein

Es ist erst ein paar Jahre her, dass die französische Zeitschrift *Histoire* ihren Lesern die Frage stellte: »Franzose zu sein, das bedeutet Ihrer Meinung nach …?« Nach »in Frankreich geboren sein«, »die Freiheitsrechte verteidigen« und »Französisch sprechen« folgte auf dem vierten Platz der Antworten »guten Wein lieben«. Ein solches Resultat wäre, auf Deutschland übertragen, nicht einmal bei Lesern spezialisierter Weinjournale zu erwarten. Die Liebe zum Wein würde dort als persönliche Vorliebe, aber nicht als zentrales Element nationaler Identität genannt werden. Nicht nur die erste, auch die zweite Strophe des Deutschlandlieds muten heute in Deutschland, ungeachtet des Aufschwungs des deutschen Weinbaus in den letzten zwanzig Jahren, eher altväterlich an, so wie deutsche Treue und deutscher Gesangverein. Vorbei das »Deutsche Frauen, deutsche Treue, deutscher Wein und deutscher Sang!« Vielleicht war, nebenbei gesagt, schon 1841, als Hoffmann von Fallersleben seinen Text schrieb, die Sache nicht so eindeutig. Der Text entstand im Umkreis der Rheinkrise 1840, während derer Frankreich Ansprüche auf das deutsche linke Rheinufer erhob. Das löste am anderen Ufer eine Welle national getönter Lieder aus, so *Die Wacht am Rhein* oder das siebzig Mal vertonte Rheinlied Beckers: »Sie sollen ihn nicht haben, den freien deutschen Rhein.« Alfred de Musset reimte damals zurück: »Wir haben ihn gehabt, Euren deutschen Rhein ... und eure jungen Mädchen haben uns eingeschenkt euren kleinen weißen Wein.«

In Frankreich, im Land des großen Roten, ist ungeachtet der beträchtlichen Schwierigkeiten des französischen Weinbaus der Stolz darauf, das Land des Weins und der Weinkennerschaft zu sein, weitgehend ungebrochen. Ein Volk von Weinliebhabern zu sein, gehört zum nationalen Selbstbild, auch bei den flandrischen Biertrinkern im Norden und selbst bei Coca-Cola-Liebhabern. Hier stimmen übrigens Selbstbild und Fremdbild einmal überein. Trägt er auch keine Baskenmütze mehr auf dem Haupt, ist ihm selbst die Gauloise im Café mittlerweile verboten, fährt er statt des 2 CV unterdes auch einen kleinen Japaner, so trägt er doch immer noch ein Baguette unter dem Arm und hat einen Ballon vom Roten vor sich, unser imaginärer Franzose.

Es gibt bekanntlich viele Gründe, Umfragen zu misstrauen, zumal, wenn die Ergebnisse nicht mehr frisch sind. Aber die zitierte Umfrage ist auch nur einer von unzähligen Belegen für die Sonderstellung des Weins im nationalen Selbstbild der Franzosen wie im Bild, das die anderen Völker von Frankreich haben. Das von Pierre Nora herausgegebene dreibändige Werk über die *Lieux de memoire*, die französischen Erinnerungen, das anspruchsvollste Unternehmen der französischen Geschichtswissenschaft der letzten zwanzig Jahre, enthält einen Artikel von George Durand über den Wein – das deutsche Nachfolgewerk *Deutsche*

Erinnerungsorte, herausgegeben von Étienne François und Hagen Schulze, weist keinen Beitrag zum Wein auf. Der Wein, so Durand, habe schon deshalb seinen privilegierten Platz in der nationalen (französischen) Erinnerungskultur, weil er wegen seiner stofflichen Beschaffenheit Erinnerungsträger sei, die Zeit konserviere und die Erinnerung fördere. Der Hinweis auf die Eucharistie, der prompt folgt, ist keineswegs blasphemisch gemeint, so wenig wie der, der Wein sei »von gleicher Art« (konsubstantionell) wie »unser nationales Schicksal«. Es ist in der französischen Literatur nicht eben selten, dass die Rede über den Wein vor Anlehnungen an religiöse oder nationale Heiligtümer nicht zurückschreckt. Das gilt nicht nur für halbbesoffene Sonntagsreden halbgebildeter Weinhändler. Das fängt nicht erst bei Rabelais an und hört nicht auf mit Claudels *Lobrede auf den Wein:* »Der Wein ist die Natur (= Wasser), zur Würde des Sakraments erhoben.« Die Weinprobe in Nuits-Saint-George, die Colette beschreibt, kann so zum Sakrum eines laizistischen Landes werden: »Um uns sind die gedämpften Töne, die Ruhe und diese höhere Art von Luxus, die uns bald unerreichbar sein werden: die bedächtige Langsamkeit, das Maß. Draußen werden selbst die Küsse immer schneller, die Straßen bedecken sich mit Autos, das Telefon klingelt ohne Unterlass. Aber am Bett des klösterlich zurückgezogenen Weins schläft die Zeit ein und vielleicht hören wir für einen Moment auf zu altern.«

Auch wer der pontifikalen Linie des Weinlobs misstrauisch gegenübersteht, kann nicht übersehen, dass der Wein als Treibstoff wie als Thema die französische Kunst durchzieht wie nichts anderes. Man denke an die fünf Gedichte

über die »Seele des Weins« in Baudelaires *Fleurs du Mal,* wo
der Wein den erschöpften Arbeiter aufrichtet, den schüch-
ternen jungen Mann stärkt, die Kreation befördert. Der
Wein der Lumpensammler, der sie in Poeten und Könige
verwandelt, der Wein des Mörders, der Vergessen schenkt,
der Wein des Einsamen, der ihm Hoffnung, Jugend und
Leben zurückgibt, der uns den Göttern gleichmacht, der
Wein der Liebenden, der sie ins parallele Universum der
Träume erhebt. Die Kartenspieler auf Cézannes Bild mit der
schmucklosen Flasche auf dem Tisch, die Büglerinnen von
Edgar Degas hätten so nicht gesprochen, längst nicht die
Männer am »Zinc«, am Tresen, die Doisneau immer wieder
fotografiert hat, aber auch da ist der Wein mehr als vergore-
ner Traubensaft oder ein beliebiges Mittel, um besoffen zu
werden. Die Linie reißt nicht ab. In Michel Onfrays *La raison gourmande* nimmt er Platons Gedanken aus dem *Gast-
mahl* auf, dass die Erziehung zum Weingenuss Erziehung
zum Menschsein sei, aller anderen Kreatur überlegen.

Übrigens greift das »Weißbuch des französischen Weinbaus«, hochoffiziell erarbeitet von einem Ausschuss aus Par-
lamentariern der Assemblée Nationale und des Senats, die
Idee in nicht ganz und gar platonischer Absicht auf und
propagiert pädagogische Arbeit mit Jugendlichen in Weinberg und Keller, um sie an die französische Tradition heran-
zuführen. Jedenfalls gibt es Pilotprojekte, etwa im Hérault,
wo Schulklassen Kooperationsprojekte mit örtlichen Wein-
genossenschaften eingegangen sind. In dem erwähnten
Weißbuch steht übrigens auch der Satz, der in Deutschland
nur Kopfschütteln und Hohn auslösen würde, selbst wenn
da von deutschem Wein die Rede wäre: »Es ist ein zivilisato-

rischer Akt, französischen Wein zu trinken.« Steht da, wirklich. Der Satz ist natürlich falsch. Dafür habe ich unwiderlegbare Beweise. Ich habe vor sehr langer Zeit einmal mit einem Freund, Sohn eines biertrinkenden deutschen Unternehmers, eine Flasche 1964er Château Lafite ausgesoffen, den dessen Vater von einem Geschäftsfreund kurz zuvor zu Weihnachten bekommen und achtlos an uns weitergegeben hatte. Schon angetrunken, gegen Mitternacht, weil sonst nichts mehr da war. Ich fand nichts Besonderes an dem Wein. Aber zivilisiert war es nicht und auch nicht zivilisierend. Der Satz ist auch deshalb flach im Abgang, weil er auf durchsichtige Weise politisch-ökonomische Interessen, hier: den besseren Verkauf französischen Weins, mit zivilisatorischer Vollmundigkeit verbindet. Trotzdem sollte man sich hüten, ihn einfach nur zu verhöhnen, wie es in Deutschland üblich ist, wenn – nicht nur im *Spiegel* – von den, zugegeben, bisweilen ridikülen französischen Zivilisationsbemühungen die Rede ist. In dem falschen Satz steckt verquer ein richtiger: »Guten Wein zu genießen, ist ein zivilisatorischer Akt, der gelernt werden kann.«

Der Satz enthält, so gelesen, eine Theorie der Kultur, die sie nicht in deutscher Tradition asketisch aufs Geigespielen beschränkt, sondern die Genüsse an der Grenze zwischen Leib und Seele einbezieht. Und die Überzeugung, Genießen müsse (und könne) gelernt werden. Und dafür sei die Schule da, jedenfalls bei denen, die nicht über einem großen Weinkeller geboren wurden. Wein verbindet sich auf Französisch nicht nur zwanglos mit dem Sakralen, sondern auch mit dem Projekt der Zivilisierung, mit Genuss, mit Maß, mit dem Glauben an Aufklärung und Schule.

Dass das Bild von Frankreich so eng verbunden ist mit dem des Weins, hat nicht allein mit Literatur und Malerei zu tun, sondern, vor allem bei den Touristen, mit Landschaft. Die Regionen des Weinanbaus konzentrieren sich nicht, wie in Deutschland, im Wesentlichen auf einen Fluss, den Rhein mit seinen Nebenflüssen. Von der Bretagne, der Normandie und den Regionen nördlich von Paris abgesehen, wächst in allen großen französischen Regionen der Wein: in der Champagne, im Elsass, an der Loire, in Savoyen, im Burgund und im Beaujolais, die Saône und die Rhône entlang bis zum Mittelmeer, von Nizza bis zur spanischen Grenze am Mittelmeer entlang, im Armagnac-Gebiet und dann, der größte Fleck auf der französischen Weinbaukarte, in der Gegend um Bordeaux und Cognac. Keine Weinregion sieht so aus wie die andere, und der Wein ist eingelassen in diese regionalen Kulturen. Das Fachwerk der Rieslinge und Sylvaner im alemannischen Elsass, die weißen Gipfel hinter den Weißweinen der Alpen, das Unaufgeregte, manchmal geradezu Verstockt-Traditionelle im Burgund, dessen beste Flaschen weltweit Spekulationsobjekte im Internet sind, die Hermitage- und Condrieu- und Château-Neuf-du-Pape-Reben, die immer noch stundenlang die Rhône säumen, so schnell der Zug auch fährt … Mitterrand soll, so geht die Legende, beim umstrittenen Bau der Hochgeschwindigkeitsbahnstrecke zusätzliche Tunnel und Brücken erzwungen haben, um berühmte Weinberge zu schonen. Wein unter der Sainte-Victoire, hinter Saint-Tropez und ein bisschen sogar noch auf den Hügeln von Bellet, umzingelt von der Nizzaer Immobilienspekulation. Diese Kuriosität dürfte ihren Fortbestand nur der Tatsache verdanken, dass es eine französische Stadt adelt, wenn sie »ihren« Wein hat. Deshalb dürfte es auch den Weinbau auf Montmartre noch geben, der auf teurem Boden in bester Immobilienlage wenige tausend Flaschen belanglosen, aber wie eine Reliquie gefeierten Weins hervorbringt. Übrigens liegt, um auf Nizzas Weinberg zurückzukommen, Bellet gegenüber, in Sichtweite, auf dem anderen Ufer des Var das größte Technologiezentrum des französischen Südens. Es bringt Arbeitsplätze und Profit und Wählerstimmen. Aber Identität bringt es nicht. Nicht in Frankreich. Nur in Kalifornien klingt Silicon Valley besser als Napa Valley.

Ganz anders dann wieder die unübersehbar weiten, flachen, leicht maschinell zu bearbeitenden Weingegenden des Languedoc. Von hier kam der Massenwein der Pariser Arbeiter. Das Bordelais mit seinen Schlössern, die zum großen Teil keine sind, mit seinen Yquems und Lafites und Latours und Pétrus, mindestens ebenso berühmt wie die Burgunder und doch einer ganz anderen Landschaft entsprungen, anderen Eigentumsverhältnissen. Schon die Gebäude haben keine Ähnlichkeit mit der trutzigen Rustikalität der Dörfer des Burgund. Da gibt es viel Neoklassik, manchmal, wie auf der Domaine Cos d'Estournel auch Pagodendächer oder ein Hinduportal, das den englischen Kunden des 19. Jahrhunderts, die in Indien gedient hatten, besonders gut gefallen haben soll. Pichon-Lalande sieht aus wie ein Loire-Schloss, Cantenac Brown sieht aus wie eine englische Schule. Hier, im Bordelais, da versorgten sich schon früh die Reichen der Welt mit den angesehensten Weinen, weil sie leicht verschiffbar waren, und so schlug sich denn auch der Geschmack der Reichen der Welt früh und schnell nieder. Das ist bis heute so geblieben.

Die Reise ließe sich fortsetzen, an die Loire z. B., in das Kerngebiet des französischen Königtums, aber auch in viele kleinere Weinregionen von Lothringen bis ins Béarn. Und sie ließe sich differenzieren, Ort um Ort, Lage um Lage. In der nordhessischen Kleinstadt, in der ich aufgewachsen bin, eine ländliche Gegend ohne Weinbau, wussten während meiner Kindheit die meisten älteren Männer von jedem Acker, wie gut dort der Boden war, wie viel Ertrag er brachte. Das spielte bei Verkauf wie Heirat eine große Rolle. Heute weiß das dort außer den paar Bauern, die von mehreren Dutzend übriggeblieben sind, niemand mehr. In den Weinbaugebieten wissen das noch alle Winzer. Man kann es schmecken. So wie das Jahr. Wie das Wetter. Aber nur im Wein.

Das Bild ließe sich verfeinern, bezöge man die Rebsorten ein, die Düngung, die Art, die Stöcke zu beschneiden, die Lese- und Keltertechniken, die Lagerungstraditionen. Und natürlich das reale wie das symbolische Kapital. Der Wein bringt das Land in eine strenge Ordnung, eine strenge und ziemlich konstante. Die Klassifikation der Bordeaux aus dem Jahre 1855 mit ihren fünf Kategorien und sechzig Châteaux dient immer noch als Orientierung und hat viele spätere Weingesetze und Etikettierungen inspiriert. Und er gibt dem Land Namen. Meist sind es Dorfnamen, manchmal Familiennamen – Markennamen sind es in Frankreich einstweilen nur ganz selten. Der Name gehört zum Boden. Er ist nicht zufällig, aber er grenzt darum auch ab, stiftet Identität. Napoléon soll während der hundert Tage auf dem Weg nach Paris seinen Truppen befohlen haben, vor dem Wein von Échezeaux zu salutieren, eine symbolische Verbeugung vor dem französischen Boden, dem adeligen Schloss, das den Namen gab, aber auch vor der Bauernaristokratie der Winzer.

Das Angeführte mag genügen, um die These vom besonderen Verhältnis Frankreichs zum Wein zu belegen. Dabei sei zugestanden, dass die meisten der genannten Faktoren sich auch in anderen Weinbauländern finden. In der Kombination sind sie so nur in Frankreich anzutreffen. Aber wie erklärt sich die »exception française« in Bezug auf den Wein, wie die hohe nationale Identifikation mit einem weltweit verbreiteten Getränk? Die naheliegende Erklärung würde auf die Natur verweisen: Frankreich eignet sich durch Boden und Klima eben besonders für den Weinanbau, der folglich zum Stolz der Nation wurde. Aber wie so häufig, wenn soziale Phänomene der Natur zugeschoben werden, greift die Erklärung zu kurz. Warum wurden nach der gleichen Logik norddeutsche Kartoffeläcker nicht zum Objekt nationalen Stolzes? Natürlich müssen die natürlichen Voraussetzungen gegeben sein, aber sie allein erklären die französische Identifikation mit dem Wein nicht, ebensowenig wie die Ökonomie. Frankreich ist zwar immer noch das größte Weinbauland der Welt, aber dieser Weinbau ist heute in beträchtlichen Schwierigkeiten und längst ein untergeordneter Faktor der nationalen Reichtumsproduktion. Man könnte auch auf die symbolische Wertigkeit des Weines verweisen, vom Abendmahl bis heute. Aber hat nicht etwa auch das Getreide, aus dem das tägliche Brot entsteht, dieses

Potential zu symbolischer Aufladung? Die einfachste Antwort wäre, dass die französischen Weine eben die besten seien. Es darf vermutet werden, dass man bei einer Umfrage in Frankreich einen hohen Prozentsatz an Zustimmung für diesen Satz bekommen würde. Mussets ironische Zeile vom »kleinen weißen Wein« der Deutschen würde gewiss immer noch – ohne Bosheit unterdes – von der großen Mehrheit der französischen Weintrinker nachgesprochen werden, obgleich die Eliten schon im 19. Jahrhundert die Riesling-Auslesen von Rhein und Mosel schätzten. Die dramatische Qualitätsverbesserung der deutschen und österreichischen Weine, die in den letzten Jahrzehnten stattgefunden hat, ist am französischen Konsumenten bisher weitgehend vorbeigegangen. Freilich hat dieser Gallozentrismus in den letzten Jahren doch empfindliche und nachhaltige Kränkungen hinnehmen müssen. Die schlimmste war jene berühmt gewordene Pariser Blindverkostung im Fühjahr 1976, organisiert von einem englischen Weinhändler, bei der einige junge Cabernets aus dem Napa Valley gegen ebenso junge berühmte Bordeaux sowie einige kalifornische Chardonnays gegen ausgewählte weiße Burgunder antraten. Zur allgemeinen Überraschung siegten die amerikanischen Weine, was medial mächtig ausgeschlachtet wurde und dauerhaft die Verteilung des symbolischen Kapitals (und des realen) in der Weinwelt veränderte.

So zweifelhaft derlei Weinolympiaden auch sein mögen, ist doch jedenfalls klar, dass sich das besondere Verhältnis der Franzosen zum Wein auch nicht allein daraus erklären lässt, dass es dort den absolut besten Wein gäbe – sehen wir einmal davon ab, dass sich die Weine, die da verkostet wurden, nur eine sehr kleine Minderheit leisten kann, und natürlich davon, dass die Rede vom absolut besten Wein ohnehin sinnlos ist. Nein, das besondere französische Verhältnis kommt weder von der Natur noch von der Einbildungskraft noch wäre es immer so gewesen. Es wurde über Jahrhunderte sozial produziert. Dem Prozess kann hier natürlich nicht im Einzelnen nachgegangen werden. Es seien nur einige entscheidende Etappen markiert.

Historisch kam der Weinbau durch die Griechen und Römer nach Gallien. Er schreibt sich ein in den französischen Ursprungsmythos der Abkunft von den mittelmeerischen Hochkulturen der Antike. Sicher, Asterix und Obelix trinken Bier (wenn auch weniger als die Goten) und verhauen die Römer. Aber die französische Kultur entstand als Mischkultur zwischen den besiegten Kelten und den römischen Besatzern. Von diesem Erbe zeugt nicht nur die Arena von Arles, die Abkunft der Sprache, sondern eben auch der Weinbau. Mit den Besatzern kamen die Reben. Schon für das erste Jahrhundert ist der Anbau im Rhônetal belegt, und binnen kurzer Zeit erstreckten sich die Weinberge bis an die natürlichen Grenzen. Um Tours, Orléans, Angers, Auxerre wurde in der ausgehenden Römerzeit Wein angebaut. Die Tradition setzt sich bruchlos ins frühe Mittelalter fort. Man weiß, dass Klöster und Schlösser vorzugsweise dort gebaut wurden, wo Wein gedieh. Der Clos de Vougeot stand neben einer Zisterzienserabtei, Château-Chalon war der Name einer Abtei, bevor er der eines Weins wurde. Die Fürsten taten es den geistlichen Herren nach.

Freilich dürfen wir uns die französischen Bauern und Handwerker des Mittelalters nicht mit einem Glas Rotwein in der Hand vorstellen. Weinanbau und Weinkonsum waren einer kleinen Elite vorbehalten. Und die trank ihn nicht zum Essen. Aber weil die Herrschaft zum Anbau Handarbeiter brauchte, verbreitete sich das Wissen darum, wie er gemacht wurde, und man baute für den bürgerlichen Hausgebrauch an. Doch erst im 18. Jahrhundert beschleunigt sich die Popularisierung. Erst dann kann auch der Wein konstitutiv für das Bild und das Selbstbild der Franzosen werden. Das französische Volk erwirbt, wie der englische Historiker Zedlin schreibt, »zur gleichen Zeit das Recht zu wählen und das Recht zu trinken«. Über beides wäre viel zu sagen, aber jedenfalls verknüpft sich der Wein nach der Verknüpfung mit dem imaginären Ursprung und dem mittelalterlichen Leben der Kathedralen und Schlösser auch mit der Revolution. Von der Trunkenheit der Revolution bleibt jedenfalls allemal die des generalisierten Weingenusses. Nun wird er auch auf dem Land getrunken. In den Städten entstehen mit den Restaurants, Cafés, Cabarets, Guinguettes, Estaminets vielfältige Orte öffentlichen Weingenusses. 1830, bei Ausbruch der Julirevolution, wurzeln die Hälfte der Weinstöcke der Welt auf französischem Boden.

Zum wirklichen Nationalgetränk wird der Wein aber erst mit der Verstädterung und Industrialisierung. Um 1860 verwandelt sich das ehemalige Luxusprodukt zum normalen Bestandteil einer Arbeitermahlzeit. Die Entwicklung geht mit einer Explosion der Produktion wie des Verzehrs pro Kopf einher. Die absoluten Zahlen der Weinproduktion kann man sich schwer vorstellen. Sie erreichten mit 84,5 Millionen Hektoliter schon 1875 einen absoluten Höchststand, ehe die Reblaus die Produktion senkte, die dann wieder ansteigt, mit dem Zweiten Weltkrieg erneut fällt, in den fünfziger Jahren nochmals steigt, um in den letzten Jahrzehnten beständig zu fallen. Umso sprechender sind die Zahlen über den Konsum pro Kopf, wobei alle Köpfe mitgezählt sind, auch die der Frauen, der Alten, der Kranken, der Abstinenzler: 1820 wurden ungefähr 140 Liter pro Kopf und Jahr konsumiert, 1895 waren es 230 Liter, zu Beginn des Ersten Weltkriegs etwa 200 Liter. Dazu kamen das Bier, der Schnaps und immer noch die »piquette«, also das Wasser, das auf die vergorene Traubenmaische gegossen und so alkoholisiert wurde. Diesen Zahlen zufolge trank ein normaler, männlicher Franzose über die Zeit von etwa hundert Jahren im Durchschnitt – über den Daumen gepeilt – zwei Liter Wein pro Tag, quer durch alle Schichten. Von Bier, Cidre und Schnaps nicht zu reden. So machten die Kosten für den Wein 15 bis 20 % des Budgets eines städtischen Arbeiterhaushaltes aus.

Auch wenn man berücksichtigt, dass der Wein damals nur selten mehr als 8 Prozent Alkohol enthielt, während er heute zwischen 12 und 14 % hat, ist das eine erstaunliche Menge. Und so fehlt es denn nicht an Zeugnissen für bacchantische Gelage. Das literarisch bekannteste ist wohl das Abendessen der Gervaise in Zolas *L'Assomoir*: Die vierzehn Gäste trinken vorweg ein Glas als Apéritif, dann vier Liter zum Kalbsgulasch, weitere vier Liter zum Schweinebraten, zwei Liter zu den Erbsen mit Speck, dann erneut vier Liter und weitere sechs Flaschen aus der eisernen Reserve, um die gebratene Gans zu ertränken. Es waren Frauen dabei, deshalb wohl war der Konsum nicht so hoch wie anlässlich des Festes der Sainte-Barbe im Kohlebecken von Saint-Etienne, wo 13 000 Bergarbeiter an einem Tag 70 000 Liter Wein verputzten.

Ein schlechtes Gewissen dürften sie dabei kaum gehabt haben, denn der Wein galt weithin als Lebenselixier, unabdingbar, um es mit der harten körperlichen Arbeit aufzunehmen. Die Mediziner der Zeit befürworteten seinen Verzehr nach Kräften und machten dabei das gleiche seriöse Gesicht, das ihre Nachfolger heute machen, wenn sie den Alkoholkonsum verteufeln. Für Pasteur war die Verbesserung, die »Pasteurisierung« des Weins, das wichtigste Mittel zur Verbesserung der Volksgesundheit: »Es muss versucht werden, den französischen Wein als Lebensmittel zu niedrigen Preisen auf den Tisch des Arbeiters wie auf den Tisch des englischen Lords zu bringen, d. h., den natürlichen Wein, mit dem Gott das schöne Frankreich so reich ausgestattet hat. … Es ist wünschbar, dass man dieses Ziel erreicht, weil der Wein mit gutem Recht als das gesündeste, das am meisten hygienische Getränk angesehen werden kann.« Der Wein galt als Zaubertrank, der Kräfte verlieh, dem Körper die Kraft des Bodens zuführte. Wer nicht trank, war ein Schwächling und wollte es bleiben. Wenn den Arbeitern eine besondere Anstrengung abverlangt wurde, etwa bei der Ernte, gab es eine Sonderration, sozusagen als Doping. »Ein Glas Wein zieht besser als zwei Stiere«, lautet ein savoyardisches Sprichwort. Und so trank man dann keineswegs nur nach der Arbeit, sondern ab dem zweiten Frühstück, um im Saft zu bleiben. Und da die Kinder zum Aufwachsen auch Kraft brauchten, wurden sie rechtzeitig initiiert ins Weintrinken.

Die Verknüpfung von Wein, Gesundheit und Virilität, verbunden mit Demokratisierung, also Zugang zu einem

lange den Eliten vorbehaltenen Getränk, das dürften die
wesentlichen ideologischen Gründe für die explosionsartige
Zunahme des französischen Weinkonsums in der zweiten
Hälfte des 19. Jahrhunderts sein. Wer möchte sich nicht be-
rauschen an Gesundheit, Männlichkeit und Demokratisierung, wer nicht einen guten Schluck tun vom guten Wein
für die gute Sache? Diese Verknüpfung hielt bis weit ins
20. Jahrhundert. So berichtet Robert Doisneau, dass sich
die Renault-Arbeiter der dreißiger Jahre ungern beim Essen
fotografieren ließen, wohl weil das ein Moment der Schwäche und Bedürftigkeit war, zumal, wenn sich nicht viel im
Blechgeschirr fand, dass sie sich hingegen gern mit einem
Weinglas in der Hand ablichten ließen, stark und frei. Der
Kontrast zur heutigen Situation könnte nicht größer sein:
Alkohol zu trinken, reichlich Alkohol zu trinken, gilt heute
zumindest in den Mittel- und Oberschichten, auch den
französischen, als unbeherrscht, unmännlich und vor allem
als ungesund. Reste des älteren Diskurses finden sich allenfalls noch in jugendlichen Initiations- und Gruppenbildungs-
riten. Der Hinweis darauf, man könne viel vertragen, emp-
fiehlt heute nirgends mehr für eine Anstellung, nicht einmal
in den Bereichen, wo es noch auf körperliche Kraft ankommt. Rotweinflecken auf dem Lebenslauf werden nicht
mehr gern gesehen.

Und niemand hätte vor dem Alkoholismus und seinen
schädlichen Folgen für Familie und Gesundheit gewarnt?
Doch, aber diese Warnungen kamen meist aus kirchlichen
Organisationen, jedenfalls aus Organisationen, die auch
sonst gern für Verzicht plädierten und schon deshalb im Ar-
beitermilieu kaum glaubhaft waren. »Alkoholismus« gab es

nicht. Jedenfalls gab es den Alkohol nicht als »ismus«. Der Begriff wurde vom schwedischen Arzt Magnus Huss erst 1849 geprägt, und die medizinische Pathologisierung der Trunksucht macht nur überaus langsame Fortschritte. Natürlich wusste man auch vorher, dass übermäßiger Alkoholkonsum nicht gut ist für die Kasse, für den Familienfrieden, ja sogar, dass man sich das Hirn wegsaufen kann, aber von »alkoholkrank« sprach man nicht. Meines Wissens hat Norbert Elias nirgendwo seine (problematische) These vom Fortschreiten des Prozesses der Zivilisation durch immer weiter gehende (Selbst-)Disziplinierung mit dem Hinweis auf die fortschreitende Kontrolle des Alkoholkonsums zu stützen versucht. Er hätte hier zweifellos ein starkes und eindeutiges Argument für sein Konzept finden können.

Natürlich hatte die rasante Ausweitung des französischen Weinkonsums in der zweiten Hälfte des 19. Jahrhunderts nicht nur eine bestimmte diskursive Matrix zur Voraussetzung, sondern erforderte auch technische, materielle Veränderungen. Dazu gehört der Eisenbahnbau, der es erst ermöglichte, große Weinmengen aus den Anbaugebieten des Massenweins, der vor allem im Languedoc-Roussillon erzeugt wurde, in die Großstädte, Paris voran, zu schaffen. Damals entstanden, genau zwischen den beiden Bahnhöfen, die in den Süden führten, also der Gare de Lyon und der Gare d'Austerlitz, die riesigen Weinlager von Bercy. Heute existieren davon nur noch schmale Reste, die man besichtigen kann. Die übrige Fläche ist anderweitig bebaut, u. a. durch das neue Finanzministerium, ein gigantischer Riegel, der mit einem Fuß in der Seine steht. Ach ja, der Prozess der Zivilisation …

Hand in Hand mit der Ausweitung des Weinkonsums ging die Explosion von öffentlichen Lokalen des Weinkonsums: von der »gargote«, einem primitiven Esslokal, über das »cabaret«, den »débit à pot renversé«, wo der Wein für den häuslichen Verzehr abgezapft wurde, über das »café«, das »bistro«, die »auberge« bis zum »hôtel-restaurant« entstanden immer neue Tresen, an die man sich lehnen konnte. Die Zahl der Kneipen – nennen wir sie summarisch so – stieg von 280 000 im Jahre 1830 auf 350 000 im Jahre 1879 und 482 704 im Jahre 1913. Das macht eine Kneipe pro achtzig Einwohner, also eine pro 30 erwachsene Männer. Rechnet man dann noch, dass die Kneipendichte auf dem Land geringer war, rechnet man den Ausschank bei öffentlichen Festen, so sieht man, dass die Rede vom »Salon des kleinen Mannes« keineswegs nur metaphorisch zu nehmen ist. Jedenfalls war der Salon nie weit und der Alkohol ausgesprochen sozialstiftend. (Es gibt Forscher, die erklären die schwache Ausprägung der amerikanischen Gewerkschaften unter anderem damit, dass die Prohibition zwischen 1919 und 1933 die bis dahin fröhlich verbrüderten Arbeiter »privatisiert« und voneinander entfremdet habe.)

Man könnte zu Recht einwenden, die Ausweitung des Alkoholkonsums und der Zahl der populären Kneipen am Ende des 19. Jahrhunderts sei ein allgemeines Phänomen von Industriegesellschaften mit starkem Proletariat. Meine verstorbene Tante Marie, die vor den Kindern gern die verschwiegenen Familiengeschichten auspackte, wenn sie ein Glas Eierlikör getrunken hatte, würde an dieser Stelle zum Beispiel die Geschichte von der schlimmsten Tracht Prügel erzählen, die sie in ihrem Leben bezogen hat: Mein bitter armer Großvater, der 13 Kinder zu ernähren hatte und gerne Karten spielte, schickte die kleine Marie mit einer Literflasche zum Krämer, um die für ein paar genau abgezählte Pfennige mit Schnaps füllen zu lassen. Und dann stolperte sie, stürzte, die Flasche zerbrach und der Inhalt floss in die Gosse. »Erst hat er gesagt: ›Marie, wie konntest du nur so etwas machen?‹ Dann hat er mich schrecklich verdroschen. Aber es war ja auch so schlimm für ihn. Die Männer hatten Tränen in den Augen. Ich sehe sie heute noch vor mir.« Vermutlich war mein Großvater Alkoholiker, obgleich er das Wort nicht kannte. Er ist allerdings 93 Jahre alt geworden, bei guter Gesundheit.

Mein Großvater hat wohl nie Wein getrunken. Der kam zwar von Bordeaux über Bremen die Weser herauf, war aber für die Fabrikanten, die meinen Großvater angestellt hatten. In Frankreich aber gab es den Wein, von Lille bis Nizza, auch für das Volk, für die Arbeiter. Natürlich war er nicht gut. Und natürlich ging es auch um den Alkohol. Der Alkohol war geradezu das wichtigste Qualitätskriterium. Frankreichtouristen, die das Land in den sechziger Jahren des letzten Jahrhunderts bereist haben, können sich gewiss noch an die einfachen, heute verschwundenen Literflaschen mit Plastikkapselverschluss und den drei Sternen darauf erinnern. Die Sterne garantierten den Alkoholgehalt. Wer einen Zwei-Sterne-Wein anbot, galt als geizig.

Der Wein war selbst am heutigen Tafelwein gemessen nicht gut, aber es war Wein, der gleiche Stoff wie der, den schon die Gallier getrunken hatten, die Mönche des Mittelalters, die Fürsten, die Revolutionäre und nun die französischen Arbeiter. Im Alkohol und in der Geselligkeit liegt die

Gemeinsamkeit mit den nordhessischen Schnapstrinkern, aber in der stofflichen Beschaffenheit des Weins ist auch die Möglichkeit der Differenz angelegt, die die französische Geschichte eingelöst hat. Daher kommt es, dass sich der Wein sozusagen besser patriotisch anreichern lässt als Bier und Schnaps. Dafür gibt es besonders aus dem Ersten Weltkrieg zahlreiche Belege. Bekannt ist, dass die französischen Soldaten 1914 das Recht auf ein tägliches Weindeputat von einem Viertelliter hatten, das 1916 auf einen halben Liter erhöht wurde, dazu kam noch ein weiteres Viertel bei besonderen Einsätzen und schließlich ein Viertel, das die Soldaten zu sehr niedrigem Preis erstehen konnten. Hinter der Front standen dann noch die Marketender und brauchten sich um Kunden nicht zu sorgen. Viertausend Waggons waren unterwegs, um für Nachschub zu sorgen, mit 12 Millionen Hektolitern (1917) wurde dem Mut auf- und der Verzweiflung abgeholfen. Der Zielgenauigkeit kann das nicht gutgetan haben. Aber im gleichen Maße, in dem der Krieg technisch wurde, kam es darauf offenbar nicht mehr an. Gilbert Garrier zitiert in seiner Kultur- und Sozialgeschichte des Weins eine Zeitung mit dem Namen *Echo der Schützengräben* von 1918, die sich mit den Gründen des französischen Sieges beschäftigt und zu dem Schluss kommt, der Wein war »einer der bedeutendsten Faktoren des Sieges. Zweifelsfrei waren unsere brillanten Generäle und unsere heldenmütigen Soldaten die unvergesslichen Väter des Siegs. Aber was wären sie gewesen ohne den ordinären Wein, der sie bis zum Ende hat durchhalten lassen, ihnen Leidenschaft, Mut, Hartnäckigkeit, die Verachtung der Gefahr ermöglichte und sie mit unerschöpflicher Überzeugung hat sagen lassen: ›Wir werden sie schlagen.‹« Was da so trunken herauftönt aus den Schützengräben, war ganz ernst gemeint und eine weithin geteilte Eloge dessen, was heute als Trunkenheit im Dienst geahndet würde. Im Zweiten Weltkrieg hingegen wurde ab 1940 der Wein auf zwei Liter pro Woche und Einwohner reduziert, während die deutschen Besatzer pro Woche 250 000 Flaschen Champagner beschlagnahmt und über den Rhein gebracht haben, eine Hommage an den französischen Edelstoff, auf die die Franzosen gern verzichtet hätten, die aber trotzdem ein Ausdruck des Prestiges ist, den der Champagner genoss.

Wir halten inne nach dem Blick auf das Jahrhundert, das dem Bild des Franzosen unauflösbar das Rotweinglas zufügte, und richten den Blick auf die Gegenwart, die, nüchtern betrachtet, für den französischen Wein, den meisten jedenfalls, nicht gerade rosig ist, obgleich der Wein selbst im Durchschnitt zweifellos besser geworden ist. Das schon erwähnte Parlamentsweißbuch ist dafür eine ergiebige Quelle. Die Zeit, in der der Wein ein Nahrungsmittel war, von dem man mehrere Liter pro Tag zu sich nahm, ist vorbei. Dass der Wein kein Lebensmittel mehr ist, sondern ein »kulturelles Objekt«, ja ein »Kunstwerk« geworden sei, tröstet die Politiker aus den Weinregionen nicht darüber hinweg, dass ein dramatischer Rückgang des Konsums zu verzeichnen ist, und das trotz einer insgesamt eher ansteigenden demographischen Kurve. In Zahlen: Der Weinverbrauch ist in Frankreich von 43,3 Millionen Hektolitern im Jahre 1980 auf 34 Millionen Hektoliter im Jahre 2002 gesunken. Der persönliche Konsum eines erwachsenen Franzosen hat sich von 100 Litern pro Person auf 58 Liter im Jahre 2001/2002 verringert, also um 42 %. Würde diese Entwicklung in gleicher Geschwindigkeit anhalten, so wäre noch vor dem Ende unseres Jahrhunderts der letzte Tropfen Wein in Frankreich getrunken. Dazu wird es, so darf man wetten, nicht kommen, aber immerhin ist diese Tendenz doch mindestens ebenso dramatisch wie die der Ausweitung des Weinkonsums im 19. Jahrhundert. Sie entspricht übrigens der in anderen traditionellen Weinländern wie Spanien, Italien und Portugal, während in den Ländern des nördlichen und östlichen Europas der Weinkonsum von einem unvergleichbar viel niedrigeren Niveau langsam ansteigt. Das besondere französische Verhältnis zum Wein flacht sich ab, zumindest was die quantitative Seite angeht.

Das kommt vor allem daher, dass die Zahl der regelmäßigen Weintrinker (die Statistik bezeichnet als »regelmäßige Weintrinker« all jene, die durchschnittlich 50 Zentiliter pro Tag trinken) deutlich auf 24 % der Bevölkerung zurückgegangen ist. Nur noch einer von vier Franzosen ist mit dem Weinglas verwachsen, mögen die Bilder in unseren Köpfen auch anders aussehen. Jedenfalls verputzen diese treuen 24 Prozent etwa 75 Prozent des in Frankreich verkauften Weins. Die Mehrheit der Franzosen sind hingegen heute Gelegenheitstrinker, die zwischen 35 und 40 Liter pro Jahr verzehren, meist anlässlich einer Einladung, aber eben nicht mehr täglich und schon lange nicht mehr am Mittag oder gar zum zweiten Frühstück. Man braucht keine Statistiker, um zu wissen, dass unter diesen Gelegenheitstrinkern ein erhöhter Anteil von Frauen und Jugendlichen ist. Die treuesten der regelmäßigen Konsumenten finden sich hingegen unter den Männern über fünfzig. Das hat natürlich Konsequenzen für das Bild des Weins in der Öffentlichkeit: Zumindest in normalen Cafés hat der am Tresen getrunkene »Ballon de rouge« heute eher etwas Altväterliches, etwa so wie der früher zumindest in Paris obligate Ständer mit den gekochten Eiern daneben. Während in den deutschen Großstädten auf französisches »Bistro« getaufte und geschminkte Lokale durchaus Distinktionsgewinn versprechen, junge Aufsteiger anziehen, die sich von den ordinären Biertrinkern unterscheiden möchten, verliert der ordinäre Rotwein in Frankreich an Kredit, außer vielleicht auf dem Land, wo es nicht so schnell vorwärtsgeht mit den Moden. Wer wirklich Wein trinken will, geht in Weingeschäfte mit angeschlossener Verkostung oder in das, was man gern auch in feinstem Französisch »Wine-Bars« nennt, Lokale, die manchmal wunderbar authentisch aussehen wie zum Beispiel die *Caves Legrand* am Eingang der Galerie Vivienne in Paris, häufig auch ein reiches, enorm diversifiziertes Angebot guter, manchmal sogar großer Weine glasweise anbieten, aber längst keine Eckkneipen des Viertels mehr sind. Auch hier zeigt sich: Es geht aufwärts mit der Qualität des Weins und mit seiner Verfügbarkeit, aber der Konsum geht drastisch zurück. Einigermaßen selbstverständlich begleitet der Wein nur noch festliche Essen, zumindest dann, wenn Gäste geladen sind, aber auch hier keineswegs mehr in der Menge, die Zolas Gervaise ihren Gästen servierte: 1980 wurde noch jede zweite französische Mahlzeit von Wein begleitet, heute ist es nur noch eine von vieren. Das macht natürlich immer noch einen erheblichen Unterschied zu den Verhältnissen in Deutschland, aber auch da geht die Tendenz in Richtung auf Angleichung.

Die Ursachen des Rückgangs des französischen Weinkonsums sind vielfältig. Generell haben sie mit zunehmender Sozial- und Körperkontrolle zu tun, von der schon die Rede war, mit einem Prozess der Zivilisation, der den Weinverzehr als zivilisatorischen Akt zunehmend misstrauisch beäugt. Wein macht fröhlich und enthemmt, aber eben um den Preis eines Kontrollverlusts. Dass er uns stark und gesund mache, haben uns die Ärzte ausgeredet. Die Feminisierung der Gesellschaft trägt ihrerseits gewiss auch dazu bei, dass alkoholisierte Virilität in schlechten Ruf geraten ist. Schließlich enthält Wein ja auch Alkohol und Alkohol hat viele Kalorien, die umstandslos als Fettpölsterchen speicherbar sind. Die einzige gute Nachricht für den Wein kam von den Forschern, die Anfang der neunziger Jahre staunend herausgefunden haben, dass in Frankreich die Todesrate durch Herzinfarkt nur halb so hoch ist wie in den industrialisierten angelsächsischen Ländern. Nach sorgfältiger Überprüfung anderer verdächtiger Faktoren stellte sich ziemlich zweifelsfrei heraus, dass dafür der regelmäßige Weingenuss verantwortlich ist. Und da in gesundheitshysterischen Zeiten Alkohol für nichts Gutes stehen darf, nannte man das Phänomen »the French paradox«. Auch die verbreitete Idee, Alkohol sei in jeder Form dem Geiste nicht zuträglich, ist wohl nicht ganz uneingeschränkt wahr. Jedenfalls stellte sich heraus, dass regelmäßige Weintrinker auch einem geringeren Risiko unterliegen, an Morbus Alzheimer zu erkranken. Seither ist auf interessierter Seite immer wieder vom »French paradox« die Rede, um den Weingenuss zu verteidigen – letztlich ein deutliches Zeichen, wie sehr sich die Weintrinker auch in Frankreich in der Defensive befinden.

Das Feld beherrschen hingegen diejenigen, die vorrechnen, der Alkohol sei jährlich für 45 000 Todesfälle verantwortlich, für Lungenkrebs, Leberschäden, Zipperlein in Magen und Darm, für Geistesverwirrung und andere psychische Krankheiten. Der Docteur Rigaud weiß sogar, dass der Alkohol, rechne man die ausgefallenen Arbeitsstunden, für die er verantwortlich sei, und die Kosten für Behandlung seiner Folgen zusammen, mit 17,6 Milliarden Euro pro Jahr zu Buche schlägt, was 1,42 Prozent des Bruttosozialprodukts bzw. genau 299,76 Euro pro französischem Kopf und Jahr entspreche. Man staunt, wie genau er weiß, warum unsereins vor ein paar Jahren nach der bewussten Geburtstagsfeier nicht zur Arbeit gekommen ist. Der Professor Willem Dab hat ermittelt, dass bei 50 Prozent der Schlägereien, bei 50–60 Prozent der kriminellen Handlungen sowie bei 10 bis 20 Prozent der Arbeitsunfälle Alkohol im Spiel ist. Wie er das wohl so genau herausbekommen hat? War er nachts unterwegs? Hat er sich in Banden eingeschlichen? Hat er den Wein einbezogen, mit dem sich die Trader und sonstigen Leistungsträger für den Finanzmarkt fit gemacht haben? Wie hat er den Schaden bilanziert? Hat er sich an Bad Banks gewendet? Solche Zahlen belegen wohl nicht viel mehr als den schlechten Ruf, in den der Alkohol geraten ist. Und da der Wein nun mal Alkohol enthält, eben auch der Wein. Ganz unrecht haben die Forscher natürlich nicht. Schon im 19. Jahrhundert wusste man um die problematischen Folgen des Alkohols, besonders für die Frauen. Und ich weiß genau, dass die fünf Außenspiegel, die in den letzten drei Jahren nachts an meinem parkenden Auto abgetreten wurden, zu 100 Prozent auf Kosten des Alkohols gehen.

Es passiert immer in der Nacht gegen vier, wenn die Diskotheken schließen. Die Täter sind – ich kann es sehen und hören, wenn ich das Fenster öffne – immer junge, alkoholisierte Männer, die in der Diskothek keine Frau abbekommen haben. Es passiert fast immer in den Monaten der Sommerhitze. Womit man sich natürlich fragen sollte, ob man präventiv nicht nur den Alkoholkonsum verbieten, sondern auch die Sommerhitze, was ja weltweit auf Schwierigkeiten stößt. Und natürlich, ob man nicht Frauen verschreiben sollte. Die meisten denken wohl, die Polizei sollte es richten.

Apropos Polizei. Die französische Polizei kennt keine Toleranz mehr, wenn man mit zu viel Alkohol im Blut am Steuer erwischt wird. Auch da weiß man wieder genau um die Folgen: 2700 tödliche Unfälle sollen auf Alkoholeinfluss zurückgehen und damit für fast ein Viertel der Verkehrstoten auf Frankreichs Straßen insgesamt verantwortlich sein. In diesem Lichte erscheint die augenzwinkernde Toleranz, mit der zumindest auf dem Land leicht angetrunkenen Zechern hinter dem Volant begegnet wurde, geradezu als Verbrechen. Diese Zeiten sind noch nicht so lange her. Ich kann mich daran erinnern, nach einem Essen in der *Auberge de l'Ill* Jean-Pierre Haeberlin gefragt zu haben, ob man denn mit Polizeikontrollen rechnen müsse, denn unser Hotel liege 30 Kilometer entfernt. »Kann schon sein«, hat er geantwortet, »es sind an diesem Wochenende Feste in den umliegenden Dörfern. Aber wenn Sie angehalten werden, sagen sie einfach, Sie hätten hier gegessen. Die verstehen dann schon.« Er wollte damit keineswegs sagen, sein Haus habe die Polizisten bestochen. Er wusste aber, dass die

Polizisten aus dem elsässischen Weinland selbstverständlich davon ausgingen, dass man nicht in ein Drei-Sterne-Restaurant fährt und nur Wasser zum Essen trinkt. Dafür hätten sie kein Verständnis gehabt. Dass man andererseits aber auch nicht hinfährt, um sich mit teurem Wein zu besaufen, davon gingen sie auch aus. Und warum sollte man auf der Heimfahrt nach gutem Essen rasen wollen? Dass es damals in Illhäusern kein ordentliches Hotel gab, wussten gleichfalls alle. Warum also hätte man einem Gast Schwierigkeiten machen sollen, selbst wenn sein Verhalten nicht so ganz mit der Gesetzeslage übereinstimmte? Heute wäre auf solche Toleranz nicht mehr zu rechnen, und die Haeberlins würden sich vor dem Ratschlag hüten, darauf zu setzen. Stattdessen haben sie ein Hotel gebaut. Auf dem Land können Spitzenrestaurants nicht mehr existieren, wenn sie nicht adäquate, zu Fuß erreichbare Betten anbieten.

Damals wurden wir nicht angehalten. Wohl aber fünfzehn Jahre später auf dem Wege von Saulieu nach Joigny im nördlichen Burgund. Die Situation war vergleichbar. Wir hatten bei Bernard Loiseau am Abend gegessen, im Hotel übernachtet, und nahmen zum Abschied noch ein kleines Mittagessen ein. »Nur ein Glas Wein, ich muss noch fahren.« Habe ich gesagt, wirklich. Der Kellner brachte eine Flasche weißen Condrieu, wunderbar zu den Froschschenkeln. »Sie nehmen so viel, wie Sie wollen.« Am Ende war die Flasche leer. Die Genusssucht war stärker. Und die leicht euphorisierte Freude an der anschließenden sonnigen Landpartie über die Nebenstraßen nach Joigny war stärker als das schlechte Gewissen. Der Reaktionsgeschwindigkeit hat es offenbar nicht gutgetan. Als mir mehrere entgegenkommende Autos mit der Lichthupe Zeichen machten, die als Hinweis auf eine Polizeikontrolle verstanden werden mussten, bin ich nicht umgedreht. »Ach, die kontrollieren keine Autos mit ausländischer Nummer. Das macht ihnen zu viel Schreibkram.« Taten sie aber. Ich kann mich noch an das Gefühl erinnern, als sich das Röhrchen verfärbte. Da ich nichts zu verlieren hatte und mir sonst nichts einfiel, habe ich es noch einmal mit dem Haeberlin-Trick versucht. Loiseau ist in der Gegend so bekannt wie die *Auberge de l'Ill* im Elsass. »Wissen Sie, wir haben bei Loiseau in Saulieu zu Mittag gegessen. Es wäre doch Sünde, dazu nur Wasser zu trinken. Und da muss es wohl ein Schlückchen zu viel gewesen sein.« Es war wohl gerade mitten in der Zeitenwende. Die Polizisten verstanden, ja akzeptierten das Argument noch, mit dem man heute wohl nirgendwo mehr kommen dürfte. Zugleich aber lag hier eindeutig ein Verstoß vor, der nicht mehr augenzwinkernd toleriert werden durfte. Sie machten das, was nicht nur Polizisten in solchen Situationen gern machen: Sie schoben das Problem dem Vorgesetzten zu. »Fahren Sie auf die Polizeistelle, die Sie da hinten sehen, fragen Sie nach … (den Namen habe ich vergessen) und erzählen Sie dort Ihre Geschichte. Wir können es nicht entscheiden.« Wir wurden auf der über Funk verständigten Polizeistelle unfreundlich empfangen, in einen Warteraum mit vielen Fahndungsfotos abgeschoben und durften schmoren. Ich war schlagartig so nüchtern wie selten, schwor mir im Stillen, dass mir dergleichen nie wieder passieren werde, und hoffte, der liebe Gott habe es gehört. Gegen die Warterei, offenbare Schikane, habe ich nicht protestiert. Mir war nicht nach protestieren. Ich war ganz klein und schüchtern und nüchtern. Nach mindestens zwei Stunden wurden wir zum Kommissar gerufen. Ich fing an, meine Geschichte zu erzählen, aber ohne den rechten narrativen Schneid. Der war mir abgekauft. Der Kommissar unterbrach mich, winkte ab und sagte. »Sie bestreiten also, zu viel getrunken zu haben?« »Nun, nicht direkt ...« »Sie bestreiten es also. Dann müssen wir eine Blutprobe entnehmen.« Erst da fiel mir ein, dass der Alkoholspiegel pro Stunde um ungefähr 0,1 Promille sinkt. Als der Kommissar mir das Ergebnis mitteilte, lächelte er immer noch nicht. »Der Alkoholgehalt in Ihrem Blut liegt noch innerhalb des erlaubten Bereichs. Aber wenn Sie die Unfälle sehen müssten, die wir täglich sehen, würden Sie nichts mehr trinken, wenn Sie sich ans Steuer setzen.« Und dann, beim Hinausbringen: »Wie hat es Ihnen denn bei Loiseau geschmeckt? Condrieu zu seinen Froschschenkeln? Versuchen Sie es beim nächsten Mal mit einem Chablis.«

Der Rückgang des Konsums an französischem Wein hat freilich nicht nur mit verschärfter Diskurs- und auch nicht nur mit verschärfter Polizeikontrolle zu tun, sondern auch mit ausländischer Konkurrenz. Frankreich ist vor Italien immer noch das Land, in dem der meiste Wein produziert wird. 57 Millionen Hektoliter waren es 2003, 15,6 Prozent wurden davon exportiert, aber es wurden eben auch 6 Millionen Hektoliter importiert und getrunken. Ausländische Weine rangieren in den Caves und in den Supermärkten keineswegs mehr summarisch und billig weit unten im Regal unter: »Diverse.« Neben den Weinen aus der EU sind es vor allem kalifornische, australische und chilenische Weine, die auf dem Markt vordringen. Als generell minderwertig gelten sie nicht mehr und sie haben für den Gelegenheitskäufer den Vorzug, von ziemlich gleichbleibender Qualität zu sein. Schon das Etikett ist einfacher. Das ist zumeist modern gestaltet, graphisch den normalen warenästhetischen Standards angepasst, ohne die altmodischen Schnörkelschriften auf vielen traditionellen Etiketten. Außerdem erlauben sie leichtere Orientierung, weil sie meist nur das Herkunftsland, das Jahr, die Traube und den Herstellernamen ausweisen. Ein kalifornischer Syrah von Gallo – das kann man sich merken und schmeckt immer ziemlich gleich. Wo das Burgund liegt und wo das Bordelais, das kann man sich auch merken, aber dass ein Wein in der vierten Kategorie der Klassifikation 1855, sagen wir ein Château Talbot, trotz der Viertklassigkeit viel Geld kosten darf, aber verschiedene Traubensorten enthält und jedes Jahr anders schmeckt, manchmal auch gar nicht besonders – das kann sich nur merken, wer sich wirklich dafür interessiert. Und selbst da bleibt immer noch nach dem Gang in den Weinkeller ein wenig Bangen, wie er denn wohl jetzt schmecken wird.

Klassifizierung sollte der Unübersichtlichkeit abhelfen. Sie begann mit der Bordeau-Klassifizierung von 1855 und wurde schon in den dreißiger Jahren des 20. Jahrhunderts durch das System der Appellation d'Origine Contrôlé (A.O.C.) generalisiert. Sie sollte nicht nur die Herkunft garantieren, sondern auch die Verwendung traditioneller Traubensorten und regionalspezifische Ausbaumethoden und damit Abgrenzung schaffen gegenüber einfachen Tafelweinen. Nur sind heute mehr als die Hälfte der französischen Weine A.O.C-Weine, so dass die Bezeichnung kaum mehr Orientierungsfunktion hat. So werden die kleinen

Aufkleber immer wichtiger, die anzeigen, dass der Wein auf irgendeiner Messe in Brüssel, Mâcon oder Paris prämiert worden ist. Aber wer weiß schon, nach welchen Kriterien die Preise vergeben wurden und ob die Jurys unabhängig waren? Und wer weiß die Aufkleber zu unterscheiden von unkontrollierten Phantasieaufklebern, die z. B. anzeigen, dass die Trauben mit der Hand gelesen wurden? Zahlreiche Weinführer und Weinjournale bieten Orientierung feil. Aber darf man glauben, dass sie unabhängig sind? Und selbst wenn das der Fall sein sollte: Vielleicht entsprechen die Kriterien der Tester nicht dem Geschmack des Käufers. Und schließlich ist es schwierig, Geschmack mit Worten wiederzugeben. Das hat zur Entstehung einer höchst lächerlichen Weintestersprache geführt, in der es blumig zugeht. Früher hat man entweder einfach den Wein getrunken, den der Wirt anbot, oder, zu besonderen Gelegenheiten, die traditionell besten der Region. Basta. Heute stellt die grenzenlose Verfügbarkeit die Konsumenten, die nicht zu Weinexperten werden wollen, vor die Qual einer Wahl, für die es kaum Kriterien gibt. Was Wunder, dass ein noch kleiner, aber wachsender Teil der französischen Weinproduzenten das amerikanische Geschäftsmodell zu kopieren versucht: Ein großer Weinkonzern wie Constellation, Gallo oder Forsters lanciert einen Weinmarkennamen und zielt darauf ab, durch Verarbeitung großer Mengen einer einzigen Traubensorte nach gleichen Herstellungsprinzipien gleichbleibenden Geschmack zu erzielen. Französische Weine wie Malesan aus dem Bordelais folgen schon dem gleichen Prinzip.

Man sieht, der französische Wein, der die französische Geschichte von Anfang an begleitet hat, bleibt auch nicht

unbeeinflusst von ihrer Transformation durch den globalisierten Kapitalismus. Der macht dem Wein Flügel und versucht, ihm das Nationale, das Regionale, die Bindung an
Boden und Tradition auszutreiben zugunsten von Konzentration, Menge, Berechenbarkeit, Absatz. Es wäre kulturkritische Verstocktheit, darin nur Negatives zu sehen. Der
Wein ist im Durchschnitt besser geworden als vor 50 Jahren, auch in Frankreich. Die Verbreitung des Wissens über
Weinherstellung hat dazu geführt, dass heute exzellente
Weine in Regionen entstehen, in denen es vorher nur Mas-
senweine gab. Die besten Weine der Weinbaugebiete in der
südfranzösischen Region, in der ich lebe, also die besten
Côteaux d'Aix oder Bandol, stammen häufig von aus dem
Norden zugezogenen Winzern, die önologisches Wissen
und önologische Techniken mitbrachten, auf die die von
der Sonne verwöhnten regionalen Weinbauern bis dahin
verzichten zu können glaubten. Vor drei Generationen waren es Elsässer, heute sind es häufig Deutsche oder Schweizer. Den besten Bandol macht ein Schweizer, ebenso den
besten Wein der Region um die Alpilles, die besten Côteaux
d'Aix kommen aus den Kellern von Erben aus der deutschen Schwer- oder Chemieindustrie. Am Anfang misstrauisch beäugt von den einheimischen Winzern, werden ihre
Techniken heute mit Erfolg auch von den Kooperativen angewendet und haben die Qualität insgesamt erheblich verbessert. Natürlich hat das auch etwas damit zu tun, dass sich
die wohlhabenden Erben aus dem Norden leisten konnten,
auf den Ertrag durch Masse zu verzichten und auf (teure)
Qualität zu setzen. Dennoch ist ihr Weg angesichts des sin-
kenden Weinkonsums der einzige, der den Winzern das

Überleben sichern kann. Die CRAV-Aktivisten (»Comité Régional d'Action Viticole«) aus dem Massenweinanbaugebiet Languedoc-Roussillon, die schon mal einen Sprengstoffanschlag auf das Finanzamt von Narbonne organisieren, Flaschen in Supermärkten zerschlagen, um gegen zu niedrige Preise zu protestieren, den Weinimporten die Straßen versperren oder auch vermummt mit einem protcktionistischen Manifest im Fernsehen auftauchen, werden die Umstrukturierung des Sektors kaum aufhalten können.

Die Verbreitung önologischer Techniken erfolgt freilich nicht nur zwischen französischen Weinbauregionen und europäischen Weinländern, sondern unterdes global. Zum Symbol dafür ist Michel Rolland geworden, der sich selbst gern »the flying winemaker« nennt. Rolland »macht« etwa hundert zumeist prestigereiche Weine rund um den Globus. Im Bordelais, in der Toskana, in Kalifornien, in Argentinien, Brasilien, Indien. Sein Rezept ist die Mikrooxydation. Vereinfacht gesagt: Er sprüht Sauerstoff in die Fässer mit jungem Wein, der dadurch künstlich gealtert wird. Ökonomisch ist das natürlich hochinteressant, denn auf diese Weise wird nicht nur die Alterung beschleunigt, sondern der Rücklauf des Kapitals. Der kapitalistische Markt will nicht nur Masse, sondern vor allem auch Geschwindigkeit.

Rolland, der weltweit einflussreichste Önologe, »kreiert« Weine eines spezifischen Stils. Und so ähneln sie sich, gleich wo sie wachsen. Gefällig, destilliert aus sehr reifen Trauben, mit geringer Säure und viel Alkohol. Der amerikanisch-brasilianische Regisseur und gelernte Sommelier Jonathan Nossiter hat in einem engagierten Dokumentarfilm über die Welt des globalisierten Weins gezeigt, wie auf diese Weise der Geschmack uniformisiert wird: Gerade in den Ländern, in denen es keine traditionelle Weinkultur gibt, wo man vorzugsweise Fruchtsaft, stark gezuckerte Limonaden, Cocktails oder Schnaps trinkt, greift man zu alkoholstarken, tendenziell süßen, sehr aromatischen Weinen. Damit passiert im Weltmaßstab auf viel höherem technischen Niveau etwas, was für den deutschen Weinbau der fünfziger und sechziger Jahre charakteristisch war: Orientiert am Geschmack der großen (und seltenen) Riesling-Auslesen von Rhein und Mosel, hat man die »normalen« Trinkweine so mächtig gesüßt, dass ihr Charakter weitgehend verschwand. Ähnlich erklärt sich wohl auch die Tendenz, den Wein durch Lagerung in frischen Eichenfässern zu »veredeln«. Berühmte Weine wie die Mouton-Rothschild oder die weißen Montrachets haben einen subtilen, eingebundenen Holzton. Ihn kann man leicht imitieren, notfalls, indem man Eichenholzstückchen ins Metallfass wirft ... Rollands Weine sind viel subtiler hergestellt, sind auch keineswegs nur süß, aber sie ermöglichen eben auch, schnell gut verkäufliche Weine einigermaßen gleichbleibender Qualität aus mittelmäßigen Lagen zu ziehen. Genau das macht sie interessant für die großen Weingüter in Übersee wie etwa den amerikanischen Mondavi-Konzern, der durch die Kooperation mit Mouton-Rothschild für seinen *Opus One* quasi auch den angestammten Adelstitel kaufte.

Die Uniformierung braucht freilich mehr als einen geschickten französischen Önologen und konzentriertes Kapital. Eine zentrale Rolle spielt in diesem Zusammenhang der weltweit einflussreichste Weinkritiker Robert Parker. Seine Führer (mit einem Punktsystem auf 100) und die von ihm weitgehend beeinflusste Zeitschrift *Wine Spectator* haben einen kaum überschätzbaren Einfluss auf die ökonomischen Geschicke auch der französischen Spitzenweine. Als er 2002 wegen des Irakkrieges nicht ins Bordelais kam, fielen die Kurse und die Preise. Im »Parker« weit oben zu rangieren, ist die beste Werbung für ein Weingut, nicht nur, weil in Frankreich Alkoholwerbung durch die Loi Évin weitgehend untersagt ist. Parker bevorzugt traditionell genau den Typus von Wein, den Rolland macht. Parkers publizistische Macht lässt Winzerstars entstehen, weltwelt bekannt wie Film- oder Sportstars. Und so versuchen dann ehrgeizige Winzer, »Parker-Weine« zu machen, die sich weniger am »Terroir«, an Boden und Herkunft, als am Zeitgeschmack, am Ranking und am Marketing orientieren.

Nossiter zeigt in *Mondivino* die Elemente und Akteure der globalisierten Weinindustrie und verteidigt mit seiner Kamera die Vielfalt des Weins, seine Bindung an Erinnerung, Boden und Tradition. Seine Helden sind die Bürger von Aniane im Hérault, die sich dem Verkauf riesiger Ländereien an den Mondavi-Konzern widersetzen, oder Hubert de Montille, ein kauziger, schlauer Winzer aus dem Burgund, dessen listiges Gesicht, dessen harten Schädel er dem »Paten«-Schädel Mondavis und dem Bubengesicht Parkers gegenüberstellt. Es gibt sie noch, die Sonderstellung Frankreichs auf dem Gebiet des Weins, die langsamen Traditionen und die Gesichter, die dazugehören. Zugleich aber wird das Land immer rascher hineingezogen in die Mechanismen des globalisierten Kapitalismus, der sich um französische Besonderheiten wenig scheren mag.

Am Ende steht also ein widersprüchlicher Befund. Offenbar besteht die Verknüpfung von nationaler Identität und Wein fort, obgleich sich Weinkonsum und Weinproduktion radikal verändert haben. Spätestens jetzt hat der Leser, der diesem Kapitel bis hierher gefolgt ist, das Recht auf die Frage: »Und wie steht es denn nun mit den Franzosen und dem Wein im heutigen Alltag? Sie müssen es doch wissen, schließlich leben Sie ja dort.« Und ich fürchte, er würde sich nicht zufriedengeben mit dem Argument, dass ich ja nur die Gewohnheiten einer im Wesentlichen städtischen Mittelschicht kenne, meine Erfahrungen also nicht einfach verallgemeinert werden können. So sei es also:

Es gibt in meinem französischen Bekanntenkreis keinen, der schon Wein zum Frühstück trinkt, aber es gibt auch keinen, der sich wirklich als Weinkenner versteht, rare Flaschen sammelt und an exklusiven Verkostungen teilnimmt. Es gibt auch keinen mit einem großen Weinkeller, von den zwei, drei Winzern natürlich abgesehen, wo ich gelegentlich meinen Wein kaufe. Das hat sicher auch damit zu tun, dass die Mieten in Frankreich in vergleichbaren Lagen höher und die Wohnungen demzufolge kleiner sind, allemal in Aix und Paris. Bemerkenswert scheint mir aber doch zu sein, dass unter meinen deutschen Freunden zumindest drei mit einem großen Weinkeller sind, die im Internet die Preisentwicklung ihrer Lieblingsweine verfolgen und gelegentlich teure Weine einkaufen. Wenn man das verallgemeinern darf, so könnte man die These wagen, dass es (außerhalb der traditionellen Weingegenden und außerhalb des Winzermilieus, wo die Dinge natürlich anders liegen) in Deutschland eine größere Differenz zwischen kompetenten Weinliebhabern einerseits

und der großen Mehrheit der indifferenten Gelegenheits-
weintrinker gibt als in Frankreich. Wein ist in Deutschland
nach wie vor nicht so alltäglich wie in Frankreich. Freilich
hat sich die Situation seit meiner nordhessischen Jugend
selbst auf dem Lande doch radikal verändert. Während damals nur bei feierlichen Gelegenheiten gelegentlich Wein
getrunken wurde, gibt es jetzt dort in den Supermärkten wie
in den Restaurants durchaus ein ordentliches Angebot, zumeist übrigens ziemlich billig. Auch die Kompetenz ist ge-
wachsen oder zumindest haben sich die Moden verändert,
seit wir, betraut mit der Vorbereitung von Schulbällen, beim
einzigen Getränkehändler des Ortes Wein bestellten und der
zu einem süßen Goldtröpfchen oder anderen Nacktärschen
von der Mosel riet: »Den Billigsten hier im Einkauf müsst ihr
in die Mitte eurer Weinkarte (die drei Weißweine und einen
Rotwein enthielt) setzen. Die Leute wollen weder als ärm-
lich noch als Protzer gelten. Und da sie keine Ahnung von
Wein haben, bestellen sie immer den in der Mitte.« Trotz
der auffälligen Veränderungen: Die Differenz zwischen der
Gruppe der gern etwas penetrant Kennerschaft ausweisen-
den Weinliebhaber und der der Weinindifferenten ist in
Deutschland augenfälliger als in Frankreich.

Während der Woche, beim Mittagessen in der Kantine
oder in einem nahen, kleinen Restaurant wird kaum mehr
Wein getrunken. Die Vorstellung, »der Franzose« esse drei
Stunden zu Mittag und trinke dazu eine Flasche Wein, bevor er den zweiten Teil des Tages in Angriff nimmt, stammt
aus einer anderen Zeit.

Auf den Caféterrassen sieht man nur sehr selten Weinglä-
ser. Kaffee, Bier, Limonaden, Cocktails, aber nur in sehr sel-

tenen Fällen Wein. Als Apéritif ist er außer Mode. Eher bekommt man als Apéritif schon mal einen Whisky angeboten. Vorbei die Zeiten, als Fernand Point von der *Pyramide* in Vienne einen Gast hinauswarf, weil der gewagt hatte, einen Whisky vor dem Essen zu ordern.

Hingegen bin ich über viele Jahre hinweg nie zu einem Abendessen eingeladen worden, zu dem kein Wein serviert wurde. Eine Flasche Wein ist neben dem Blumenstrauß auch das klassische Gastgeschenk. Es ist sehr selten, dass jemand darauf besteht, überhaupt keinen Wein zu trinken. Wenn er nicht krank ist, würde er sich übrigens fast automatisch dem unausgesprochenen Verdacht aussetzen, Alkoholiker zu sein. Die getrunkenen Mengen sind hingegen meist sehr maßvoll, nicht nur bei denen, die anschließend noch Auto fahren müssen und die Promillegrenze unterdes ziemlich selbstverständlich respektieren. Man sieht, von Sondergruppen wie Clochards oder nächtlichen Jugendbanden abgesehen, ziemlich wenig Betrunkene auf den französischen Straßen, obwohl die durchschnittlich konsumierten Alkoholmengen pro Kopf immer noch viel höher liegen als etwa in Schweden oder Finnland, wo man in den Großstädten am Samstagabend den Eindruck haben kann, die halbe Bevölkerung sei volltrunken. Die Tatsache, dass der Alkohol dort so teuer ist, führt offenbar dazu, ihn zu behandeln wie harte Drogen: Man möchte aus einer möglichst kleinen Menge eine möglichst große Rauschwirkung erzielen, trinkt also auf leeren Magen oder große Mengen in einem Zug.

Jedenfalls ist der französische Weinkonsum beim Essen zumeist gemäßigt. In geselliger Runde in der nächsten Kneipe acht Bier zwischen Arbeitschluss und heimischem

Abendessen zu trinken, wie es in meinem Heimatort durchaus üblich war, ist keine französische Sitte, ebensowenig wie das barbarische Wetttrinken aus Fünf-Liter-Stiefelgläsern, an das ich mich erinnere. Freilich ändern sich auch da die Gewohnheiten. Das »Kampftrinken« von Jugendlichen, ausgeprägt zunächst im angelsächsischen Bereich, wird unterdes auch zu einem französischen Problem. Aber mit Wein verbindet es sich jedenfalls nicht. Mit dem Essen ist in Frankreich auch das Weintrinken zu Ende und der Korken kommt auf die Flasche, wenn noch etwas drin ist. Ein Cognac, Armagnac oder auch Whisky als Digestif – das war es dann.

Die Verknüpfung von Gastlichkeit, gutem Essen und Wein bleibt eng und bildet sicher heute den Schwerpunkt des französischen Weinkonsums. Fast immer haben sich die Gastgeber auch Überlegungen zum Verhältnis von Wein und Essen gemacht. Der Wein stammt meist aus der Gegend – wo man sich eben auskennt –, in Paris auch häufig aus der Herkunftsregion der Gastgeber. Man ist stolz, ein Produkt aus seiner Region vorstellen zu können, Geschichten dazu zu erzählen, Familiengeschichten, Dorfgeschichten, Geschichten von günstigen Einkäufen, von guten Cavisten. Freilich spricht keiner mit Wichtigtuergesicht von »Geschmack von würzigen Aromen, einem Hauch von Lilie und Magnolie, der Weichheit von Pfirsich und der Explosion herbstlicher Früchte im langen Abgang« oder ähnlichem Weinkritikerunsinn. Es wird auch selten mit einer besonders teuren Flasche angegeben. Fast immer besteht der Stolz darin, guten Wein günstig gekauft zu haben, in der Weitergabe von Adressen und Quellen, auch wenn es sich um eine gute Flasche aus dem Supermarkt handelt.

Jedenfalls ist der Wein wie das Essen fast immer auch Gegenstand des Gesprächs. Der Satz: »Der Abend war nicht schecht, aber leider haben wir nur über Wein geredet, gar nicht über Persönliches«, der mir in Erinnerung ist, wurde natürlich von einem Deutschen gesprochen. Der war nicht einmal zutreffend, denn es wurde anhand des Weines von Persönlichem geredet, nur eben nicht persönlich-bekenntnishaft, wie es zu der Zeit in der deutschen grünen Mittelschicht Mode war. Sicher, die Verhältnisse nähern sich an, aber der Habitus ändert sich doch, aufs Ganze gesehen, sehr langsam.

Frauen

Am 13. März 2008 stellte »leila 100«, registrierter Nutzer des »paris-forum.de«, zum Thema »deutsche vs. französische frauen« aus der geschützten Anonymität des Internet heraus umstandslos *die* Frage, über der seit mindestens 200 Jahren das männliche wie offenbar auch das weibliche deutsche Nachdenken über Frankreich nicht zur Ruhe kommen kann: »hallo! sagt mal … wieso finden alle männer französische frauen anscheinend so toll? was haben französische Frauen, was deutsche nicht haben?«

An Antworten von Expertenseite fehlte es nicht. *GrEeK-StYlE* zum Beispiel: »diese geile aussprache rrrrr. Die sind wild und auch ein bisschen lockerer : PS: am aussehen muss es nicht unbedingt liegen.« *pariser_loverboy* ging das Problem unter leichter Vernachlässigung geographischer wie orthographischer Details weniger von der linguistischen als von der empirischen Seite her an: »hey hey hey. ich liebe frankreich!!! das ist die beste Stadt und dort gibt es auch die besten liebhaberinen oh ja, ich spreche aus erfahrung.« Die Expertendiskussion konzentrierte sich dann eher auf die Frage des »niedlichen Aussehens« der französischen Frauen, ohne freilich zu schlüssigen Ergebnissen zu gelangen. *lol*:

»das kann ma nicht erklären.« Immerhin: »dass alle deutschen Frauen hässlich sind, find ich aber schwachsinnig. Allerdings sehen die Frauen in Frankreich oft niedlicher aus, als die meisten Frauen aus anderen Ländern … Die haben wenigstens mit der Sprache noch eine feminine Art.« Das mit der Schönheit kann man natürlich auch anders sehen. Wie zum Beispiel *Adrianna*, die auch schon mal in Frankreich war: »Also ich war auch mal in Frankreich und finde die deutschen Frauen viel hübscher. Es gibt sehr viele hüpbsche hier, also auf jeden fall da wo ich wohne.« Wo sie wohnt, verrät sie freilich nicht. Das einstweilen letzte Wort sicherte sich *Pappnase* mit einer ausgewogenen Synthese: »es gibt aber überall solche und solche.« Freilich dürfte dieses Ergebnis der Wissbegier von *leila 100* nicht wirklich befriedigend Nahrung gegeben haben.

Und so stellt sich denn die alte Frage immer wieder neu. Zum Beispiel auf http://de.answers.yahoo.com: »Sind französische Frauen wirklich alle so sexy wie in der Werbung?« Auch in diesem Falle viele Antworten, darunter die erkenntnistheoretisch solide unterfütterte von *Ali Mente*, dass die »Schönheit im Auge des Betrachters« liege oder die postnationale von *Peter Veit*, dass sexy zu sein doch »nichts mit der Nationalität zu tun« habe. Die »beste Antwort – ausgewählt durch Abstimmung« – war die von *Joe Cool*: »Alle habe ich natürlich noch nicht gesehen und in Unterwäsche überhaupt keine. Aber letzten Herbst in Paris ist mir schon aufgefallen, wie edel und doch natürlich die französischen Frauen gekleidet sind und auch von Figur und Bewegungen her sind sie durchaus ein Blickfang. Trotz Wintermantel chic eben, ohne unnatürlich aufgemotzt zu sein.«

Man kann das, was Volkes Tastatur hier zum Vorschein bringt, als Männerphantasien abtun. Und Männerphantasien sind da zweifellos im Spiele. Frauenphantasien, Frauenneugier allerdings offenbar auch. Aber mit dem Abtun machte man es sich wohl etwas leicht, denn der Mythos besteht fort, ungebrochen, unerklärt, wie es sich für einen Mythos gehört. Man könnte ihn zu lesen versuchen zwischen den Zeilen unserer Internauten. Das ginge etwa so: Viele, nicht nur deutsche Männer finden französische Frauen »toll«. Das erklären sie manchmal maulheldisch mit eigenen Erfahrungen, jedenfalls aber mit Schlankheit und attraktivem Aussehen der Französinnen. Da aber Schönheitsvorstellungen bekanntlich allemal eine subjektive Seite und auch Mütter anderer Nationen »hüpbsche« Töchter haben, müssen weitere Qualitäten assoziiert werden: »wild« sollen sie sein, die Französinnen. Gemeint ist wohl sexuelle Hemmungslosigkeit. Zugleich seien sie aber auch »noch feminin«. Das »noch« darf wohl so interpretiert werden, dass französische Frauen traditionellen Rollenerwartungen an die Weiblichkeit heute eher entsprechen als deutsche. In jedem Falle aber ist die Französin »chic« gekleidet, bewegt sich elegant, zieht die Blicke auf sich und macht einen attraktiven, zugleich »edlen« Eindruck. Und all das klingt an, klingt auf, klingt zusammen im »niedlichen« Akzent.

Wer glaubt, die Rechtschreibung verrate auch in Zeiten des Internets noch viel über die soziale Stellung der Schreiber, wer also »Liebhaberinen« mit zwei »n« schreibt und sich bei »hüpbsch« zwischen hartem p und weichem b zu entscheiden vermag, könnte auf die Idee kommen, im Internet werde beim Thema »französische Frauen« anonym viel unterschichtiger Sumpf aufgewühlt, von dem sich in höheren Schichten keine trübe Spur finde, der lese einmal in das Buch *Französische Frauen* hinein, das ein Autor namens Maximilian Delmar 1924 veröffentlichte. Er ist meines Wissens der letzte deutsche Autor, der ein Buch dieses Titels wagte. Oder, besser, vergnüglicher, man lese Kurt Tucholskys Rezension (Werke, Bd. 4, S. 305ff.). Herr Delmar war im Ersten Weltkrieg Major in Frankreich und sammelte so die Kenntnisse, mit denen er sich dicke tut, Kenntnisse über die Mechanik des französischen Ehebetts, »die bei aller Gründlichkeit doch eine sehr diskrete Behandlung der Umarmung ermöglicht«, vor allem aber natürlich über »die« Französin an sich: »Je erlesener sich die Französin die Glieder bekleidet, um so lieber, mein Freund, steigt sie Dir nackt ins Bett.« Kasinophantasien, von Tucholsky trefflich zusammengefasst in dem Satz: »Die Französinnen – das sind ja tolle Nummern.« So glänzend Tucholsky die virilen Phantasmen deutsch-erotischer Kriegsgewinnler zu entlarven versteht, so ungewohnt bemüht, brav, ernst und ohne alle Eleganz kommt seine Gegenposition daher: »Der Major sieht aber immer nur ›das‹ und nichts als das. Jeder vernünftige Mann weiß, daß die Durchschnittsfranzösin eher etwas kalt, gutbürgerlich, erotisch wenig neugierig, daß sie *natürlich* ist.« Woher weiß er das? Verhalten sich auch die Arbeiterinnen »gutbürgerlich«? Und was ist »natürlich«? Tucholsky wollte als Paris-Korrespondent das Frankreich-Bild seiner deutschen Leser entdämonisieren, auch das Bild der »dämonischen« französischen Frau. Aber sein Stil verliert unter der schweren pädagogischen Aufgabe die gewohnte Leichtigkeit. Über die französische Frau schreibt es sich nicht leicht.

Herrn Major Delmars Buch wird man, zugegeben, kaum der literarischen Hochkultur zurechnen. Aber auch die deutschen Nobelpreisträger für Literatur tun sich beim entsprechenden Thema schwer, wenn sie sich nicht auf die Darstellung einzelner Figuren beschränken, sondern auf Allgemeines hinaus wollen. Thomas Manns Text *Gedanken im Kriege* aus dem Jahre 1914, ein Text, der sich deutsch-herrlich gibt und doch nachträglich ziemlich dämlich dasteht, assoziiert den Kriegsgegner, das »süße Frankreich«, mit dem Weiblichen schlechthin, »weiblich in dem Grade, daß einem die Arme sinken. […] Diese Nation nimmt Damenrechte in Anspruch, es ist kein Zweifel. Zart und liebreizend, wie es ist, darf das unbedingt entzückendste der Völker alles wagen. Rührt man es aber an, so gibt es Tränen aus den schönen Augen […]« Der Gedanke selbst ist nicht originell: In den langen Jahrzehnten, in denen man »das Deutsche« und »das Französische« einander als die beiden grundlegenden Lebensprinzipien diametral entgegenstellte, musste Frankreich immer die frivole Frau geben und Deutschland den virilen Mann.

Heinrich Böll ist derlei ins Welthistorische aufgeblasene erotische Dämonisierung bekanntlich fremd – wenn ihm erotische Dämonie nicht überhaupt fremd blieb. Als er 1956 nach Paris fuhr, sah er keine niedlichen, keine edlen, keine chicen und längst keine frivolen Frauen, nicht einmal in den Bars an der Place Pigalle: »Die junge Französin, die für einige Monate in der Bar an der Place Pigalle arbeiten wird, kauft sich ein neues Abendkleid, rekapituliert ein wenig ihre deutschen, englischen, dänischen Sprachkenntnisse, sitzt dann gegen vier Uhr nachmittags gähnend und strickend in der Vorortbahn, schielt in die Abendzeitung, die ihr Nachbar liest, und in der Garderobe des Nachtlokals, in der sie arbeitet, zieht sie ihr Kleid über und tritt seufzend ihren Dienst an.« Die französische Bardame als lustlos-brave, barmherzige Handwerkerin im Dienste männlichen Triebs, nur kurzfristig natürlich. Bei Böll stricken die Französinnen (»nirgendwo in der Welt gibt es so viel strickende Frauen wie in Paris«), und wenn von »Unterwäsche« die Rede ist, verlassen sie schamhaft den Raum. Hat er geschrieben, wirklich. Wie bei Tucholsky, nein, deutlicher noch, ist hier das Anti-Mythische geschlagen vom Mythos der bestrickenden Französin. Und wie im Falle der Internauten, dem von Tucholsky und dem von Thomas Mann erweist sich, dass über die »Französin« kaum zu schreiben ist, ohne sich zu blamieren. Jedenfalls hat sich Bölls Bild der Pariserin nicht durchgesetzt. Bei Grass, um auch den jüngsten deutschen Literaturnobelpreisträger noch zu zitieren, weist Madeleine, die überraschend auftauchende Enkelin von Fonty, dem »Helden« von *Ein weites Feld*, dann wieder »Charme« und »Zauber« und »Esprit« auf, wie es sich für eine Französin gehört: »Sie trug ihr vom Gürtel gerafftes Kleid aus schlicht zugeschnittener Rohseide wie eine elegante Kutte.« Immerhin Kutte.

Weil dem Mythos so schwer zu entkommen ist, haben die meisten deutschen Bücher, die seit Sieburgs *Gott in Frankreich* über Frankreich erschienen sind, das Thema der französischen Frau gemieden oder allenfalls vorsichtig gestreift. Das gilt schon für Sieburg selbst, wenn man einmal von Jeanne d'Arc absieht, die gegen allen Koketterieverdacht gerüstet ist. Der einzige mir bekannte deutschspra-

chige Autor, der mit Eleganz und Takt dem augenzwinkernden Beschweigen, aber auch der Verwandlung der
Französinnen in »tolle Nummern« ebenso wie ihrer »Eh-
renrettung« als schamhafte Strickstrümpfe entkommen ist,
war Nicolaus Sombart (*Pariser Lehrjahre 1951–1954*, Hamburg 1994). Sombart gesteht souverän ein, dass er vor der
ersten Reise nach Paris die »Weiber« im Kopf hatte, aber
nicht als Objekt von Kasinophantasien, sondern als Versprechen von »Weite, Großzügigkeit und Stil«, eben jenen Qualitäten, an denen es der mit dem Aufkrempeln der Ärmel beschäftigten Bundesrepublik so grausam fehlte. Er flieht aus
einer Männerwelt in eine weibliche aus Liberté und Libertinage, eine Pariser Welt, »in der die Frau herrscht« und ihn,
den ziemlich mittellosen, aber reichlich mit Empfehlungs-
schreiben und symbolischem Kapital ausgestatteten Sohn
einer berühmten, kosmopolitisch geprägten Berliner Pro-
fessorenfamilie der Weimarer Republik in die Pariser intel-
lektuelle Welt und in die Liebe einführt. Natürlich schimmert da das Denkmodell noch durch, das wir schon von
Thomas Mann kennen, wenn Sombart auch die französische
»Mutterwelt« der deutschen »Vaterwelt« vorzieht: »Nach
Paris zu gehen, heißt für einen Deutschen immer, sich
den Zwängen der deutschen Männergesellschaft zu entziehen – auszuschweifen in das Reich der Mütter.« Natürlich
»herrschten« die französischen Frauen in den fünfziger Jahren nicht über die Gesellschaft (ich werde darauf zurückkommen), aber Sombarts Buch bleibt doch das einzige unter den neueren, aus dem man etwas erfahren kann über den
Habitus der Frauen der französischen Oberschicht, über
ihre Tradition, ihre Macht, ihr Selbstbewusstsein.

Ein Modell für die hier anzustellenden Überlegungen kann er freilich nicht sein – schon aus Gründen der Empirie. Und so bleibt es dabei: Über den Mythos der französischen Frau kann man offenbar zumindest auf Deutsch kaum schreiben, ohne ins Sumpfige abzuleiten oder sich mit Banalitäten zu blamieren. Deshalb haben mir denn auch wohlmeinende Freunde (wie Freundinnen) dringend abgeraten, in dieses Buch über die deutschen Frankreich-Mythen einen Versuch über die Frauen einzufügen: »Lass die Finger davon, da kann man nur Fehler machen.« Eines dieser Gespäche, das mit meinem klugen Freund G., ging etwa so:

»Du würdest über 30 Millionen Frauen schreiben. Das kann nur ins Falsch-Allgemeine rutschen. Würdest du etwa ein Buch über französische Männer schreiben?«

»Nein, würde ich nicht.«

»Na also.«

»Willst du die Mythen nicht einfach verlängern, müsste ja wohl auch die soziale Wirklichkeit der Frauen vorkommen. Und da Frauen überall vorkommen, dominiert oder nicht, lädst du dir die gesamte französische soziologische Forschung auf den Hals. Und das ist doch gar nicht dein Gebiet.«

»Zugegeben.«

»Und Genderforschung war auch noch nie dein Ding.«

»Auch zugegeben. Sie ist übrigens in Frankreich immer noch randständig.«

»Und wie willst du über so ›weiche‹, so wenig fassbare Phänomene wie ›Attraktivität‹ etwas Begründetes sagen? Darüber haben bestimmt die Psychologen geforscht. Willst

du dich da auch noch einarbeiten? Oder dich mit so zweifelhaften Dingen wie Vorurteilsforschung beschäftigen?«

»Keineswegs.«

»Oder glaubst du, du hättest keine Vorurteile mehr, nur
weil du viele Jahre in Frankreich gelebt hast? Glaub nur
nicht, du kämest mit dem Hinweis auf eigene Erfahrungen
durch. Angesichts von 30 Millionen Frauen ist das lächerlich. Wie viele französische Frauen hast du eigentlich in Unterwäsche gesehen?«

»Sag ich nicht. Aber es waren ziemlich wenige, nicht nur
an den 30 Millionen gemessen.«

»Das kommt deiner Überzeugungskraft als Autor nicht
unbedingt zugute. Aber das wäre ja alles nicht so schlimm.
Es schreiben viele Leute über viele Dinge, von denen sie wenig verstehen. Das Schlimme ist hier, dass es einfach keinen
Standpunkt gibt, von dem aus man formulieren könnte. Das
Thema wird durchzogen von den mächtigsten ideologischen Fronten, die in der abendländischen Welt existieren,
sieht man von der Religion einmal ab: Schon die nationalen
Empfindlichkeiten wirken so, dass man kaum vernünftig als
Deutscher über Frankreich oder als Franzose über Deutschland schreiben kann, ohne als Verräter angesehen zu werden. Immer noch. Hast du mir immer wieder erklärt. Und
dazu willst du dir noch die Schwierigkeiten des expliziten
Umgangs mit den Mann-Weib-Geschichten aufladen? Mit
all der Konkurrenz, mit den Verhältnissen von Herrschaft
und Unterdrückung, von Neid und Begehren, die darin
herumschwirren?«

»Ich will doch nur ...«

»Wenn du als deutscher Mann, der in Frankreich lebt,

deinen deutschen Leserinnen schreibst, die Französinnen seien schlanker, schöner, eleganter und chicer. Meinst du, das gefällt denen? Wenn du das Gegenteil auch nur andeutest, wie willst du weiterhin in Frankreich leben, an deiner Universität, wo die Frauen, wie du sagst, die große Mehrheit der Professorenschaft bilden? Wäre das höflich? Wenn du etwas formulierst, was als Kritik verstanden werden kann, bist du ein Macho. Wenn du den Feministen machst, lächeln die Französinnen und halten dich für ein Weichei. Vielleicht könnte eine französische Frau über den Mythos der französischen Frau schreiben ...«

»Das geht auch nicht ohne Schwierigkeiten. Als wir damals den Film über Simone de Beauvoir gemacht haben, waren es bei den Interviews die bekanntesten, die engagiertesten Feministinnen, die am bösesten übereinander wie über Beauvoir hergezogen sind. Und die französische Kollegin, die neulich nach einem brillanten Vortrag einer deutschen Referentin sagte, ›Der Vortrag war exzellent. Aber darum hätte sie sich doch nicht so schlecht anziehen müssen.‹, würde das schriftlich auch nicht wiederholen.«

»Na also.«

»Oder willst du Mythen entlarven? Das ist ein undankbares Geschäft, in diesem Falle besonders.«

»Ich will gar nichts entlarven. Schon längst nicht, wenn die Larve hübsch ist.«

»Achtung, keine Zweideutigkeiten!«

»Ich will nur wissen, warum die französische Frau ...«

»Achtung, vermeide den Singular ...«

»... warum das immer wieder beschworene ›gewisse Etwas‹ der französischen Frauen Internetforen nährt. Auch die nicht-pornographischen. Ich will wissen, warum Nathalie Licard als Sängerin ohne Gesangspart in der Harald-Schmidt-Show nur auf die Bühne treten, mit französischem Akzent und abenteuerlicher Grammatik Sätze wie ›Ich bin gespannt wie gekochtes Gemüse‹ sagen muss – und das Publikum rast vor Begeisterung. Sogar ein Buch hat sie unterdes in diesem seltsamen Deutsch geschrieben. Originalton: ›Obwohl ich mit Blut und Schweiß diese Buch auf Deutsch ganz und selbst geschrieben habe, der Verlag hat mir ein Übersetzer am Verse geklebt.‹ Hätte das eine Ukrainerin geschrieben, hätte das Publikum gesagt: ›Erst nimmt sie einheimischen Frauen die Arbeitsplätze weg und dann kann sie nicht einmal Deutsch.‹ Und wenn die Ukrainerin noch so hübsch gewesen wäre, sie hätte als Argument dafür herhalten müssen, dass Ausländerinnen ohne Sprachprüfung gar nicht ins Land gelassen werden sollten.

Und, um auch das noch zu sagen – da du Bekenntnisse hören willst, die ich natürlich nie schreiben würde –, ich möchte wissen, warum ich seit vielen Jahren, wenn ich von Reisen nach Aix zurückkomme, mich am Nachmittag in mein Straßencafé am Cours Mirabeau in Aix setze und den Passanten nachschaue, so viele schöne, attraktive Frauen jeden Alters sehe wie in keinem anderen Land der Welt, das ich kenne.«

»Frag doch deinen Psychoanalytiker. Außerdem sind die Hälfte der Frauen, die du siehst, ausländische Touristinnen.«

»Die meisten der ausländischen Touristinnen erkennt man sofort.«

»Woran denn?«

»Nicht, dass sie weniger schön wären. Eher an der Kleidung, am Habitus.«

»Du magst wohl Stöckelschuhe?«

»Nicht unbedingt. Carla Bruni sieht auch nicht schlecht aus, seit sie keine mehr trägt, weil sie dann den kleinen Nicolas um Haupteslänge überragen würde.«

»Jetzt komm mir nicht noch mit den PR-Gags publicity-süchtiger Prominenter und verkauf sie mir als französische Liebesgeschichte. Und die Kleidung? Die kaufen deine Aixerinnen bei H&M, bei GAP oder, was die Reichen angeht, bei Prada & Co. wie in allen wohlhäbigen Städten dieser Welt. Am Ende geht es doch nur um die alten Phantasien von den libertären Französinnen.«

»Ach, ich hab doch eher Angst vor wilden Frauen. Außerdem bin ich nicht mehr in dem Alter, in dem man am Nachmittag im Café von Hormonschüben überwältigt wird.«

»An Kants ›interesseloses Wohlgefallen‹ habe ich noch nie geglaubt. Vielleicht schätzt du einfach nur, dass sich die Französinnen für den männlichen Blick inszenieren, deinen besonders.«

»Dann geht es ihnen augenscheinlich jedenfalls nicht schlecht dabei und sie tragen die Last der Einkaufstüten mit Freude.«

»Wenn die Dominierten immer wüssten, dass sie dominiert werden und von wem, dann gäb's manche Revolution mehr auf der Welt. Und die Dominierenden sagen immer, die Unterworfenen hätten es gerne, unterworfen zu sein, besonders, wenn sie nett lächeln.«

»Nun komm du mir nicht feministisch. Hilf lieber deiner Frau gelegentlich beim Abwasch.«

170

»Das tut hier nichts zur Sache. Meine Frau ist keine Französin und außerdem haben wir eine Spülmaschine.«

»Und wenn die Französinnen einfach nur ein bisschen glücklicher und zufriedener in ihrer Haut wären als die Frauen in Deutschland? Ein bisschen weniger schuldgequält, ein bisschen weniger prinzipiell? Ein bisschen freier vielleicht auch?«

Jedenfalls ist der Lebensstil der französischen Frauen gegenwärtig ziemlich in Mode, auch bei Frauen. Zumindest das Reden darüber. Das war in den letzten Jahrzehnten nicht immer so. Da galten »die Französinnen« zumindest in der deutschen Mittelschicht überwiegend als eitle Rabenmütter, die ihre Kinder viel zu früh aus dem Nest stoßen, damit sie ungestört die Feuchtigkeitscreme auflegen und sich dann erfrischt mit unlauteren Mitteln ihrer Karriere widmen können, als Frauen, die sich auf Konfektionsgröße 34 herunterhungern und dann keine Nährstoffe mehr in der Muttermilch haben – falls sie denn überhaupt stillen. Ein mächtiger Beleg für die veränderte Sicht auf französische Frauen ist der Welterfolg von Mireille Guilianos Buch *Warum französische Frauen nicht dick werden*. Es wurde ursprünglich auf Englisch geschrieben und auf Englisch klingt der Titel wegen des Binnenreims auch besser, drastischer: *French Women Don't Get Fat*. Guiliano ist Französin und lebt als Repräsentantin des Champagnerkonzerns Veuve Cliqot in New York. Ihr Buch richtet sich denn auch in erster Linie an Amerikanerinnen, an weiße Amerikanerinnen der Mittelschicht, darf man wohl ergänzen. Sie erklärt einer Nation, die besessen ist vom (gegenwärtigen) Schlankheitsideal und dabei immer dicker wird, das »French paradox«, sie erklärt also, warum die Franzosen wie die Französinnen drei Mal am Tag zu jedem Gang ihrer Mahlzeiten vielbeschriene Dickmacher wie Weißbrot essen, sich häufig noch Käse draufstreichen, der mindestens zur Hälfte aus Fett besteht, dazu Wein aus lauter Kalorien trinken, die Sache mit einem Schokoladendessert abschließen und dennoch im Durchschnitt viel schlanker sind als die Amerikanerinnen, die Britinnen, die Deutschen, die Russinnen, als die Bürgerinnen aller anderen Nationen in Europa und Nordamerika.

Damit dies zumindest einmal klargestellt ist: Dass die Französinnen heute schlanker sind als ihre Schwestern in vergleichbaren Ländern, ist keine Männerphantasie, sondern ein Faktum (in dessen Bewertung dann freilich mächtige Phantasien eingehen). Die Französinnen haben einen BMI-Wert (Body Mass Index) von 22,9, die deutschen Frauen kommen auf 23,8 und die Engländerinnen auf 24,9. Für die Männer gilt Entsprechendes. Nur 7 Prozent der Franzosen sind nach medizinischen Kriterien übergewichtig. Über derlei Kriterien lässt sich natürlich streiten. Um die Sache auf meine Kosten abzukürzen, sage ich nur einfach, dass ich beim Einkauf von Anzügen in New York, in Antwerpen oder Frankfurt immer etwas Kommodes fand, während ich in Frankreich bei »meiner« Größe häufig den Bauch einziehen musste und bei der zögerlichen Bitte um die nächsthöhere Größe freundlich an Spezialgeschäfte verwiesen wurde. Machen Sie mal den Test im Ausverkauf: Fast überall bleiben die Geschäfte auf den kleinen Größen sitzen. In Frankreich sind es eher die stattlichen Größen, die es schwer haben, Käufer zu finden. Achtung: Der Test kann auf die Laune schlagen, selbst im Urlaub.

Also: Französinnen sind schlanker. Der Erfolg von Guilianos Buch beruht darauf, dass sie ihren Leserinnen verspricht, sie könnten auch schlank und schön sein und dies, ohne sich mit Diäten zu quälen. Nur einfach durch »richtiges«, genussvolles Leben. Wie in Frankreich, wie im Frankreich ihrer Jugend zumindest, das sie idyllisch vor den Augen der Leser ausbreitet. Was Guiliano vorschlägt, sind im Prinzip Gemeinplätze der Ernährungswissenschaften, gewürzt mit ein wenig PR für Champagner (gut für die Figur) und mit einigen »bien sûr« oder »au contraire« in der Originalsprache, damit man den authentischen Akzent mitlesen kann: Man sollte drei Mal am Tag zu regelmäßigen, möglichst geselligen Mahlzeiten gute, hochwertige Nahrungsmittel verspeisen, Kräuter, Obst und Gemüse nicht vernachlässigen, viel Wasser trinken, aber auch den Wein nicht meiden, ebensowenig wie ein wenig Süßes zum Dessert. Man solle Spaß am Einkaufen, am Kochen, an der Geselligkeit des Essens entwickeln, sich dafür Zeit nehmen, statt sich food to go einzuhelfen und dann ein schlechtes Gewissen zu haben, dass es zu viel war. Oder das Falsche. Oder überhaupt. Jedenfalls Schuld. Statt Schuld schlägt sie Maß vor, Kontrolle, Selbstbeherrschung. Nicht als Werte an sich, sondern als Voraussetzung für Genuss. Dann noch ein wenig Bewegung und alles ist so, wie es sein sollte. Natürlich, gesund, schön.

Natürlich beruhen die meisten Diäten darauf, dass sie versprechen, man werde Pfunde los, ohne den Genuss einzuschränken. Deshalb heißen abgefettete Diätprodukte gern

»Du darfst«. Dass sie, isoliert vom Lebenszusammenhang, nichts nützen, ist bekannt. Die Bedeutung von Guilianos unbedeutendem Buch liegt darin, dass einem sozial produzierten gesundheitspolitischen Problem (massenhafte Adipositas) ein soziales Modell entgegengestellt wird, das traditionell-französische. Auf die ländliche Tradition verweist Guiliano selbst unablässig: Nähe zu den Produkten, traditionelle Zubereitungsweisen, körperliche Bewegung, bewusster Genuss. Sie gehen einher mit traditionellen Werten französischer Zivilisation, ja der Zivilisation überhaupt: Maß und Triebkontrolle, Lebensführung als Kunst statt des bulimischen Zirkels von Exzess, Schuld, Askese und erneutem Exzess. Kein Wunder, dass Guilianos Buch Nachfolger gefunden hat, zum Beispiel das von Debra Ollivier mit dem hübschen Titel *Entre nous. A Woman's Guide to Finding her Inner French Girl. Why French Women stay Chic, Love Life and Don't Get Fat.*

Es könnte freilich sein, dass manche Leserin, die sich durch den Einkauf von Fertiggerichten ein wenig freie Zeit verschafft hat, um derlei zu lesen, das Buch mit entschieden erhöhtem Schuldbewusstsein zuschlägt. Warum nur, so könnte sie sich fragen, schaffe ich es einfach nicht, neben Arbeit, Kind und Mann regelmäßig auf den Markt zu gehen, in Ruhe auszuwählen, dann traditionelle Rezepte zu schmurgeln, zum Beispiel das Huhn in Champagner für 50 Euro, aus dem durch den Kochvorgang ohnehin die prickelnden Blasen entweichen, so dass es ein korrekter Weißwein für 5 Euro sein könnte, warum schaffe ich das alles nicht, warum helfe ich Paul nicht genügend bei den Hausaufgaben, spreche mit Patty nicht über ihren neuen Freund

und hab nicht mal die Hemden meines Mannes aus der Reinigung geholt? Warum schafft Frau Guiliano das alles, spricht viele Sprachen und leitet nebenbei noch die New Yorker Niederlassung eines großen Handelshauses? Warum kann ich nur mein »inner French girl« nicht befreien? Nicht ausgeschlossen, dass sie dann aus Frust zu einer Tafel guter französischer Schokolade greift und sich unmäßig bedient. So gesehen wundert es dann auch nicht gar zu sehr, dass von feministischer Seite Einwände gegen den gedruckten Lobpreis weiblich-französischen Lebensstils erhoben worden sind. Wir werden darauf zurückkommen.

Am privaten Interesse hat es nie gemangelt, aber seit ein paar Jahren ist die Lebensweise der französischen Frauen auch ins Zentrum des beruflichen Interesses der europäischen Politiker gerückt, denn die Französinnen sind nicht nur schlank, sondern sie bekommen auch viele Kinder. 2008 war Frankreich das fruchtbarste Land Europas. 834 000 Babys wurden auf die Welt gebracht, so viele wie seit 1981 nicht mehr. Das entspricht einer Geburtenrate von 2,02 Prozent. In drei Vierteln der europäischen Länder liegt hingegen die Geburtenrate unter 1,5 Prozent. Lediglich im katholischen Irland (aber mit sinkender Tendenz) und in den skandinavischen Ländern ist eine ähnlich hohe Rate wie in Frankreich zu konstatieren. In Deutschland liegt sie seit drei Jahrzehnten ziemlich konstant um die 1,4 Prozent. In der DDR lag sie höher, während sie nach 1990 in den neuen Ländern auf katastrophale Werte mit einer Null vor dem Komma sank. Das soll hier nur deshalb in Erinnerung gebracht werden, weil es ein ziemlich eindeutiger Indikator dafür ist, dass öffentliche Geburtenförderung sich positiv, unsichere gesellschaftliche Perspektiven hingegen negativ auf die Geburtenrate auswirken.

Jedenfalls wächst die Zahl der Franzosen. Den 834 000 Neugeborenen standen 2008 543 500 Sterbefälle gegenüber. Dazu kommt die Einwanderung. Dass eine wachsende Bevölkerung neben vielem anderen ein gewisses Vertrauen in die Zukunft und die Stabilität der Lebensverhältnisse verrät und auch ein Indikator, ein Faktor nationaler Bedeutung ist, war früher eine Binsenweisheit der Demographen wie der Politiker und Militärs. Die nationalsozialistische Bevölkerungspolitik bis hin zu »Lebensborn«-Aktivitäten war nur der ins machtpolitisch Extreme vorangetriebene Ausdruck dieses Wissens, eng verschwistert mit der Politik der Extermination. Vor allem aus diesem Grunde stand aktive Bevölkerungspolitik in der Bundesrepublik in schlechtem, in rechtem Ruf. Kinder sind in einer demokratischen Gesellschaft Privatsache, der Staat möge sich da heraushalten, so der Konsens über die Parteigrenzen hinweg. Und da in entwickelten industriellen Gesellschaften Kinderreichtum fast immer Elternarmut anzeigt, stagnierte, stagniert die Geburtenrate bei 1,5 Prozent, ohne dass das jemand als Katastrophe angesehen hätte. Weniger Deutsche, na und?

Es ist noch keine zehn Jahre her, dass demographische Fragen auf einmal ins Zentrum der öffentlichen Diskussion rückten, vor allem wegen der Folgen der sich verändernden Alterspyramide für die jüngeren Generationen: immer weniger Jüngere sollen für immer mehr Ältere Renten und Rollstühle zahlen, hieß es nun. Jetzt erst schaute man, wie

176

es denn die anderen machen, die Franzosen zum Beispiel mit ihrer viel höheren Geburtenrate. Man entdeckte überrascht das Mutterkreuz ausgerechnet am Hals der frivolen Französin, dieser notorischen Rabenmutter.

Rabenmutter auch deshalb, weil sie Kinder zeugte, aber auch arbeiten wollte, als ließe sich das ohne Schaden fürs Kind vereinen. Frankreich hat nicht nur die höchste Geburtenrate, sondern auch die höchste Frauenerwerbsquote (so hübsch nennen das die Statistiker) in Europa. Man kann gegenwärtig von 62 Prozent der Frauen im erwerbsfähigen Alter ausgehen. 1955 waren es 39 Prozent, 1962 immer noch 39 Prozent, aber dann kam in den siebziger Jahren der Anstieg auf 48 Prozent, 1990 auf 59 Prozent und die Tendenz ist weiter steigend. Kurz: es ist normal geworden, dass eine französische Frau, Mutter oder nicht, arbeiten geht, ein eigenes Einkommen und damit auch materiell eine kleine eigene Freiheit hat. Wäre die Arbeitslosigkeit nicht und würden die Frauen besser bezahlt, dann könnte man davon ausgehen, daß 80 Prozent der französischen Frauen arbeiteten.

Ein schlechtes Gewissen haben sie dabei selten, denn viele Untersuchungen zeigen, dass die Kinder in der Schule mehr Erfolg haben, wenn auch die Mütter arbeiten. Natürlich muss man mit solchen Zahlen vorsichtig sein. Schulerfolg ist nicht alles. Und außerdem haben berufstätige Mütter häufig ein höheres Bildungsniveau als die nicht berufstätigen, die es meist deshalb sind, weil sie keine Arbeit finden. Aber dennoch: Es ist einfach normal, die Kinder frühzeitig öffentlicher Betreuung zu überlassen. Die »Ecole maternelle«, eine quasi-obligatorische Vorschule für die Altersstufe zwischen drei und sechs Jahren, wird im Prinzip von allen Kindern besucht. Wenn man Franzosen erzählt, so etwas gäbe es in Deutschland nicht, schauen sie ungläubig und fragen: wie kann denn das gehen? Wenn ich dann davon erzähle, wie viel Zeit meines Lebens ich in Deutschland damit verbracht habe, mir verschiedene Kindergärten anzusehen, unsere Kinder auf Wartelisten schreiben zu lassen, private Kindergruppen mitzugründen, dafür Räume und Personal zu suchen, bei langen Elternabenden auf Kinderstühlen sitzend über Erziehungskonzepte zu diskutieren, kinderfreundliches Essen zu kochen und auf dem Hollandrad in die Kindergruppe zu fahren, amüsieren sich meine französischen Zuhörer und bekommen den Gesichtsausdruck, den Obelix hat, wenn er sagt: »Die spinnen, die Römer.« Wäre ich ganz ehrlich, dann müsste ich wohl zugeben, dass für meine Leiden an der deutschen Kinderbetreuung zwar in erster Linie der schlechte Zustand des westdeutschen Kindergartensystems verantwortlich war, ein bisschen aber auch unsere Ideologie, die grün-mittelständischer Eltern, die Angst hatten, der geliebte Nachwuchs könne durch rigide öffentliche Früherziehung um die Kindheit, die Freiheit und die Kreativität gebracht werden. Aber ganz ehrlich will ich hier nicht sein. Übrigens gibt es solche Initiativen, meist irgendwie in Zusammenhang mit Steiner-Kindergärten, auch in Frankreich. Man kann sicher sein, unter den Kindern einen hohen Anteil von ausländischen Kindern eher wohlhabender Eltern mit besorgten Müttern eher höheren Alters zu finden.

Aber die öffentlichen Betreuungsangebote fangen nicht erst mit der École maternelle an. Es gibt in Frankreich knapp 300 000 Krippenplätze. Das sind noch nicht genug, aber nach meinen Erfahrungen in französischen Großstädten findet jede Mutter, die sich rechtzeitig darum kümmert, einen erreichbaren öffentlich geförderten Krippenplatz.

Und nach der Maternelle beginnt die obligatorische Ganztagsschule. Ganztagsschulen hatten in der Bundesrepublik des letzten Jahrhunderts einen schlechten Ruf und deshalb konnten sich die Länder leicht erlauben, keine einzurichten und die Kosten dafür zu sparen. Hier hat offenbar der Schock der Pisa-Studie zumindest das Denken verändert, wenn auch einstweilen kaum die Wirklichkeit. Dass die Vorstellung, optimale kindliche Entwicklung sei gewährleistet, wenn eine gebildete Mutter, die ihre vielversprechende Karriere dem Gatten und den eineinhalb Kindern zuliebe aufgegeben hat, mittags den heimkehrenden Schülern liebevoll ein gesundes Essen bereitet, um dann die Verfertigung der Hausaufgaben zu unterstützen und ihre Lieben anschließend zur Geigenstunde zu fahren, nur noch der Wirklichkeit sehr weniger Familien entspricht, ist kaum mehr zu leugnen. Schon wegen der Tatsache, dass die meisten Schüler nach Hause kommen, Schokoriegel mit Cola runterspülen, sich vor die Videokonsole setzen und die Schule vergessen, wenn sie nicht gerade elektronisch üben, wie sie die Mitschüler und die Lehrer abschießen können. Sicher, dazu kommt es nur selten, aber das Verhalten ruiniert doch die deutschen Pisa-Statistiken und besorgt deshalb die Bildungspolitiker. Und wenn man, wie in Frankreich, die Ganztagsschule einführte, obgleich es dem Wesen des Kindes nicht entspricht? Aber das kostet. Selbst Kantinen müsste man einführen. Oder doch nur Automaten mit Schokoriegeln und einer reichen Auswahl an Cola light und anderen Red Bulls?

Jedenfalls nicht für alle. Wegen der Wahlfreiheit. Und wegen der privaten Geigenstunden am Nachmittag.

Es ist in Frankreich für die Mütter, alleinerziehend oder nicht, sehr viel leichter als in Deutschland, Beruf und Kindererziehung zu verbinden. Eine hohe Frauenerwerbsquote führt eben nicht automatisch zu einer niedrigen Geburtenrate, wie man gerne denken möchte, sondern das Gegenteil kann der Fall sein. Das zeigt sich übrigens nicht nur in Frankreich, sondern auch in den skandinavischen Ländern, wo ein hoher Prozentsatz der Frauen arbeitet und der Staat ihnen kräftig hilft. Er hilft in Frankreich übrigens auch, wenn die Mütter eine dreijährige Erziehungszeit nehmen. Während dieser Zeit beziehen sie seit einem Gesetz aus dem Jahr 2004 etwa 600 Euro monatlich an staatlicher Unterstützung. Wählen sie einen einjährigen Erziehungsurlaub, sind es sogar über 750 Euro. Dazu kommen nach Kinderzahl gestaffelte Steuervorteile, steuerliche Absetzbarkeit von Kindermädchen, früherer Eintritt ins Rentenalter bei ungeschmälerter Rentenhöhe und manches mehr.

Die deutsche Bevölkerungspolitik hat sich da unterdes einiges abzugucken versucht. Aber nach wie vor mangelt es an Mitteln. Vielmehr: mangelt es an der politischen Bereitschaft, hinreichende Mittel zur Verfügung zu stellen. 2001 gaben laut OECD die Deutschen 1,9 % des Bruttoinlandsprodukts für Kinder aus, die Franzosen 2,8 %. Aber es geht nicht nur um finanzielle Mittel, wenn nicht zugleich ein Mentalitätswandel stattfindet. Und der vollzieht sich nur langsam. Wie groß der Abstand zwischen den deutschen und den französischen Mentalitäten noch ist, hat in jüngerer Zeit eine Allensbach-Studie mit dem Titel »Einflussfaktoren auf die Geburtenrate – ein deutsch-französischer Vergleich« gezeigt: Während in Frankreich 80 Prozent der Bevölkerung davon überzeugt sind, in einem kinderfreundlichen Land zu leben, sind es in Deutschland nur 25 Prozent. So liegen die Kinderwünsche in Frankreich natürlich auch signifikant höher als auf der anderen Seite des Rheins. 62 Prozent der Französinnen, aber nur 22 Prozent der deutschen Frauen haben den Eindruck, dass sich Familie und Beruf alles in allem gut miteinander vereinbaren lassen. 64 Prozent von ihnen ist es sehr wichtig, berufstätig zu sein, was nur 49 Prozent der deutschen Frauen finden. Am augenfälligsten aber sind die Differenzen bei der Antwort auf die Frage, ab welchem Alter Kinder ohne weiteres in einer Krippe betreut werden können: 62 Prozent der französischen Frauen, aber nur 7 Prozent der deutschen Frauen halten es grundsätzlich für möglich, Kinder schon vor dem ersten Geburtstag in eine Betreuungseinrichtung zu geben.

Französische Frauen sind pragmatischer im Umgang mit den Kinderwünschen als die deutschen. Kinder zu gebären und aufzuziehen wird nicht an überhöhte Anforderungen gebunden, nicht »geheiligt« und nicht als Verzicht begriffen. Man zeugt halt Kinder, wenn die Lebenssituation einigermaßen stabil ist, wie die Menschen immer Kinder gezeugt haben, und freut sich an ihnen, wenn Anlass ist. Gegenüber der Situation vor 50 Jahren, als Simone de Beauvoir ihren Jahrhundertklassiker *Das andere Geschlecht* schrieb und davon ausging, in ihrer Zeit davon ausgehen musste, dass die Frauen die Gefängnistore ihrer unfreien Existenz nur öffnen können, wenn sie der Falle der Mutterschaft entkämen, ist das eine kopernikanische Wende.

Aus den genannten Fakten zu schließen, den Französinnen gehe es in Bezug auf Arbeit und Familie ja wirklich so, wie sie die Werbung zeigt, wäre freilich eine naive Illusion. Auch in Frankreich bekommen die Frauen für gleiche Arbeit im Durchschnitt 15 % weniger Lohn, sie sind überrepräsentiert unter den Arbeitslosen (60 %) und den Teilzeitkräften (80 %). Sie besorgen in den Familien immer noch zwei Drittel der Hausarbeit, bekommen die Hauptlast bei der Versorgung der älteren Generation aufgeschultert. Von Egalität kann keine Rede sein. Ganz zu schweigen, nein, nicht zu schweigen von den geschätzten zwei Millionen Frauen, die von ihren Partnern geschlagen werden. Oder von den Millionen immigrierter Frauen, mit französischer Staatsbürgerschaft oder nicht, die eingesperrt in Armut und religiösen Integrismus, in Zwangsheirat und Zwangsprostitution, versteckt hinter Schleier und Burka leben.

Dennoch sind für die Mehrheit der französischen Frauen Verbesserungserfahrungen evident, gerade weil sie sich innerhalb von kaum mehr als einer Generation vollzogen haben. Die Großmütter kannten es noch ganz anders. Bis in die sechziger Jahre konnte der Ehemann seiner Frau die Eröffnung eines eigenen Kontos verbieten, bis 1965 die Ausübung eines Berufs. Erst ab dem Gesetz von 1970 ist der Ehemann nicht mehr formelles Familienoberhaupt. Seit 1975 gilt der Ehebruch nicht mehr als strafbar und ist die einvernehmliche Scheidung ohne Schuldspruch möglich. Seit 1963 steigen die Scheidungsraten rasant, vor allem, weil die Scheidung für die Frauen nicht mehr automatisch mit dem Verlust ihrer sozialen Stellung verbunden ist. 1960 wurde eine von zehn Ehen geschieden, 1985 schon eine von dreien, Tendenz steigend. Eines von zwei Kindern wird heute außerehelich geboren, was nicht unbedingt bedeutet, dass es von einer alleinstehenden Mutter aufgezogen wird. Man lebt als Paar, ohne dass man sich noch unbedingt die Mühe machen würde zu heiraten. Patchworkfamilien sind, zumindest in den großen Städten, der Normalfall. Autofirmen werben unterdes für ihre Familienkutschen mit dem augenzwinkernden Hinweis darauf, dass hier Platz für die Kinder aus allen Ehen und allen Konkubinatsverhältnissen sei. Ein Land, wo ich als Jugendlicher mit meiner Freundin noch von Hotelportiers abgewiesen wurde, weil wir nicht den gleichen Nachnamen im Pass hatten, akzeptiert heute die »Konkubinatsbescheinigungen« beim Antrag auf Sozialwohnungen oder bei den Krankenkassen. Man kann heiraten oder »pacsen«, ein eheähnlicher juristischer Status, den auch Homosexuelle in Anspruch nehmen dürfen. Der Einfluss der katholischen Kirche vermag wenig dagegen in einem Land, in dem über mehr als ein Jahrhundert ein erbitterter Kulturkampf zwischen Kirche und Laizismus tobte.

Von allein ist das alles nicht gekommen, sondern es wurde von den Frauen erzwungen. Die Härte der Auseinandersetzungen lässt sich exemplarisch an den öffentlichen Diskussionen über das Abtreibungsverbot verfolgen. Bis in die siebziger Jahre standen darauf Gefängnisstrafen bis zu zwei Jahren für die Schwangeren, bis zu 10 Jahren für die Helfer. Der berühmt gewordene Aufruf »Wir haben abgetrieben« im *Nouvel Observateur* vom 5. April 1971, unterzeichnet von Frauen wie Simone de Beauvoir, Catherine Deneuve, Marguerite Duras, Jeanne Moreau, Françoise Sagan, trat eine leidenschaftliche öffentliche Debatte los, die mit dem Gesetz von 1979, das die Abtreibung in den ersten Schwangerschaftswochen legalisierte, noch lange nicht ihren Abschluss fand. Die Debatte ging weiter: Wie lange? Sollen die Kosten von der öffentlichen Krankenkasse übernommen werden?

Langfristig entscheidender noch für die sexuelle Befreiung der Frau dürfte die Durchsetzung der Empfängnisverhütung durch die »Pille« gewesen sein, die, wie es Edgar Morin formulierte, »einzige wirklich gute Neuigkeit der modernen Zeiten«. 1968 wollte sie die katholische Kirche mit der päpstlichen Enzyklika *Humanae Vitae* noch aufhalten, aber in den siebziger und achtziger Jahren hat sich diese Praxis der Empfängnisverhütung soweit generalisiert, ist sie so selbstverständlich geworden, dass sie, wenn ich es richtig sehe, aus der öffentlichen Diskussion weitgehend verschwand. An die Stelle sind Verfahren künstlicher Befruchtung, der Befruchtung in vitro, die Leihmütter und andere Praxen getreten, die die Frauen – um einen noch nicht abzusehenden Preis – noch unabhängiger von Mann und Familie machen.

Wir haben uns scheinbar entfernt von unserer Ausgangsfrage danach, warum die Französinnen notorisch als attraktiv gelten. Tatsächlich betreffen viele der genannten Entwicklungen ja nicht nur die französischen Frauen, sondern sie sind konstitutiv für die veränderten Lebensbedingungen der Frauen in den entwickelten europäischen und nordamerikanischen Gesellschaften. Viele – aber nicht alle, wenn man an das Beispiel des deutsch-französischen Vergleichs der Beschäftigungsquoten und der Geburtenraten denkt.

Wir waren ausgegangen von der Frage nach den Ursachen der Attraktivität der französischen Frauen, vorsichtiger formuliert: von der Frage, weshalb französische Frauen den Ruf haben, besonders attraktiv zu sein – und wir sind einstweilen angekommen bei den harten, statistisch verifizierbaren Fakten über ihre soziale Lage. Unseren eingangs zitierten Internet-Nutzer (»das kann ma nicht erklären«) dürfte das nicht überzeugt haben. Schließlich, so würde er wohl einwenden, gab es ja auch viele attraktive französische Frauen, als sie ohne Einwilligung ihrer Ehemänner kein eigenes Bankkonto einrichten durften. Darin hätte er nicht unrecht. Unrecht hätte er freilich, wenn er glauben würde, dass »weiche«, komplexe Phänomene wie Attraktivität nichts zu tun hätten mit der Lage der Frau in der Gesellschaft. Stolz, Selbstbestimmung, Selbstbewusstsein kann man sehen, und aufrechter Gang sieht nun mal besser aus als gebückter, der gerade Blick besser als der niedergeschlagene. Nicht immer, sicher, aber doch. Was reizvoll erscheint, das ist nicht einfach Natur, sondern wird gesellschaftlich hergestellt, nicht nur vor dem Schminkspiegel und nicht nur im Auge des Betrachters.

Freilich sind es nicht allein die statistisch erfassbaren Daten, die zählen, sondern die Mentalitäten, in die sie sich einschreiben. Das Gebiet der Sexualität bietet da hübsche Beispiele. Gerade hier ist »die Französin« ja seit Jahrhunderten Projektionsfläche männlicher Wünsche und männlicher Ängste. Französinnen sind nun mal frivol. Basta. Die statistische Wirklichkeit gibt da eher Tucholsky recht, der bei den

dämonisierten Französinnen eher ein pragmatisches, erz-
bürgerliches Verhalten konstatiert als libertäre Unersätt-
lichkeit. Nach einer Umfrage der französischen Forschungs-
agentur zu Aids und Hepatitis aus dem Jahre 2007, an der
mehr als 12 000 Männer und Frauen befragt wurden, hatten die Frauen im Durchschnitt 4,4 Sexualpartner im Leben, die Männer 11,6. Ganz sicher freilich sind die Zahlen
nicht: Die Forscher mussten feststellen, dass viele Frauen
Partner vergessen hatten, zu denen sich keine Gefühlsbin-
dungen entwickelt hatten. Wenn er nichts war, wenn es
nichts war, dann war da eben auch nichts.

Die pragmatische, wenig von metaphysischen Schuld-
gefühlen angekränkelte Haltung, die sich hier zeigt, findet
sich wohl auch im Zusammenhang mit dem Ehebruch. Mögen auch einige der berühmtesten Ehebrecherinnen der
französischen Literatur entstammen – im banalen Durchschnitt der französischen Ehen sehen die Dinge anders aus.
3,8 % der Ehemänner und 2 % der Ehefrauen gaben an, im
letzten Jahr mehrere Sexualpartner gehabt zu haben. Die
entsprechenden Zahlen für die USA sind 3,9 % und 3,1 %.
Pamela Druckerman, Frankreichexpertin der *Los Angeles
Times*, konstatierte bei ähnlichen Zahlen freilich fundamen-
tale Unterschiede im Umgang mit dem Ehebruch. In den
USA werde die mit dem Ehebruch fast immer einhergehende Lüge als fundamentaler Vertrauensverlust empfunden und führe häufig zur spontanen Auflösung der Ehe. Die
Franzosen hingegen wüssten um die unauflösbare Spannung zwischen der Institution einerseits, dem Trieb andererseits, und würden kaum wegen der Kränkung durch außereheliche Verhältnisse allein das Zusammenleben in Frage

stellen. In Frankreich werde als Schonung toleriert, was in den USA als Lüge unverzeihlich sei. Auch in Frankreich geht es nicht ohne Schmerz ab, nicht ohne Leidenschaft, nicht ohne Verletzung, aber die sind in den romanisch-katholischen Ländern eben doch eingebettet in den Rahmen des Wissens um die ordnungsüberschreitende Kraft des Triebs, wie die Leidenschaft von Fiordiligi und Dorabella eingebettet sind in das Wissen des adeligen Don Alfonso wie der Dienerin Despina, dass es alle machen: »Così fan tutte.« Am Ende steht dort bekanntlich ein Loblied in C-Dur: Glücklich sei der Mensch, der alles nur von der besten Seite nimmt und trotz der Wechselfälle des Lebens, über die er lacht, die Ruhe bewahrt.

Die bekannteste Ehebruchaffäre der letzten Jahrzehnte, die Lewinsky-Affäre, die Bill Clinton beinahe das Präsidentenamt gekostet hätte, wäre jedenfalls in Frankreich oder Italien so nicht denkbar gewesen. Dass mächtige Männer schöne junge Frauen begehren, häufig auch bekommen, dass sie deshalb lügen und betrügen und dennoch einen geachteten Platz in der Geschichte einnehmen können, das weiß man seit König David. Oder spätestens seit Henri IV. Die Idee, ein Mann, der mit einer Praktikantin Sex habe und diese Beziehung abstreite, sei nicht geeignet für das Präsidentenamt, ist eine Idee des weißen amerikanischen Protestantismus, die im konkreten Falle nichts hervorgebracht hat als die öffentliche Beleidigung von Frau, Tochter und Geliebter zugleich, einen lächerlichen Untersuchungsausschuss mit zweifelhaften Moralaposteln, viel Papier, eine Schwächung des Landes und die unfreiwillig komische Äußerung Clintons, Oralverkehr sei ja schließlich kein Sexualverkehr. Ich kenne keinen Franzosen, der darüber nicht kräftig gelacht, keine Französin, die darüber nicht ein klein wenig die Locken geschüttelt hätte. Schließlich lernt man die Namen der Maitressen der großen französischen Könige schon in der Schule; schließlich wusste jeder, der es wissen wollte, dass Mitterrand eine außereheliche Tochter hatte; schließlich wusste man auch, dass sein Nachfolger gelegentlich seine Frau betrog, wenn auch nur ganz schnell, und schließlich gibt es viele Franzosen, die für keine Entscheidung Sarkozys so viel Verständnis haben wie für die, Carla Bruni zu heiraten.

Die prominenten Beispiele legen den Einwand nahe, der Pragmatismus in moralischen Fragen, die achselzuckende Toleranz gegenüber der Macht der Triebe gehe letztlich zu Lasten der Frauen, sei Resignation gegenüber männlicher Macht. Er verschlägt schon deshalb nicht so ganz, weil der Ehebruch ja keine exklusiv männliche Angelegenheit ist. Wichtiger scheint mir zu sein, dass dieser Pragmatismus eine fortschreitende weibliche Emanzipation der sexuellen Lust von der kirchlich wie gesellschaftlich sanktionierten Fortpflanzung anzeigt. Das wird nirgendwo so deutlich wie in der erotischen Inszenierung von Frauen, deren Alter oder Lebenssituation erkennen lässt, dass sie es nicht auf die primitiven Zwecke der Natur, also die Anlockung eines männlichen Partners zum Zwecke der Fortpflanzung, abgesehen haben. Dass sich ältere Frauen oder junge Mütter »noch so zurechtmachen«, gehört regelmäßig zu den Beobachtungen meiner deutschen Besucher. Das wird mit Bewunderung, häufig aber auch mit einem moralischen Unterton ausgesprochen, in dem ein »das tut man nicht« oder

»das ist peinlich« deutlich mitklingt. Ich kann mich noch daran erinnern, dass mir im ersten Semester meines Aufenthalts die jungen Mütter auffielen, die auf Stilettos hinter ihrem Kinderwagen trippelten, reizende Mütter und reizende Frauen zugleich. Ich erinnere mich auch an den spontanen Gedanken: »Gerade Mutter geworden und schon wieder auf der Piste. Könnte die nicht ein paar Monate Ruhe geben?« Das Erbe meines deutschen Herkunftsmilieus rumorte in mir: Junge Mütter, vielleicht sogar Mütter überhaupt sollten sich nicht erotisch inserieren.

Die Differenz zwischen dem überkommenen, wenn auch vielfältig renovierten deutschen Mutterbild und dem französischen lässt sich vorzüglich anhand der Werbeplakate studieren, die vor dem Muttertag die französischen Straßen säumen. Im Jahr 2009 warb eine Parfümeriekette mit einem Plakat, das überlebensgroß eine attraktive, langbeinige, schlanke, aber nicht dünne Frau in dezent verführerischer Pose zeigt, bekleidet mit schwarzen, halterlosen Strümpfen, einem kleinen, aber nicht zu kleinen, eher sportlichen schwarzen Slip, die Arme verdecken die nackten Brüste, in den Haaren stecken Lockenwickler und auf dem Bauch klebt das Schild »bébé à bord«, das man häufig auf der Windschutzscheibe von Autos mit Babysitz sieht. Dazu der Text, dass die Mutterschaft neu erfunden werden müsse. Das Plakat reflektierte augenzwinkernd etwas, was in Frankreich nicht als von vornherein unvereinbar erscheint, die Integration von Elementen der Mutterschaft, ja Schwangerschaft (»bébé à bord«) und von vestimentärer wie habitueller weiblicher Verführungskraft. Auch wenn diese Mutter die Lockenwickler entfernt hat, sieht sie nicht so aus wie ein zwanzigjähriges College-Blondchen aus einer amerikanischen Serie. Aber Frauen hören nicht auf, erotisch attraktiv zu sein und sein zu wollen, wenn sie Mütter geworden sind, so kann man die Botschaft hinter der Werbebotschaft lesen.

Sie hören auch als Großmutter nicht auf. Ich erinnere mich an die 62-jährige Bettnachbarin einer deutschen Freundin, die ich in einer französischen Klinik besuchte. Eine hübsche, charmante Dame, die den Besuch ihrer Enkel erwartete und dann, aber erst am Wochenende, den ihres Liebhabers, der in Paris arbeitete. Meine Freundin erzählte lachend: »Ich hab hier für die Klinik bewusst eher baumwollne Unterwäsche eingepackt. So wie ich es in Deutschland gemacht hätte. Man will ja nicht, dass die hier was Falsches denken, wenn sie mich in Unterwäsche sehen. Die Großmutter nebenan trägt Spitzenstrings, obgleich nur die Enkel kommen und das Personal. ›In der Klinik kann man immer mal überraschend untersucht werden. Da ist es doch wichtig, dass man hübsch angezogen ist‹, hat sie gesagt.«

Michèlle, eine französische Freundin im Pensionsalter, kann stundenlang amüsiert von ihrer Mutter erzählen, die unterdes im Alter von über 90 Jahren im Heim lebt, aber die koketten Spiele ihrer Jugend nicht vergessen hat, sondern den Männern die grauen Köpfe nach allen Regeln der Kunst verdreht. Interessant ist dabei nicht die Banalität, dass auch alte Menschen sexuelle Bedürfnisse haben und leben. Das weiß auch das Personal in deutschen Altersheimen. Aber hier gilt es zumeist als unfreiwillig komisch, als ein Verhalten, das sich in diesem Alter nicht gehört.

Jedenfalls kann man sich beim Vergleich weiblicher Inszenierung in Deutschland und im weißen angloamerikanischen Raum einerseits, in Frankreich andererseits dem Eindruck kaum entziehen, dass die amerikanischen, englischen und deutschen Frauen einer als Geschmacksurteil getarnten moralischen Entsexualisierung unterliegen, die in Frankreich weit weniger repressiv ist. Das sorgfältig aufgetragene Rouge auf den schmal gewordenen Lippen, die dezente Schminke über den Falten gilt dort nicht als unangemessen, sondern als Zeichen, dass man auf sich achtet und beachtet werden will.

Der Eindruck lässt sich objektivieren: Nur 15 Prozent der Französinnen zwischen 50 und 59 Jahren und 27 Prozent derer zwischen 60 und 69 gaben bei einer neueren Umfrage an, im vergangenen Jahr keinerlei sexuelle Beziehung gehabt zu haben. In England sind es 34 bzw. 54 %, Zahlen, die bei aller Fragwürdigkeit statistischer Erhebungen doch deutlich auf fundamental verschiedene Haltungen verweisen. Unter dem Diktat der Eheschließung oder der Versorgung stehen diese Liebesbeziehungen nicht mehr. Sie wollen auch zumeist nicht mehr auf einen gemeinsamen Hausstand hinaus. Und dennoch spricht man von solchen Beziehungen nicht in dem gleichen Ton, in dem meine Mutter den Ausdruck »Onkelehe« aussprach, wenn sie über ältere Paare sprach, die aus Gründen des Rentenrechts nicht heirateten. Im Gegenteil: Die meist sehr sichtbare Wohltat einer frischen Liebe jenseits von Mutterschaft und Menopause wird eher beneidet als verurteilt.

Nirgendwo werden gegenwärtig die unterschiedlichen Bilder der Frau in der deutschen und in der französischen Gesellschaft so deutlich wie beim Blick aufs Gruppenfoto der jeweiligen Kabinette. In beiden sind unterdes, wenn auch nicht paritätisch, Frauen prominent vertreten, das deutsche bekommt seine Richtlinien sogar von einer Frau. Den vestimentären Stil dominieren auf der deutschen Seite freilich die Anzüge der Männer, indirekt auch bei den Frauen. Sicher, die Kanzlerin trägt Absatz, aber sehr gemäßigt, volksparteilich sozusagen, ansonsten aber die ewig gleiche Hose/Blazer/Shirt-Kombi, in wechselnden Farben, selbst ein gedecktes Rosa ist kein Tabu. Konservativer Zuschnitt mit farbigen Tupfern. Nein, es soll nicht geleugnet werden, dass man eine Frau ist, aber es soll auch kein Aufhebens davon gemacht werden. Die Kanzlerin strahlt das »es geht hier nicht um Kleidung, es geht um die Sache« geradezu demonstrativ aus. Niemand kommt auf den Verdacht, sie beschäftige sich morgens so intensiv mit dem Auftragen der Feuchtigkeitscreme, dass darüber Staatsangelegenheiten in Verzug gerieten, niemand hat sie im Verdacht, sie läse Modezeitschriften mit der gleichen Aufmerksamkeit wie Parteitagsreden. Man geniert sich mit einem großen Teil der seriösen Presse, über das Aussehen von Frau Merkel überhaupt zu schreiben. Politiker beurteilt man schließlich auch nicht nach ihrem Aussehen, nicht wahr? Da, wo es um Macht geht, hat die Schönheit, haben Geschlechtsunterschiede zurückzustehen. So wollen es die deutschen Politikerinnen, so wollen es ihre PR-Berater, so wollen es offenbar auch die Wähler. Frauen, die (zu) gut aussehen und das auch zeigen wollen, setzen sich dem Verdacht aus, unseriös zu sein.

Diese Sicht scheint offenbar im Bereich des großen Geldes noch strikter zu sein. Die Uniformierung nach männlichen Modellen ist im Bereich der höheren weiblichen Bankangestellten nicht nur die Regel, sondern offenbar ungeschriebenes Gesetz. Weiße oder blauweiße Bluse, blaues Kostüm, tulpenformiger Rock bis über das Knie, halbhohe Schuhe, viel mehr geht nicht. Am Frankfurter Opernplatz, in der Londoner City oder im Geschäftsviertel Canary Wharf muss Weiblichkeit versteckt werden, um dem Verdacht zu entgehen, man habe noch andere Ziele als das heilige der Geldvermehrung.

Und wenn denn doch einmal Attribute von Weiblichkeit ansatzweise in Szene gesetzt werden, wie es Angela Merkel mit dem V-Ausschnitt des Kleides tat, das sie in der Osloer Oper trug, dann räuspert sich die Nation, obgleich der Ausschnitt der Kanzlerin der Offenherzigkeit weit nachstand, die in vorigen Jahrhunderten mächtigen Frauen bei feierlichen Gelegenheiten an- und zustand. Die CDU-Politikerin Vera Lengsfeld, im besten Alter von Frauen in der Politik, die mit Frau Merkel nicht nur die politischen Überzeugungen teilt, sondern offenbar auch die Statur und den Friseur, ließ sich im gleichen Kleid mit gleichem V-Ausschnitt fotografieren und zusammen mit der Kanzlerin auf ein CDU-Wahlplakat für die Bundestagswahl 2009 setzen, untertitelt mit der Parole: »Wir haben mehr zu bieten.« Das Plakat wurde von den Christdemokraten zurückgezogen. Es ist schwierig, unverschämt zu sein, wo man es nicht geübt hat.

Wie anders das Familienfoto des ersten Kabinetts Sarkozy. Schon weil fast alle Ministerinnen (wie übrigens die meist joggenden Minister) schlank sind. Aber das hatten wir schon. Sicher, Michèle Alliot-Marie, die Innenministerin, fiele auch im Kabinett Merkel nicht auf, so wenig wie die Gesundheits-, Jugend- und Sportministerin Bachelot-Narquin. Die Eleganz von Christine Lagarde, der Wirtschafts- und Finanzministerin, unterscheidet sich nur graduell von der hanseatisch-adeligen der ehemaligen deutschen Familien-, jetzt Arbeitsministerin. Aber die Justizministerin Rachida Dati, algerischer Herkunft, und die junge, aus dem Senegal stammende Staatssekretärin Rama Yade sehen viel zu gut aus, um in Deutschland als seriöse Politikerinnen durchzugehen. Die französische Illustriertenpresse schätzt sie zumindest als Cover-Girls, kann sie doch nicht immer nur Carla Bruni, die Frau des Präsidenten, auf die Titelseite setzen. Rachida Dati stöckelte fünf Tage nach ihrer Niederkunft mit dem Kind eines unbekannten Vaters auf sehr hohen, sehr spitzen schwarzen Stilettos über das Pflaster des Elysée-Palastes zur Kabinettssitzung, angetan mit einem schwarzen Rollkragenpullover unter einem schwarzen, stark taillierten Dior-Kostüm, dezent mit Leopardenfell gefüttert. Ansonsten schwarz von den Haaren über die Augen bis zu den schwarz lackierten Fingernägeln. Sogar die Aktenmappe war schwarz mit goldenem Aufdruck, der farblich wiederum zu den Ohrringen einer Größe passte, auf denen Papageien hätten schaukeln können. (Wir kommen später auf die Diskussion zurück, die diese mutwillige Verkürzung des Mutterschutzes in Frankreich nach sich gezogen hat.) In Deutschland, in Großbritannien und in den USA hätte sich die junge Mutter spätestens mit diesem Aufzug die Karriere ruiniert. Dabei ist er das Beste an ihr, politisch gesehen. Angesprochen auf ihre Vorliebe für die bekanntlich nicht ganz billige Kleidung aus dem Hause Dior antwortete die Ministerin: »Ich habe es verdient.« Auch das hätte in Deutschland nicht eben der Karriere genützt – wegen der demonstrativen Unverschämtheit, wegen der Nähe zu einem Werbeslogan der Firma l'Oréal, aber eben auch, weil es in Deutschland keinen Modeschöpfer als nationale Institution gibt wie Dior in und für Frankreich.

Natürlich ist der Stil der Ministerinnen nicht einfach nur ein Ergebnis individueller Geschmacksentscheidungen. Ihrer Auswahl durch den Präsidenten, vorbei an den klassischen Eliten aus der angesehensten staatlichen Verwaltungshochschule ENA, ihre Herkunft aus Nord- und Schwarzafrika, ihr den gegenwärtig gültigen Schönheitsvorstellungen aufs Reizendste entsprechendes Aussehen sind auf ihren politischen Effekt hin kalkuliert. Ebenso verhält es sich natürlich mit ihrer Kleidung. Aber gerade deshalb ist ihre Inszenierung von Weiblichkeit interessant, denn sie zeigt eben an, welche dieser Inszenierungen in Frankreich selbst im Bereich der Macht möglich sind bzw. erwartet werden, und dies nicht nur vonseiten der männlichen Wähler. Übrigens gilt das Gesagte nicht allein für die Politikerinnen der gegenwärtigen konservativen Mehrheit. Auch der Habitus von Ségolène Royal, der Ex-Präsidentschaftskandidatin der Sozialistischen Partei, unterscheidet sich signifikant vom Stil der erfolgreichen SPD-Politikerinnen. Die Möglichkeiten französischer Frauen in der Politik, sich als begehrenswerte Frauen zu inszenieren, sind zweifellos höher als in Deutschland oder den anglo-amerikanischen Ländern. Schon möglich, dass das bisweilen auch als Zwang empfunden wird. Jedenfalls sieht es nicht danach aus.

Daraus den Schluss zu ziehen, die französischen Frauen hätten es leichter in der Politik, wäre freilich nicht nur problematisch, sondern schlicht falsch. Man sprach in Analogie zur »exception culturelle française« von der »exception politique« in Bezug auf die Rolle der Frauen in der französischen Politik. Tatsächlich waren sie dort lange eine exotische Ausnahme: Die erste französische Ministerin überhaupt, Germaine Poinso-Chapuis, scheiterte 1948 nach wenigen Monaten. Erst 1957 kam mit der Unterstaatssekretärin Jacqueline Thome-Patenôtre eine zweite Frau für kurze Zeit in die Regierung. Zwischen 1958 und 1978 lag der Anteil der Frauen an den Abgeordneten der Nationalversammlung unter 2 Prozent. In Worten: zwei Prozent. Der leichte Anstieg, der dann folgt, ging hauptsächlich auf weibliche Abgeordnete der Kommunistischen Partei zurück. Noch im Jahr 2000 lag die französische Assemblée Nationale mit einem Anteil von 10,9 % Frauen auf dem vorletzten Platz aller Parlamente der Europäischen Union.

De Gaulle hat in den elf Jahren seiner Präsidentschaft gerade eben zwei Frauen in seine diversen Regierungen berufen und die auf Unterstaatssekretärsposten in den »klassischen« Frauenbereichen Erziehung und Soziales. Das erste Kabinett Chirac unter der Präsidentschaft Giscard d'Estaings wies zwar sechs Frauen auf, aber alle in untergeordneten Positionen mit Ausnahme von Simone Veil, der Gesundheitsministerin. Ihren mutigen Gesetzentwurf zur Abtreibungsreform hat sie vor einem Parlament verteidigt, in dem die Frauen eine verschwindende Minderheit bildeten. In der politischen Erinnerung der meisten Franzosen ist sie die erste Frau in der französischen Politik überhaupt.

In den sozialistischen Regierungen seit 1981 machten sich das veränderte gesellschaftliche Klima und der wachsende Einfluss des Feminismus dann auch in der Zahl der Minister-posten bemerkbar. Es waren niemals weniger als sechs (pro-portional waren 13 bis 16 Prozent der Kabinettsmitglieder weiblich). 1991 berief Mitterrand Édith Cresson zur ersten Premierministerin der französischen Geschichte, in einer Zeit großer wirtschaftlicher Schwierigkeiten und wachsen-der Unzufriedenheit mit der sozialistischen Präsidentschaft. Nach einem Jahr musste sie das Handtuch werfen, aber einige Frauen ihres Kabinetts, so Martine Aubry und Élisa-beth Guigou, spielen nach wie vor wichtige Rollen in der französischen Politik. Der Prozess des allmählichen Auf-stiegs von Frauen in politische Führungseliten ist nicht auf-zuhalten, aber er vollzieht sich langsam, vor allem in den lo-kalen Parteiapparaten, die in der Regel die Machtbasis einer Pariser Karriere bilden. Die meisten Frauen im Ministerrang nahmen ihren Weg über Elitehochschulen und wichtige Posten in der höheren Verwaltung, nicht über die »Ochsen-tour« in den Parteiapparaten, in den Städten und Regionen.

So war es ein überaus kluger Schachzug Sarkozys, in sei-nem ersten Kabinett nicht nur den Frauenanteil deutlich zu erhöhen, sondern ihnen auch wichtige Ministerien anzuver-trauen. Im Falle der Ministerinnen »mit Migrationshinter-grund«, wie man in korrektem, unübersetzbarem Deutsch wohl sagt, schlug er sogar mehrere Fliegen mit einer Frau, die zwei unterrepäsentierte Gruppen der französischen Gesellschaft prominent vorstellte. Kamen sie, wie Fadela Amara, Gründerin der Organisation »Ni putes ni soumises« (»Weder Huren noch Unterworfene«) aus der Frauenbewegung, so waren es sogar drei. Oder vier: Stand Amara doch lange Zeit den Sozialisten nahe. Wer wird sich Schlechtes dabei denken, dass gerade die Ministerinnen und Staatssekretärinnen aus ethnischen Minderheiten besonders gut aussahen? Wer will darin eine geschickte PR-Strategie sehen?

Die widersprüchliche Situation der heutigen französischen Frauen nicht nur in der Politik lässt sich gut anhand der schon erwähnten Niederkunft Rachida Datis erhellen:

Zunächst ist bemerkenswert, dass eine uneheliche Schwangerschaft mit einem unbekannten Vater für eine Frau kein Hindernis mehr ist, in höchste Staatsämter zu gelangen. Hier hat sich die Moral gelockert. Was früher nur Männern zustand, dürfen nun auch die Frauen. (Das gilt, nebenbei gesagt, auch für Verhältnisse mit jungen, schönen Männern, etwa für das Verhältnis des TV-Stars Bruno Gaccio mit der dreifachen Mutter Ségolène Royal.) Gefallen ist auch die Vorstellung der Unvereinbarkeit von anspruchsvollem Beruf und Mutterschaft. Was die Mehrheit der Französinnen sich selbst zubilligt, billigt sie auch ihren Ministerinnen zu. Ségolène Royal war übrigens die erste Ministerin, die – während ihrer Amtszeit als Umweltministerin der Regierung Bérégovoy – ein Kind zur Welt brachte. Das Bild der »guten Mutter« hat sich in wenigen Jahrzehnten enorm gewandelt, die männliche Kontrolle über dieses Bild hat sich, wo nicht verloren, doch gelockert. Simone de Beauvoirs Überzeugung, die Mutterschaft raube den Frauen ihre Identität, ist nicht mehr wahr. Dass Mütter nicht elegant und verführerisch erscheinen dürfen, war ohnehin nie eine verbreitete französische Auffassung. Freilich muss man sich fragen, ob und wo die Wahl, zugleich beruflich erfolgreich, Mutter und attraktive Frau sein zu wollen, in Zwang umschlägt, statt Ausdruck von Freiheit und Individualität zu sein. Ob Stilettos fünf Tage nach einem Kaiserschnitt das ideale Schuhwerk sind, darf in Frage gestellt werden. Und es darf nach dem Preis gefragt werden, den die demonstrativ gezeigte Leistungsbereitschaft der Superwoman die Gesellschaft insgesamt kostet. Der Weg vom Bild der schönen, eben niedergekommenen Ministerin auf dem Weg zur Kabinettssitzung kann leicht zum wirkungsvollen Plakat für die neoliberale These gelesen werden, dass es nur auf Leistungsbereitschaft ankomme, dann vermöge man auf den staatlichen Mutterschutz von 4 Monaten schon verzichten und trotzdem erfolgreich und schön sein, selbst wenn man aus einer Einwandererfamilie stammt. Elegante Kleidung kann vieles verdecken. Dafür wird sie schließlich gemacht. Aber man muss schon sehr moralisch durchsäuert sein, um das als Argument für die Hose/Blazer/Shirt-Kombi zu nehmen.

Wer diesem – zugegeben sehr kursorischen – Überblick über die Lebenssituation und die Lebenseinstellungen der französischen Frauen heute gefolgt ist, wird heimlich einwenden, er habe es so genau gar nicht wissen wollen, aber es fehle ihm hingegen immer noch eine klare Antwort auf die klare Frage, warum denn alle Welt die Französinnen für besonders attraktiv halte. Und da dies ein Essay ist, sei sie denn hier versucht, die klare Antwort auf ein hochkomplexes Phänomen:

1. Deutsche Frauen neigen dazu, Attraktivität und Begehren entweder als unmoralisch zu verdammen oder zu-

mindest in Privatbereiche einzuhegen, aus dem Alter, der Mutterschaft, dem Beruf auszuklammern, wo sie als unnatürlich gelten. Wo nicht, wird es geleugnet oder als Durchbruch einer Himmelsmacht gelebt. Französische Frauen akzeptieren das Begehren, sind insofern »natürlicher«, begreifen es aber nicht als natürlich, sondern als bearbeitungsbedürftig. So gesehen, ist ihr Umgang mit dem Begehren zugleich natürlicher und zivilisierter. Arbeit am Begehren. Arbeit und Spiel. Wenn sie unmoralischer sind als ihre deutschen Schwestern, dann eben nicht in dem Sinne der oben zitierten Kasinosprüche, nicht im Sinne der Kokotte, der Ehebrecherin, gar der Hure. Sie sind unmoralischer in dem Sinne, dass die Existenz des Begehrens, des Triebes, der Lust innerhalb der Ehe wie außerhalb, vor der Menopause und danach, bei Mann und beim Weib lustvoller Lebensbestandteil sein können. Sie sehen sie nicht als Sünde und nicht als Pflicht, sondern als Natur, die spielerisch zivilisiert werden will. Französinnen glauben nicht an die Entsexualisierung, weder die im Alter noch die in der Sauna oder am FKK-Strand. Und sie wollen sie auch nicht. Wohl deswegen gibt es in Frankreich außerhalb des Bordellbereichs kaum gemischte Saunen, und die FKK-Strände werden im Wesentlichen von Touristen besucht, die glauben, »es sei ja nichts dabei«. Das finden Französinnen naiv, und wäre es anders, dann wäre es ihr Albtraum.

Die Akzeptanz des Begehrens führt aber nun keineswegs zur allgemeinen Enthemmung, wie sich das deutsche Männerphantasie gerne vorstellt, sondern sie wird pragmatisch und maßvoll eingebunden ins Soziale, ins Soziale der Ehe, der Lebenspartnerschaft, ins Soziale der öffentlichen Kinderbetreuung. Französinnen haben seit Jahrhunderten gelernt, das unabschaffbar Natürliche, das Lustvolle mit dem Gesellschaftlichen zu vermitteln. Die Exzesse keuscher Askese, stiller Zurückgezogenheit sind – aufs Ganze gesehen – ebenso fern wie die ins Ordinäre abgleitende vestimentäre und habituelle Enthemmung.

So wird auch die Mutterschaft leichter akzeptiert und in ihren lustvollen Aspekten bejaht, zugleich aber pragmatisch verbunden mit der Forderung nach sozialen Rechten und der Bereitschaft, die Erziehung der Kinder ohne schlechtes Gewissen öffentlicher Erziehung zu überlassen. Selbst die Geschichte des französischen Feminismus weist, insgesamt gesehen, diese Tendenz zur Vermittlung auf, nicht die zum Extremismus: Nach der Generation Simone de Beauvoirs, der es auf die Gleichstellung mit dem Mann ankommen musste, bis hin auf den Verzicht auf die Mutterschaft, kam die »differentialistische« Generation der Cixous, Irigaray oder Fouqué, die den Akzent auf die Andersartigkeit der weiblichen Erfahrung legte und ihre Respektierung einklagte. Die Mehrheit der Französinnen hat – bewusst oder spontan – von beiden Positionen genommen, was plausibel, nützlich und durchsetzbar erschien. Die Phantasie von der Pistole, die in die männliche Unterhose feuert, entstand in den USA, nicht in Frankreich.

2. Mir scheint, dass gerade der Blick auf die Unterschiede zwischen dem französischen Feminismus einerseits, dem deutschen und amerikanischen andererseits uns einen bisher unerwähnten Begriff zuspielt, der mir zentral zu sein scheint für das Erfassen des »gewissen Etwas« der französischen Frauen, den Begriff der Verführung. Die meisten

feministischen Bewegungen und insgesamt die meisten Frauen in Ländern, in denen die protestantische Moral dominiert, stehen der Verführung ablehnend gegenüber. Schon die Vorsilbe »ver-« indiziert im Deutschen fast immer etwas Negatives, moralisch Verwerfliches. Und muss nicht eine Frau, die auf ihre Verführungskraft setzt, notwendig auf ihre politischen Ansprüche, auf ihre Rechte, auf ihre Autonomie verzichten? Die französischen Frauen haben das nie geglaubt. Man schaue sich nur Fotos von der bildschönen, sich mit einfachen Mitteln in Szene setzenden Simone de Beauvoir an und vergleiche sie mit Bildern von Alice Schwarzer im gleichen Alter. Der Hinweis ist nicht hämisch gemeint: Alice Schwarzer ist eine kluge Frau mit vielen Meriten. Sie ist auch nicht per se weniger schön als Simone de Beauvoir. Aber sie inszeniert sich anders, macht deutlich, dass es ihr auf die Verführungskraft im weitesten Sinne nicht ankommt, ja, dass der Rückgriff auf Verführungskraft der Sache der Frau abträglich sei. Simone de Beauvoir ist beileibe nicht das einzige Beispiel: Man nehme nur das von Coco Chanel, einer Frau, die so frei war, wie man zu ihrer Zeit in Frankreich nur sein konnte, die die Frauen von Korsetts und anderen Zwängen der Mode befreite, aber nicht, um ihre Schönheit zu verstecken, sondern um sie zu zeigen, besser zu zeigen als vormals.

Dass Verführung eine Form der Machtausübung ist, wissen wir nicht erst seit Max Weber, der die Verführungskraft als Hauptmerkmal des charismatischen Charakters definiert, als Strategie, andere für seine Ziele zu vereinnahmen. Schon Ovid entwickelte in seiner *Ars amatoria* einen Katalog von kommunikativen Strategien der Verführung. Übrigens wurde er deshalb aus Rom verbannt, nicht wegen der Ratschläge für gelungene sexuelle Begegnungen, die das Buch auch enthielt. Emilia Galotti, die mutig der fürstlichen Gewalt zu widerstehen vermochte, wie es die Moral ihrer Eltern wollte, vermochte sich doch nicht ganz der fürstlichen Verführungskraft zu entziehen, die so ungleich größer war als die ihres braven Bräutigams: »Verführung ist die wahre Gewalt.« Die Macht der Verführung ist aber besonders ein Thema der französischen Literatur, nicht erst seit Laclos *Gefährliche Liebschaften*. In das Spiel mit der Verführung und der Verführungskraft schreiben sich die meisten der Verhaltensweisen ein, die als typisch für die französische Frau gelten, so meine These.

Freilich darf das nicht so verstanden werden, als sei jede Französin jederzeit darauf versessen, den nächstbesten Mann zu verführen. Gemeint ist, dass das Gefallen, die Weckung von Aufmerksamkeit und Begehren geübt wird und in den sozialen Habitus eingeht, in das gesamte Auftreten einer Person, ihren Lebensstil, die Sprache, die Kleidung und den Geschmack. Es geht nicht um eine einmalige Inszenierung, sondern um eine Haltung, die tief in die individuellen psychischen Strukturen und automatisierten Handlungsmuster eingesenkt ist. Es ist nicht von »Anmache« die Rede, sondern von einem Verhalten, das natürlich erscheint. Natürlich erscheint nicht das eben erst Eingelernte, sondern das seit Generationen beherrschte.

Verführung ist uns suspekt, sie ist uns unheimlich und dies nicht ohne Grund. Der charismatische Politiker verführt die Menschen, gegen ihre Interessen zu handeln; die Werbung verführt zum Kauf; der Libertin verführt die

Frauen, gegen ihre moralischen Auffassungen zu handeln. Die verführerische Frau (ver-)führt den Mann, wohin er nicht will. Dabei sollte doch die Vernunft das politische Urteil bestimmen, die Moral das sittliche Verhalten, und wenn es sich um die Liebe handelt, dann darf es außer Vernunft, Moral und Sittlichkeit vielleicht auch noch die Himmelsmacht der Liebe sein, die die Menschen zusammenbringt. Verführung hingegen arbeitet im Dunkeln, sie arbeitet mit den Schwächen der Menschen, sie wird stategisch eingesetzt ohne himmlischen Segen oder zumindest den der Vernunft. Verführung ist gegen Gottes Ordnung seit Adam und Eva, sie ist Teufelswerk wie die Verführung des armen Gretchens, sie führt in die Hölle und nicht nur im Falle Don Giovannis. Sie kann also männlich sein, sicher, aber sie war historisch denn doch eher weiblich. Das ist kaum verwunderlich, wenn die Frauen weder über direkte Gewalt noch über männlich definierte und kontrollierte Vernunft zu ihren Zielen gelangen können, sondern nur über den Umweg der Verführung des Mannes. Sicher bedeutet das allemal auch eine Anerkennung der männlichen Herrschaftsordnung, aber kann dann doch eben auch eine sehr effektive Durchsetzung der eigenen Interessen bedeuten. Oh ja, die Beispiele sind Legion. Französische Frauen mögen sich dieses Mittels, das ihnen seit Jahrhunderten zur Verfügung steht, nicht wegen einiger Rechte begeben, die es erst seit ein paar Jahrzehnten gibt. Den Vorwurf, sie putzten sich nur für die Männer auf und unterstellten sich ihnen damit, können sie augenzwinkernd verkraften.

So ist auch kaum zu vermuten, dass die Haltungen des Verführens und des Verführtwerdenwollens verschwinden, wenn einmal die völlige rechtliche und soziale Gleichstellung der Geschlechter erreicht sein wird. Dann verschwindet der Aspekt symbolischer Gewaltausübung, und die Verführung wird ganz und gar zum Spiel, zum Spiel von ganz Gleichen und ganz Ungleichen zugleich. Dieses ganz ernste Spiel bringt über Sprache, über Konversation, über Kunst, über Mode viel mehr hervor als nur ein kurzes Paarungsvorspiel. Auch die Französinnen, die von den USA fasziniert sind, lächeln über die Dating-Gewohnheiten der amerikanischen städtischen Mittelschicht à la *Sex and the city*. Man verabredet sich zum Essen, der Mann zahlt. Lässt sie sich ein zweites Mal einladen, gilt es als impliziter Vertragsverstoß, wenn sie nicht mit ins Bett geht. Bum. Markt und Vertrag anstelle des Spiels der Verführung: So neoliberal wird Frankreich wohl nie.

Übrigens hat Jean Baudrillard schon vor einigen Jahren (*De la séduction*) aus einer anderen Perspektive auf die zentrale Rolle der Verführung für die Existenz der Frauen, nicht nur der französischen, verwiesen. Für Baudrillard ist die Verführungskraft vor allem weiblich. Er stellt sie der funktionellen, »phallischen« Sexualität gegenüber, die vor allem männlich sei. Die fortschreitende Sexualisierung unserer Lebenswelten bedeute somit eine wachsende Dominanz des männlichen Prinzips. Aber auch der frontale politische Kampf um politische Teilhabe führe die Frauen auf ein männliches Terrain, zwinge ihnen männliche Strategien auf. Die Frauen sollten vielmehr im Bereich der Verführung bleiben, der für sich allein schon ein Bereich der Gegengewalt sei, wirksamer als alle politische Partizipation. Zum Glück haben ihm die Französinnen, wie sie es bei Männern gewöhnt sind, nur zur Hälfte geglaubt: Sie haben nicht ohne Erfolg für politische und soziale Gleichstellung gestritten, aber haben zugleich den angestammten Raum der Verführung nicht aufgegeben. Doppelt hält besser.

Fragt sich, woher der spezifische Habitus der französischen Frau denn kommt, der so selbstverständlich erscheint, als sei er angeboren. Die deutschen Frauen befanden sich ja gewiss nicht in einer besseren Lage und hätten ein bisschen Verführungsertrag durchaus brauchen können. Und der Protestantismus, so wichtig seine Rolle ist, kann es allein ja auch nicht gewesen sein. Der Real- wie der Diskursgeschichte der Frauen in Frankreich wie in Deutschland kann hier natürlich nicht nachgegangen werden. Immerhin sei ein Blick geworfen auf einen Artikel im *Damen Conversations Lexikon* aus dem Jahr 1835, das deshalb von besonderem Interesse ist, weil es als eines von wenigen ein Stichwort »Frankreich (Frauen)« enthält.

Folgen wir der Argumentation: Der anonyme Autor setzt zunächst die französischen Frauen mit der »Pariserin« gleich, meint damit aber nicht alle Pariserinnen, sondern die »Dame von Bildung und Erziehung«, also adelige und bürgerliche Hauptstädterinnen. Der Vorgang ist insofern bemerkenswert, als er eine tatsächliche Dominanz der Hauptstadt über die Regionen und eine Geschmacksdominanz der »guten Gesellschaft« konstatiert, Verhältnisse, die sich im zersplitterten Deutschland ganz anders darstellten. Im Folgenden wird dann »die« Französin »den germanischen Frauen« gegenübergestellt. Die Französinnen seien diesen germanischen Frauen an »Lebhaftigkeit des Geistes« und »Willenskraft« überlegen, die sich ihrerseits eher durch »Sanftmut, Zartheit und Nachgiebigkeit« auszeichne und »demuthsvoll« dulde. Das Reich der deutschen Frau seien »die Häuslichkeit«, die »Phantasie«, die Tugend, es liege »innen«, das der Französin sende »die Radien nach außen« in die Welt der »Salons«, in »Kunst, Philosophie«, sie glänze »durch Geist, Phantasie, Witz oder Laune«; »den Geschmack, die Grazie, die geistvolle Koketterie betrachtet sie als ihre Schuldigkeit«, jene Grazie, die »sie von der Wiege bis ins hohe Alter geleitet«. Die »häuslichen Tugenden« übe die Französin mit Gleichgültigkeit aus, »weil man mit ihnen nicht glänzen kann«. Hingegen: »Sie spricht viel, schwatzt liebenswürdig, versucht aber, schön zu sprechen und amüsant zu schwätzen.« Kurz: »Sie ist liebenswürdig, und die ganze Aufgabe ihres Lebens ist doch nur, liebenswürdig zu erscheinen.« Auch »Geschmack«, die Fähigkeit, »das Grelle zu dämpfen«, wird den Französinnen durchaus zugestanden. Kritik erfährt sie vor allem dort, wo ihre Sitten »frivol« werden und sie sich anmaßt, was »die Ehrbarkeit in Deutschland nie zuließ«. »Wir leben mehr nach Prinzipien als nach dem guten Tone; der gute Ton hat dort oft den Sieg über die Moral davongetragen.«

Wir halten hier ein, weil das Skizzierte das Gesamtbild erraten lässt: Die demütige deutsche Frau wird ins Haus verwiesen, wo sie sich schweigend, dem eigenen Triebe gehorchend, der Moral, den Prinzipien der Ehrbarkeit unterstellt. Und drinnen waltet die züchtige Hausfrau. Wenn es ihr nicht genügt, dann bleibt ihr ja noch das Reich der Phantasie. Die Französin hingegen drängt willensstark nach außen, zur schönen Rede in den Salons, in die kulturellen Bereiche, die ihr offenstehen, und indirekt, über die Männer, sogar in die Politik. Ihr Mittel dazu ist die Grazie, ist alles, was sie »liebeswürdig«, also begehrenswert erscheinen lässt, und daran zu arbeiten ist demzufolge ihre Lebensaufgabe.

Dieses holzschnittartige Bild ist tief eingesenkt in die jeweilige Kulturgeschichte Deutschlands und Frankreichs. Hinter der deutschen Hausfrau sieht man die bürgerlich-aufklärerische Moralkritik, ahnt man Kant und Schiller, hinter ihrer »Phantasie« ahnt man die populäre Romantik und die biedermeierlichen Idyllen Ludwig Richters; hinter der französischen Dame steht die Welt des Hofes und die der Pariser Salons, Lebensstile, die sich während der Zeit des Bürgerkönigs zunächst in der Bourgeoisie verbreiten und sich dann, so gut es eben ging, in den machtfernen Klassen und Schichten generalisieren.

Natürlich haben sich die Verhältnisse heute geändert, aber es ist vor diesem Hintergrund leicht zu begreifen, weshalb die Französinnen nicht nur mehr Übung darin haben, »liebeswürdig« zu erscheinen, sondern auch kein schlechtes Gewissen dabei und das »bis ins hohe Alter«. Man versteht auch, weshalb die deutschen Frauen immer noch größere Schwierigkeiten haben, »nach außen«, ins Berufsleben einzutreten. Die Zeiten, in denen das als Verstoß gegen das Wesen der Frau galt, liegen in Deutschland noch nicht fern und werfen mächtige Schatten. Spätestens dann, wenn die »züchtige Hausfrau« mit Halbtagsstelle »Mutter der Kinder« wird, setzen ihr die »Prinzipien« der Moral wieder zu. Die Arbeit an der eigenen »Liebeswürdigkeit« wird, wenn nicht gar ganz eingestellt, auf die Freizeit verschoben. Oder die moderne »germanische« Frau entscheidet sich für ihren

»Willen«, ihre Berufstätigkeit und verzichtet auf die Kinder. Auch höchst individuelle Entscheidungen sind tief eingelassen in langfristige kulturgeschichtliche Entwicklungen.

Der zitierte Artikel aus dem *Damen Conversations Lexikon* gibt übrigens direkte Hinweise auf den historischen Hintergrund der konstatierten habituellen Differenzen »germanischer« und französischer Frauen: »Das Beispiel wurde dort von den Thronen aus gegeben und die vornehme Welt ahmte dieß nach; in Deutschland wäre es […] nicht möglich gewesen.« Tatsächlich konstatieren Historiker wie Chaussinand-Nogaret seit dem 15. Jahrhundert eine Verweiblichung des französischen Hofes. Damit einher gehen neue Formen von Sozialität, neue Lebensstile. In das Männlich-Kriegerische kommen Kunst, feine Lebensart und Galanterie. Die Untersuchungen von Norbert Elias haben gezeigt, in welchem Maße die Konzentration des Adels bei Hofe in Frankreich einen Formalisierungs- und Zivilisierungsschub bewirkte, der wesentlich auf die Präsenz einer großen Zahl von Frauen zurückging, eine Entwicklung, die sich an den Hunderten von kleinen Höfen in Deutschland nicht auf gleiche Weise vollzog. Polygamie war am französischen Hof selbstverständlich und seit François I. institutionalisiert. Neben die Königin trat die maîtresse royale, Sinn- und Vorbild französischer Weiblichkeit, da dieses »Amt« an Jugend und Schönheit gebunden war. Die Kinder hingegen spielten bei Hofe kaum eine Rolle, sie wurden, von Thronfolger und der ältesten Tochter abgesehen, außerhalb von Ammen und Erziehern geformt. Sicher führt von diesen Verhältnissen keine direkte Spur zum Habitus heutiger französischer Verkäuferinnen, aber dennoch dürfte deutlich geworden sein, dass oben beschriebene Elemente des Habitus französischer Frauen heute wohl zu tun haben dürften mit der höfischen Tradition Frankreichs, die mit der Revolution nicht gestorben ist. Die egalitären Prinzipien der Revolution sind mit den früheren, höfischen, verschmolzen zu einer weiblichen Praxis, die nicht daran glauben mag, dass der Kampf um Gleichstellung den Verzicht auf den Versuch bedeute, liebenswürdig zu sein.

Sicher, die Gleichstellung in der Differenz, die volle Emanzipation der Frau ist auch in Frankreich nicht erreicht. Aber die radikalen »germanischen« Feministinnen täuschen sich ebenso wie die nicht minder germanischen Männer, die im Internet von den verfügbaren französischen Frauen phantasieren, wenn sie das Bemühen der französischen Frauen um Grazie, Stil und »Liebenswürdigkeit« als Zeichen symbolischer Unterwerfung deuten. Heine, der die deutschen Frauen kannte und dann 25 Jahre lang die französischen, hat die geradezu utopische Dimension befreiter und befreiender französischer Weiblichkeit gerühmt und gereimt. Die Jahrhunderte der Askese, der »dumme[n] Leiberquälerei« der jüdisch-christlichen Tradition, gefolgt von idealistischen Traditionen, die die Bedürfnisse des »Fleisches« verdammt und an die Moral verweist, sieht er unter dem Einfluss des Saint-Simonismus zu Ende gehen: »Gott ist alles, was da ist/Er ist in unsern Küssen.« Die Verheißung darauf sind ihm die Pariser Frauen. Es ist wenig bekannt, dass sein Gedicht »Nachtgedanken« mit den berühmten Anfangszeilen »Denk ich an Deutschland in der Nacht,/Dann bin ich um den Schlaf gebracht« sich keineswegs nur auf das politische

Deutschland bezieht, sondern auf den Gegensatz von Deutschland und Frankreich, gespiegelt im Gegensatz von Mutter und Geliebter. Und dass es endet mit den Zeilen: »Gottlob! durch meine Fenster bricht/Französisch heitres Tageslicht;/Es kommt mein Weib, schön wie der Morgen,/Und lächelt fort die deutschen Sorgen.«

Mode

Nein, man kann nicht sagen, dass die Pariser Mode in der Geschichte meiner Familie eine wichtige Rolle gespielt hätte. Was da zu erzählen wäre, bleibt mangels Masse ziemlich übersichtlich. Aber vielleicht deshalb ist es nicht ganz ohne Interesse.

Von meinem Großvater, der Schuster gelernt hatte und der es dann bis zum preußischen Bahnhofsvorsteher in Uniform brachte, ist folgende Geschichte überliefert, die meiner Tante Marie noch fünfzig Jahre später Spuren von Empörung in die Stimme trieb: Tante Marie wollte zu ihrer Hochzeit von ihrem Vater, meinem Großvater, Hochzeitsschuhe angefertigt bekommen. An den Kauf von konfektionierten Schuhen war aus Gründen der Sparsamkeit nicht zu denken. Nicht bei Opa Luis. Immerhin äußerte sie den Wunsch, zu dieser Gelegenheit Halbschuhe zu erhalten, die ersten ihres Lebens. Und sie hat nicht sehr früh geheiratet. Bis dahin hatte sie solides Schuhwerk von der Art tragen müssen, das mit der Zeit so aussah wie die berühmten Schuhe, die van Gogh gemalt hat. Das, was Heidegger an ihnen großartig fand, die Erd- und Arbeitsverwurzelung, das wollte sie an ihrem Hochzeitstag einmal nicht in den

Vordergrund gestellt sehen. Mein Großvater wird einen Moment lang versucht worden sein, den Capricen der Tochter zu folgen, weil er den Gewinn an Leder gewisslich kalkuliert hat. Aber dann siegten die Prinzipien: »Nee, Mecklenburger Feut (Füße) und Pariser Schuhwerk, das geht nicht zusammen.« Soll er gesagt haben. Jedenfalls habe ich die Geschichte dutzendfach bei Familienfeiern gehört. Mecklenburg, eine Region, mit der meine Tante nichts zu tun hatte, muss offenbar schon damals eine Metapher fürs Grobe gewesen sein. Jedenfalls gab es keine Diskussion. Opa Luis setzte sich vor seine Schusterkiste und fertigte auf einer Art dreifüßigem Eisenmodell die Hochzeitsschuhe, schwarz, die Sohle mit Holzstiften befestigt und das Ganze so solide, dass sie jahrelang ihren Dienst tun konnten, zunächst als Sonntags- und dann als Arbeitsschuhe.

Ganz sicher bürgen kann ich für die Geschichte des Dior-Tulpenrocks meiner Mutter.

Meine Mutter konnte schneidern, ziemlich gut sogar, was ich selbst freilich wenig genossen habe, weil ich in meiner Kindheit immer Selbstgeschneidertes tragen musste, demzufolge also den Normen meiner Altersgenossen nicht ganz entsprach und mich deshalb ungefähr so schämte wie heute ein Achtjähriger, der die falschen Sneakers trägt oder das falsche Handy hat. Jedenfalls kam meine Mutter eines Tages glücklich nach Hause und schwenkte in der Hand einen Schnittmusterbogen, damals Landkarten für die Frau, während mein Vater Atlanten studierte, um zu sehen, wie die Welt dort war, wo er niemals hinkommen würde. »Junge, ich hab hier einen Schnittmusterbogen, mit dem kann ich mir den Tulpenrock von Dior schneidern, ist das nicht toll?« Ich fand es auch sehr toll, nicht wegen Dior, der damals auf der Höhe seines Ruhms gewesen sein muss, dessen Namen ich aber natürlich nicht kannte (im Gegensatz zu denen der europäischen Hauptstädte), sondern wegen der Tulpen, die fortan den Rock meiner Mutter schmücken würden. So blieb die Enttäuschung nicht aus, als wir in die Stoffhandlung gingen, meine Mutter Ballen um Ballen prüfte, aber niemals einen mit Tulpenmuster – und dann schließlich ein schlichter, schwarzer Stoff entrollt, mit der gelben Holzelle vermessen und mit der Schere durchtrennt wurde. Durchtrennt, nicht geschnitten. Ich fand meine Mutter sehr schön im Tulpenrock von Dior, wohl, weil sie so glücklich aussah, wenn sie ihn trug. Viel schöner als ihre Freundinnen in den Plisseeröcken, die damals Mode waren. Allerdings ließ ich mir mit formalistischen Argumenten nicht ausreden, dass der Rock noch schöner wäre, wenn er ein Tulpenmuster trüge. Womit ich natürlich unrecht hatte.

Bei meinem ersten Parisbesuch als Student habe ich eine jeansartige blaue Hose erstanden, eng am Knie, um sich dann nach unten hin trichterförmig zu weiten. Das hatte ich vorher noch nie gesehen, das gefiel mir, und außerdem spekulierte ich vage auf das, was ein Herr Bourdieu, der damals vermutlich auch in Paris herumlief, in der Nähe des Panthéon, viel später und mit weltweitem Echo »Distiktionsgewinn« nennen würde. Jedenfalls kaufte ich die Hose und trug sie fortan in meiner mittelhessischen Universitätsstadt fast täglich, sorgfältig darauf achtend, dass die unvermeidlichen Waschperioden nicht in Zeiten öffentlicher Auftritte in Seminaren oder Kneipen fielen. Beim Kauf war ich mir sicher gewesen, dass mindestens für ein Semester niemand anderer in Marburg eine solche Hose tragen würde. Ich war damals ohnehin sehr sicher, dass die Geschichte mir recht geben würde. Was die Hose angeht, stimmte es. Ich wehrte mit feinem Lächeln (kam mir so vor) die Bemerkungen über meine »Zimmermannshose« (wegen der trichterförmigen Weitung des Hosenbeins), »Cowboyhose« (wegen des damals sehr ungewöhnlichen Jeansstoffes) oder ob meines »Elefantenfußes« (wegen der menschlichen Bosheit) souverän mit dem Hinweis auf den Pariser Ursprung meiner Beinkleider ab. Es dauerte wirklich mindestens ein Semester, bis die chicsten Geschäfte in der Oberstadt in moderater Form derlei Hosen anboten. Ich hatte mindestens ein Semester übersprungen. Selbst gegenüber den stadtnotorischen oberhessischen Fashion-Victims.

Wenn mich meine Kinder, die in Frankfurt leben, heute in Frankreich besuchen, sei es in Aix-en-Provence oder in Paris, dann spielt die Mode zwar immer noch eine Rolle, aber nicht mehr in der gleichen Weise. Mein Sohn trug über ein Jahrzehnt amerikanisches Streetwear (Jeans mit niedrigem Hosenboden, Kapuzenpullover unter Daunenweste, ein bestimmtes Nike-Modell als Schuh) und suchte nach günstigen Turnschuhen des amerikanischen Konzerns, die für den französischen Markt hergestellt und in Deutschland nicht zu erwerben waren. Nicht, dass er an Mode desinteressiert wäre. Das behaupten Männer gern, aber bei den jungen Männern stimmt es selten. Das kommt erst später, ungefähr dann, wenn sie sich auch nicht mehr für ihre Frauen interessieren, sondern für den Beruf, für den sie, als Rechteck mit Krawatte auf zwei Säulen, in die Striche gebügelt sind, der Mode den Rücken kehren – mit zwei Rückenschlitzen im Sakko oder nur einem. Modebewusst ist er schon, mein Sohn, aber sein imaginäres Schnittmuster kam aus den USA, von den Ghetto-Kids.

Meine Tochter kennt sich auch gut aus in der Modewelt, weiß im Zweifelsfalle sogar, dass Rot das neue Schwarz ist, die Taille wieder steigt, dass Anna Wintour bei der letzten Kollektion von Galliano für Dior die Sonnenbrille abgenommen und die linke Augenbraue gehoben haben soll oder dass die Tolle von Suzy Menkes bei der Herrenmodeschau von Alexander McQueen zustimmend gewippt hat. Das weiß sie aus Zeitschriften, denen früher die Schnittmusterbögen für die Tulpenröcke beilagen. Aber sie hat große Schwierigkeiten, in Frankreich ein Stück Mode zu finden, das zu Hause wenigstens für ein paar Wochen den gleichen Effekt machte wie meine Jeanshose mit den weit ausgestellten Beinen. »Gibt es in Frankfurt leider auch.« Wenn man ihr eine modische Freude machen wollte, konnte man über immerhin drei Jahre mit ihr zu »Colette« in der Pariser Rue Saint Honoré gehen, wo unterdes die Mütter für sich teuer das kaufen, was ihre Töchter bei H&M erworben haben und mit mehr Anstand tragen. »Concept-Store. War mal toll. Gibt es in Berlin jetzt aber auch.« Ich bin mit ihr durch die Rue Montaigne gegangen, im »Goldenen Dreieck« von Paris, wo die Modehäuser mit den großen Namen angesiedelt sind. Sie fand es stinklangweilig. Wahrscheinlich auch deshalb, weil sie wusste, ich würde ihr hier niemals etwas kaufen können. So wie sie sich nicht interessiert für die Schmuckgeschäfte an der Place Vendôme, die nur für arabische Ölprinzen oder osteuropäische Gaunerbanden offen sind. Aber nicht nur deshalb. Zu steif, zu exklusiv, zu sehr von gestern. »Aber wenn du eine Pressekarte für eine Modenschau hast, komme ich gerne.« Nicht, weil sie das tragen möchte, was da gezeigt wird. »Wo soll man denn so etwas tragen?« – ohne sich aus der Peer-Group auszugrenzen, ohne Neid zu erregen, ohne sich als eitel und selbstgefällig für den Beruf zu disqualifizieren. Nein, sie möchte die Show sehen, die Models, deren Namen sie (noch) kennt, oder Paul McCartney, Gwyneth Paltrow, Charlotte Rampling beim Defilé von Stella McCartney für Cloé. Oder Cathérine Deneuve bei YSL.

Vier Generationen einer Familie nur und doch vier deutsche Welten, bezogen auf Pariser Mode. Für meinen Großvater ging es wohl außer um die Sicherung seiner kleinen Ersparnisse, die er dann bei zwei Währungsreformen freudlos verloren hat, um die Eingewöhnung in soziale Differenzen. Deutsche Ländler sind keine Pariser Adeligen. Wer das übersieht, geht unter. Das wollte er seiner Tochter vermitteln. Nicht zu übersehen ist aber auch, dass bei derlei Erziehung die Lust am Schmuck, am Schönen, am Überflüssigen zugleich untergeht. Das war ihm nicht wichtig, das war ihm sogar recht. Meine Tante hat die Lektion gelernt und wurde eine Metzgersfrau mit 15-Stunden Tag, sehr wohlhäbig am Ende, ohne die geringste Idee, wie sie ihren kleinen Reichtum lustvoll verwenden sollte. Aber stark. Als ihre Schwiegertochter sie im Alter von 86 Jahren von ihrer angestammten Funktion an der Kasse der Metzgerei durch den Erwerb einer eletronischen Kasse sozialverträglich verdrängen wollte, hat sie innerhalb einer Woche intensiven Lernens verstanden, wie elektronische Kassen funktionieren, und stand dann in biblischem Alter wieder an ihrem alten Platz.

In Halbschuhen, aber ohne Absatz und sehr solide. Zur Zeit meines Großvaters lagen Welten zwischen den üppigen Tüllgebirgen, die Paul Poiret den vornehmeren Pariserinnen anmaß, und einem Hochzeitskleid aus der deutschen Provinz. Nicht einmal das schlichte schwarze Kleid, das Coco Chanel auf dem berühmten Foto von Man Ray 1935 trägt, hätte seine verheiratete Tochter anziehen dürfen, schon wegen des auffälligen Modeschmucks, der langen Perlenketten, des kecken Hütchens und, natürlich, der Zigarette im geschminkten Mund.

Meinem Großvater ging es um Abgrenzung von Pariser Träumen. Aber dass Frauenträume aus Paris und nicht aus Mecklenburg kommen, das wusste er. Bei meiner Mutter ging es dann um Teilhabe, wenn auch nur ein klein wenig und mit eigener Arbeit an der Nähmaschine. Modezeitschriften kamen zwar bei uns immer noch nicht ins Haus, aber man hatte doch Zugang zu »Brigitte« und »Constanze«. Jedenfalls war klar, dass für meine Mutter der berühmteste Pariser Schneider das Modell stellte. Mode war immer noch, mehr denn je, Paris. Für die Abgrenzung sorgte schon die Wirklichkeit, immer noch. Aber meine Mutter war eben eine Frau und mein Großvater ein Mann.

Der Kauf meiner Hose mit den trichterförmigen Beinen war das Nebenprodukt einer politischen Bildungsreise, die damals, ohne Autobahn, im R4, noch eine kleine Weltreise war. Die Pariser Welt und die einer kleinen hessischen Universitätsstadt waren räumlich und zeitlich noch ordentlich geschieden. Die Modelle kamen immer noch aus Paris, wenn nun auch mit amerikanischen Einflüssen (Jeansstoff). So wie Mai 68 und Woodstock. Aber bleiben wir bei der Hose.

Sie hätte damals auch schon aus Swinging London kommen können. Elegant war sie nicht, sonst hätte ich sie in Marburg nicht getragen. Das Superbia-Verbot ist mit dem Tode meines Großvaters nicht aus der Familie verschwunden. Aber modisch und jung und international war sie, so etwa wie die Beatles im Verhältnis zu Vico Torriani.

Für meine Kinder ist Mode etwas Gleichzeitiges geworden. Was man trägt, ist in allen großen europäischen und nordamerikanischen Städten in der gleichen Gruppe ungefähr gleich. Jedenfalls hat man die Elemente gleichzeitig zur Verfügung, mit denen man dann wieder an den kleinen Unterschieden basteln kann. Durch Sampling, nicht mehr mit der Nähmaschine. Die Mode der großen Pariser Schneider ist der der pubertierenden Schülerin mit dem kleinen Taschengeld kaum mehr voraus. Interesse findet eine Pariser Modenschau nicht als Vorbild, sondern eben als Show, als Show mit exzentrischen, im Alltag nie tragbaren Kleidern und weltbekannten *people*. Überhaupt: Es gibt keine Pariser Mode mehr, eine Mode mit einem irgendwie definierbaren, einer Nation oder einer Stadt zuschreibbaren Stil. Vielleicht gibt es auch keine Mecklenburger Füße mehr. Aber das ist eine Frage für Mediziner und kann hier außer acht bleiben.

Jedenfalls: Mode hat etwas mit Distinktion zu tun, aber auch mit Nachahmung, mit Männerautorität und Frauenträumen, mit Zeit ohnehin, mit Raum aber auch, das lässt sich an unseren kleinen Familiengeschichten leicht ablesen. Ablesen lässt sich ihnen auch, dass über mehr als hundert Jahre Pariser Mode das gültige Modell abgab, am meisten nachgeahmt wurde, die Frauenträume und die Männeralbträume durchzog; dass die Pariser Mode der Zeit voraus war und sie deshalb bestimmte und dass im Zentrum der Modewelt Paris lag. In Wirklichkeit sind es nicht hundert, sondern vierhundert Jahre französischer Dominanz in der Mode, die um 1990 zu Ende ging. Vierhundert Jahre – so lange hat Frankreich auf keinem anderen Gebiet seine Spitzenstellung behaupten können, unangefochten. Sicher, Mode braucht keinen Sinn außerhalb ihrer selbst, sie schert sich nicht darum. Aber man kann ihr doch die Frage stellen, warum sie über mehrere hundert Jahre ihren Hauptsitz in Paris nahm und nirgendwo anders. Und natürlich die Frage, was in den letzten zwanzig Jahren daraus geworden ist. Womit wir dann bei der Frage sind, warum das in Deutschland so anders war. Und schließlich bei der Frage, ob es denn im Zeitalter der Globalisierung fortdauernde Unterschiede zwischen dem deutschen und dem französischen Verhältnis zur Mode gibt. Lassen wir die Fragen defilieren.

Fangen wir nicht bei den alten Galliern mit den bunten Hosen und der hohen Obelix-Taille an. Zu Zeiten von Colbert, dem berühmten Wirtschaftsminister Ludwigs XIV., sah sich Frankreich jedenfalls schon als *das* Land der Mode. Und Colbert wäre nicht Colbert, wenn er neben den sozialen nicht auch die ökonomischen Seiten dieser Dominanz gesehen hätte: »Ist die Mode für Frankreich, was die Goldminen Perus für Spanien sind?«, hat er geschrieben und bejaht. Dabei waren es zunächst die italienischen (Caterina de' Medici), spanischen und flämischen Aristokraten, deren Mode im 16. Jahrhundert nach Frankreich ausstrahlte. Mit dem wachsenden Reichtum und dem wachsenden politischen

Einfluss des französischen Absolutismus übernahm er auch die modische Führung. Mode gehörte bis in die allerjüngste Zeit zu den machtnahen Künsten, sie braucht Luxus und Überfluss, um sich entfalten zu können. Sie siedelt sich dort an, wo die Reichen und Mächtigen zu Hause sind. Ab Ludwig XIII. (1610–1643) datieren die Historiker eine französische Kleiderordnung, einen französischen Kleidungsstil. Freilich war Mode damals einem ganz, wirklich ganz kleinen Kreis hoher Adeliger vorbehalten. Der Hof war bei weitem noch nicht so groß wie später der von Versailles, wo sich dann etwa 10 000 französische Adelige konzentrierten, die aber doch nur etwa 5 Prozent des französischen Adels insgesamt ausmachten.

Ludwig XIII. hat jedenfalls schon mit sieben Edikten die modischen Exzesse an seinem Hof zu begrenzen versucht. Vielleicht wollte er sparen. Das ist aber nicht wahrscheinlich. Es ist eher eine bürgerlich-potestantische Idee, keine adelige. Jedenfalls ging es ihm darum, ein wenig Ordnung in die Sache zu bringen, die die Ordnung so gern unterläuft und modifiziert. So ging es ihm unter anderem darum, die reich gewordenen Bourgeois daran zu hindern, dass sie sich nobel gewandeten, während sich Teile der Noblesse derlei nicht leisten konnten. Ludwig XIII. wusste, schon, was dreihundert Jahre später Georg Simmel in seiner *Philosophie der Mode* wissenschaftlich entwickelte, er wusste »daß Moden immer Klassenmoden sind, daß die Moden der höheren Schicht sich von der der tieferen unterscheiden und in dem Moment verlassen werden, in dem diese letztere sie sich anzueignen scheint. So ist die Mode nichts anderes als eine besondere unter den verschiedenen Lebensformen, durch die man die Tendenz nach sozialer Egalisierung mit der nach individueller Unterschiedenheit und Abwechslung in einem einheitlichen Tun zusammenführt.« Nur glaubte der dreizehnte Ludwig noch, auf dem Erlasswege die Dynamik der Mode stillstellen zu können. Da sind wir heute schlauer. Auf die Repräsentation sozialer Klassen allein lässt sich freilich heute die Mode auch nicht mehr zurückführen, wenn sie auch noch durchschimmern durch Spitzenmuster aus Synthetikstoffen.

Die höfische Gesellschaft von Versailles hat dann das, was zuvor noch auf dem Erlasswege verordnet wurde, auf viel subtilere Weise in den eigenen Funktionsmechanismus integriert. Man lernte, wie Norbert Elias gezeigt hat, das Hin- und das Dahinterschauen. Man verfeinerte die Techniken der Distinktion und der Etikette. Verlacht zu werden, in Ungnade zu fallen, seine Ehre zu verlieren waren so schlimme Strafen, dass es keiner von außen kommenden Regelung der Mode mehr bedurfte. Es wurde schon einleitend gezeigt, dass die zivilisatorischen Regelungen der höfischen Gesellschaft des französischen Absolutismus der französischen Entwicklung der Lebenskunst entscheidende, über Jahrhunderte fortwirkende Impulse gaben. Das gilt für die Esskultur, für die Höflichkeit, für die Konversation, für die Rolle der Frau und natürlich auch für die Mode. Eine gemessen an der Gesamtbevölkerung sehr kleine, aber dennoch quantitativ für Differenzierungsprozesse hinreichend große, räumlich konzentrierte Elite, die ihrer kriegerischen und juristischen Privilegien weitgehend beraubt war, wendet sich den Praktiken des Plaisirs, des Gefallens, des Überraschens, des Verführens, der Augenlust, der Lust überhaupt zu, in dieser Form zum ersten Mal in der Geschichte: »Die Höfe konnten nicht ohne eine gewisse Art von Höflingen, den Frauen hörigen Schmeichlern auskommen [...]. Sie bestimmen die Moden, sie verfeinern den Luxus und übertreiben die Ausgaben, sie lehren die Frauen, große Summen für die Kleidung zu verwenden, sie tragen selbst reiche Kleidung oder glänzen durch Originalität und Reichtum«, schreibt La Bruyère im 7. Kapitel seiner *Caractères* »Über den Hof«.

Hier zeigt sich in entfalteter Form schon die Janusköpfigkeit der Mode, die sie nie ganz verlieren wird: Zunächst, noch einmal, sie beruht gerade in ihren glänzendsten Ausprägungen auf der Ausbeutung der Arbeitenden, die kaum das Nötigste hatten, um ihren Körper zu schützen, sie beruht auf der Ausbeutung der vielen durch ganz wenige, die elegant nur waren zu ihresgleichen. Der Schatten solcher Ausbeutung liegt auf fast allen Kunstwerken der Vergangenheit, auch zum Beispiel auf den Kathedralen. Aber die wollten immerhin glauben machen, machten glaubend, dass sie nicht nur der Bestätigung von Herrschaftsordnungen dienten, sondern höheren Zwecken. Die Moden der Höflinge aber waren sichtbar nur auf das Plaisir, auf die Verschwendung gerichtet und sonst nichts. Das macht sie sozial so anstößig, bis heute.

Dann aber, auch das ist schon am absolutistischen Hof zu beobachten und besteht fort, ist Mode letztlich auch Ersatz, Ersatz für verlorengegangene oder nie erworbene reale Macht. Hier betraf es die Hofadeligen, die ihre Macht an den absolutistischen König verloren hatten, später waren es vor allem die Frauen, deren reale Machtlosigkeit glänzend kostümiert wurde von schmucklosen Herren in einfachen schwarzen Anzügen aus gutem Zwirn, die die Rechnungen beglichen. Das Schmücken ist häufig mit dem Kontrollieren eng verbunden.

Und trotzdem tritt im vestimentären Überbietungsspiel des Hofes auch eine andere Funktion der Mode zutage, ohne die die fortdauernde Faszination, die sie bewirkt, nicht hinreichend erklärt werden kann. Die Mode wird zu einer Sprache, erlaubt, wenn auch innerhalb des Gruppenzwangs, den Ausdruck von Persönlichem, erlaubt die Neuigkeit, die Kreativität, erlaubt, Eigenes einzubringen. Ohne Mode kein modernes Individuum. Nur die abendländische Kultur kennt bis heute das Phänomen der Mode. Es war kein Geringerer als Schiller, der, angeekelt von der tumben Verschwendungssucht des Adels und erschreckt von den Exzessen der französischen Revolutionäre zugleich, auf die Kunst, auf das Spiel als Vorschule der Entwicklung eines neuen Menschen verfiel, der Bildung eines neuen Menschen, mit dem sich dann auch eine neue Gesellschaft gründen ließe. Im Kern ist das das Bildungsprogramm der deutschen Klassik, die ebenso naive wie großartige Antwort der deutschen Klassik auf die Französische Revolution. Aber von wem hätte man das Spielen lernen sollen? Von denen, die Muße, Entpflichtung von den Dringlichkeiten des Lebens hatten, vom Adel also. Das wollte Schiller so nicht denken, noch weniger sagen, aber es war so. Und Mode ist ein Spiel, ein Spiel voller harter soziologischer Implikationen, aber doch ein Spiel. Auch ein Spiel. Die Mode geht nach den Mächtigen, aber ihre Schöpfer kommen meist aus dem Zwischenreich zwischen der Macht, die nichts mehr zu entwickeln hat, sondern nur noch zu verteidigen, auf der einen Seite und den Dominierten auf ihren Mecklenburger Füßen auf der anderen. Ihre wahren Helden kommen aus der Boheme, aus der Welt der Kokotten – Gabrielle Chanel kannte sehr wohl die sprachlichen Implikationen ihres Spitznamens und hat sie nicht nur mit Würde getragen, sondern auch mit warenästhetisch avantgardistischer Klugheit benutzt, unter anderem dadurch, dass sie nie geheiratet hat: das war der Preis – heute sind es die Homosexuellen, die die Modeszene dominieren wie sonst nur den Bereich des Balletts. Drin und draußen auch sie. Mode spielt ihr Spiel zwischen der Macht, die sie dekoriert, weil nur dort die Mittel ihrer Entfaltung sind, und der Machtlosigkeit, die die ihre ist, wenn sie keinen zählbaren Erfolg hat.

Natürlich hat sich die französische Mode nicht kampflos durchgesetzt. Am Anfang wie am Ende des 18. Jahrhunderts war sie der Anglomanie ausgesetzt, die übrigens auch heute in der französischen Oberschicht noch eine gewisse Rolle spielt, sei es bei der Wahl der Schuhe (*Weston* zum Beispiel), sei es beim Akzent. Schließlich wurde da gerade England die wirtschaftlich führende Macht der Welt, und die Mode geht nun mal gern nach der Macht. Aber die Dominanz von Paris erwies sich darin, dass man solche Einflüsse zu integrieren verstand. Aus dem »riding-coat« wurde die Redingote, ein nobles Zitat.

Die Revolution, die 1789 begann, in Paris, wollte alles neu machen. Nicht zufällig wohl war es ein Kleidungsstück, das die radikalen Revolutionäre aus dem Volk bezeichnete. Die »Sans-culottes« trugen lange Hosen heutigen Schnitts, in denen man auch arbeiten kann, nicht mehr die in der

Adelsmode vorherrschenden Kniebundhosen. Darin haben sie sich dauerhaft durchgesetzt. Ohne langfristige Folgen waren hingegen die Versuche, die griechischen und römischen Gewänder wieder in Mode zu bringen, so wie man die antiken Republiken wieder erneuern wollte. Die antiken Gewänder bestanden aus Tüchern, die den ganzen Körper locker umflossen, während die europäische Kleidung, wie Anne Holländer gezeigt hat, sich seit dem 13. Jahrhundert aus dem Prinzip der Ritterrüstung entwickelte: eine obere und eine untere Hälfte sowie eine rundgeschneiderte Passform. Dass der klassische Herrenanzug aus der Ritterrüstung entstand und die Kleidung der modernen Frau, die Einfluss und Unabhängigkeit will, wiederum aus dem Herrenanzug, sagt viel über die fortdauernden Schnittmuster der Macht.

Entscheidend war jedenfalls, dass die Revolution die französische Dominanz in Modefragen nicht brach, sondern stützte, indem sie den Kreis der Träger erweiterte, vor allem auf die reichen Bourgeois. Die Voraussetzung dafür haben wir schon in anderen Kapiteln gesehen: Paris wird zur Hauptstadt des 19. Jahrhunderts, einer Großstadt mit konzentrierter Staatsgewalt und konzentriertem Reichtum. Die heutige soziologische Stadtforschung, etwa die Richard Floridas, sieht das Schicksal der Städte im postindustriellen Zeitalter weitgehend davon abhängig, wie attraktiv sie für die sogenannte »creative class« sind. So ganz neu ist das nicht. Paris war im 19. und beginnenden 20. Jahrhundert nicht nur ein attraktiver Ort für die Reichen und Mächtigen, sondern auch für die europäischen Künstler, die Weltgeltung suchten. Meyerbeer und später Offenbach bestimmten das Pariser Musikleben – Wagner scheiterte zunächst mit diesem Projekt, um sich dann am Ende seines Lebens um so triumphaler durchzusetzen. Die deutschen Künstler gingen zur Ausbildung nicht mehr nach Rom, sondern nach Paris. Zwischen 1830 und 1848 entstand ein Gutteil der nennenswerten deutschen Literatur in Paris: Heine, Börne, Herwegh stehen für viele weniger bekannte. Ohne Frankreich hätte es das Werk Büchners nicht gegeben. Marx hat die Erfahrungen mit dem Frühsozialismus, die sein Werk nährten, in Paris gemacht.

Die Weltausstellungen, die die Zukunft wiesen, das war Paris. Die städtebaulichen Erneuerungen der Haussmann-Ära, der Abriss des Mittelalters und der Bau der Boulevards, das war Paris. Gerade die Boulevards wurden zu einer Art Laufsteg der Mode, wo man sich zeigte und bewunderte, während im 18. Jahrhundert die Reichen die schmutzigen Straßen mieden und sich mit der Kutsche oder der Sänfte zwischen den Palais bewegten. Und die neuen Gaslaternen waren die Scheinwerfer dazu. In den Passagen lockten die Waren und dann auch in den Kaufhäusern an der Rue de Rivoli, die innen so aussehen, als seien sie als Opernhäuser gedacht.

Paris, das uns heute wie eine fertige, geschlossene, wunderbar traditionelle Stadt vorkommt, war damals ein Zentrum der Neuerung. Die Mode liebt die Orte der Neuerung. Mode ist niemals nur vestimentär.

Das sich schnell verbreitende Zeitschriftenwesen kodifizierte, verbreitete und beschleunigte die Moden zugleich. Autoren wie Balzac schrieben für die Zeitschrift *La Mode*, darunter sein Essay »Abhandlung über das elegante Leben«.

Der realistische Gesellschaftsroman brachte mit seinen Beschreibungen der Garderoben der Pariser Damen die Mode zu den Leserinnen, die sich wohl einen Band aus der Leihbibliothek leisten konnten, aber kaum teure Stoffe und opulente Kleider. Spätestens mit dem Roman entdeckte man auch, dass Mode nicht nur eine soziale Stellung ausdrückt, sondern auch die Individualität der Träger. Die Malerei lieferte die Bilder dazu, Ingres, später Degas, Renoir. Paul Poiret ließ sich von Matisse und Dufy, Elsa Schiaparelli von Dali inspirieren, Sonia Delaunay verwandelte die Motive ihres Mannes in Samt und Seide. Die Wahlverwandtschaft zwischen Mode und Surrealismus ist oft bemerkt worden: Verweigerung von Sinn und Zweck, Lust an der Verblüffung und der Neuigkeit, Sprengung des Gewöhnlichen, Stolz auf die Flüchtigkeit. Lautréamonts berühmter Begegnung von Regenschirm und Nähmaschine auf dem Seziertisch, eine Assoziation, die die Suche nach Logik und Zusammenhängen ridikülisieren will, rutscht mit der Evokation ausgerechnet der Nähmaschine doch ungewollt ein Sinn heraus, wenn man sie recht seziert.

Aber das greift der Institutionsgeschichte der Mode voraus. Damit sich die Mode selbstbewusst unter die Künste wagen konnte, musste sie nicht nur Produzenten, also Schneider, und Konsumenten haben, sondern Autoren, Künstler, oder, wie es in Bezug auf die Mode dann hieß, sie musste Modeschöpfer entwickeln. Schöpfer – wie sonst nur Gott. Bis zur Mitte des 19. Jahrhunderts waren die Schneider selbst der berühmtesten Damen anonym, so anonym wie die Köche unten im Küchentrakt der Palais. Rose Bertin hat Marie Antoinette gekleidet, Hippolite Leroy Kaiserin

Joséphine und dann Kaiserin Marie-Louise. Aber sie waren Bedienstete, sozial strikt geschieden von ihren hohen Auftraggebern. Das ändert sich in der Mitte des 19. Jahrhunderts und ist verbunden mit dem Namen von Charles Frederick Worth, einem Engländer, der 1847 mit fünf Pfund in der Tasche nach Paris kam, dort reich, berühmt und zum Liebling der Frauen, zum Liebling der Gesellschaft wurde. Er gilt als der erste Modeschöpfer.

Was hat er erfunden? Er schneiderte nicht direkt nach den Wünschen der Kundinnen auf den Leib, sondern er ließ zum ersten Mal neue, von ihm entworfene Modelle herstellen und dann in seinen luxuriösen Geschäftsräumen den potentiellen Käuferinnen vorführen, die sie bestellten und nach ihren Maßen anfertigen ließen. Dazu kam eine neue Art der Vorführung: Worth machte die »Mannequins« – ursprünglich Holzpuppen – lebendig. Wie der Schöpfer die Rippe Adams. Seine Entwürfe wurden von ausgesuchten, hübschen, jungen Schneiderinnen seines Geschäfts vorgeführt. Die Musik kam erst später dazu. Dennoch, die Keimformen der Haute Couture und der Modenschau waren gefunden. »Meine Arbeit besteht nicht nur darin, Bestellungen auszuführen, sondern vor allem darin, Neues zu schaffen. Die Kreativität ist das Geheimnis meines Erfolgs.« Mit diesen Worten fasste Worth die Revolution zusammen, die er in seinem Berufsstand bewirkt hatte: Der Schneider wird zum Künstler und der Schneider bekommt einen Namen, obgleich es noch fast ein Jahrhundert dauern sollte, bis Christian Dior auf amerikanische Bestellung hin zum ersten Mal Krawatten sichtbar mit seinem Namen signiert. Mit der sozialen Nobilitierung wird der Berufsstand männlich und die Frauen zu Puppen, zu Näherinnen oder zu Kundinnen. Die soziale Anerkennung wie der ökonomische Erfolg ließen nicht auf sich warten. Die Prinzessin Mathilde, Tochter von Napoléon III., der englische Botschafter und die Prinzessin Metternich gehörten zu den Gästen, nicht nur zu den Kunden des mondänen Hauses Worth. Das Modell wurde rasch imitiert. Von Jacques Doucet zum Beispiel, der aber lieber Künstler als Prinzessinnen einlud, Doucet mit seiner berühmten Bibliothek, mit seinen Künstlerfreunden Degas und Monet, seinem Geschmacksberater André Breton …

Auf der Weltausstellung von 1900 haben sich schon 20 Modehäuser vorgestellt, 1925 gab es 72, 1959 ungefähr 100. Sie beschäftigten zwischen 100 und 2000 Angestellte, 1925 nahmen ihre Produkte den zweiten Rang der französischen Exportgüter ein. 1950 kamen immerhin 0,5 Prozent des französischen Exports insgesamt allein aus dem Hause Dior. Der Weg dahin kann hier nicht nachgezeichnet werden. Jedenfalls hat der Erfolg der französischen Haute Couture nicht nur damit zu tun, dass sie Kreativität freisetzte, sondern auch, dass sie institutionelle Ordnung in die Mode brachte. Sie selbst ist auf extreme Weise pyramidal geordnet und sie bringt Ordnung in die Erneuerung. Es institutionalisiert sich z. B. das Prinzip der Frühjahrs- und der Herbstmodeschauen, zu denen zwischen dem Ende des Ersten Weltkriegs und dem Ende des 20. Jahrhunderts zweimal im Jahr alle nach Paris strömten, die etwas mit Mode zu tun hatten, die Kundinnen, die Einkäufer, die Journalisten, die Fotografen, die Mannequins, die Imitatoren und die Fälscher. Noch heute bekommt man in den Wochen der Salons in Paris nur sehr schwer Hotelzimmer. Zur Institutionalisierung gehört auch die berufsständische Abgrenzung zwischen Haute Couture, den einfachen Schneidern (noch in den fünfziger Jahren war es durchaus üblich, dass man entweder selbst schneiderte oder bei einem Schneider in Auftrag gab) und der Konfektion, der standardisierten Massenware. Die Berufsgenossenschaften organisierten alles, sie legten die Zahl der Modelle fest, die bei den Modeschauen vorgeführt werden dürfen, die Zahl der Mannequins, den Kalender – eine Presse- oder gar Kundenkarte für begehrte Defilees zu bekommen, ist ungefähr so schwer wie heute als Kurde ohne Papiere von Calais nach Dover zu gelangen.

Jedenfalls diktierte Paris unangefochten die Welt der Mode, die Mode der Welt und dieses nach einem extrem zentralisierten, staatlich und berufsständisch gestützten und beschützten System, freiwillig befolgt von allen. Nur die deutschen Sieger von 1940 haben einmal für kurze Zeit versucht, die Haute Couture von Paris nach Wien und Berlin zu verschleppen. *Signal*, die deutsche Propagandazeitschrift der Besatzungszeit, schrieb darüber: »Bislang war Paris auf dem Gebiet der Mode das Zentrum der Welt, aber die Modeschöpfer an der Seine waren verwirrt in ihrem Urteil über das wahrhaft Schöne, Gute und Angemessene. Die Pariser Mode muß über Berlin gehen, bevor eine Frau von Geschmack sie tragen kann ...« So weit kam es denn doch nicht.

Nach dem Krieg, in der Zeit, als meine Mutter sich ihren Tulpenrock nach Dior-Muster schneiderte, kam es noch einmal, zum letzten Mal, zu einer Glanzperiode der Haute

Couture. Und dann begann ihr unaufhaltsamer Untergang. In den sechziger Jahren lebten einige wenige Häuser noch wesentlich von der Maßfertigung, 1975 waren es noch 18 Prozent des Gesamtumsatzes des kleiner werdenden Kreises der elitären Modehäuser alter Art, zehn Jahre später 12 Prozent. Der Wandel zeigt sich noch spektakulärer beim Blick auf die Zahl der Beschäftigten. Worth hatte 1200 Personen auf seinen Gehaltslisten, Coco Chanel vor dem Zweiten Weltkrieg 2500, Dior um 1955 etwa 1200. Heute beschäftigt die gesamte Branche nicht mehr so viele. Man schätzt, dass die Zahl der Kundinnen für einmalige Maßanfertigungen Pariser Modeschöpfer weltwelt unter 1000 gesunken ist. Pierre Bergé, der Lebensgefährte von Yves Saint Laurent und über Jahrzehnte graue Eminenz der französischen Modeszene, hat schon vor 25 Jahren, längst vor dem Tod seines Freundes, der der letzte »klassische« Modeschöpfer war, den Tod der Haute Couture erklärt.

An die Stelle trat die »Prêt-à-porter«-Mode, eine hübsche Formulierung für industrielle Massenfertigung nach genormten Größen. Der Übergang vollzog sich natürlich nicht schlagartig und er vollzog sich in verschiedenen Formen. Yves Saint Laurent war nicht nur der Letzte der Modeschöpfer alten Schlags, er war auch mit seiner Boutique »Saint Laurent Rive gauche« der Erste, der eine zweite, auf breiteren Absatz berechnete Linie schuf, die dann bei ihm wie überall die erste wurde. Viele der bekannten Modehäuser haben überhaupt keine Haute Couture mehr, und niemand weiß es, weil es dem Ruf nicht mehr schadet. Der Modeschöpfer wird zum Kleidungsdesigner, der Muster für Gebrauchsgegenstände schafft, die dann in eigenen Distributionsketten oder über Lizenzen vertrieben werden. Selbst die Nähe zu Kaufhauskonzernen ist da nicht mehr anstößig, sondern ein Win-Win-Spiel. Karl Lagerfeld, Stella McCartney, Victor&Rolf und viele andere haben eigene Kollektionen über H&M vertrieben, ohne Schaden zu nehmen an ihrem Namen.

Die industrielle Massenfertigung und die massenhafte, weltweite Distribution verlangen immer höhere Kapitalvorschüsse und führen zu Luxuskonzernen mit Milliardenumsätzen. Die größten wie LVMH oder PPR haben zwar immer noch mehrheitlich französische Besitzer, aber längst nicht mehr das Monopol. Und vielleicht wird es sich geändert haben zwischen dem Moment, in dem diese Zeilen geschrieben und in dem sie gelesen werden. Jedenfalls, der Teufel trägt nicht mehr nur Chanel oder Dior, sondern auch Prada. Noch in den siebziger Jahren gaben bei den Pariser Modeschauen drei oder vier Häuser den Ton an, die anderen folgten. Heute ist da Vielfalt, Vieltönigkeit schon in Paris selbst. Weltweit agierende Großkonzerne lassen herstellen, wo es am billigsten ist. Kurz: Seit gut zwanzig Jahren hat die Globalisierung die französisch bestimmte Modeordnung gründlich verwandelt. Die Haute Couture hatte dieser Internationalisierung vorgearbeitet, aber mit einem eindeutigen französischen Zentrum. Die heutige Modewelt kennt viele Zentren, neben Paris Mailand, New York, Tokio. Die Modeschulen von Antwerpen oder London sind nicht weniger angesehen als die von Paris. Und die Chefdesigner der Häuser mit den französischen Namen kommen aus der ganzen Welt: Lagerfeld für Chanel, John Galliano für Dior, von Namen wie Armani, Versace, Miyake, Yamamoto zu schweigen. Und damit sind nur die wenigen Modedesigner erwähnt, die sich über längere Zeit an der Spitze eines Hauses halten konnten. Der Regelfall ist anders. Wenn der sofortige Erfolg ausbleibt, werden die Chefdesigner heute gefeuert wie Fußballtrainer.

Natürlich kommen noch alle nach Paris, eröffnen Filialen, Niederlassungen, Briefkästen. Aber die Stadt ist nicht mehr der einzige Ort der hoch-modischen Kreativität und nicht mehr der einzige der Anerkennung, der Heiligsprechung. Im Zentrum der Heiligsprechung steht heute Anna Wintour, die Chefin der amerikanischen *Vogue*, geboren in London, residierend in New York. Sie spielt für die Modewelt die Rolle, die ihr amerikanischer Landsmann Parker für den Wein spielt: Gegen sie ist Erfolg im großen Stil kaum mehr möglich.

Aber auch die Macht der Modepresse ist begrenzt, weil unterdes die Mode der Modehäuser nur noch einen begrenzten Einfluss auf das hat, was massenhaft getragen wird. Kleidung ist – relativ – billiger geworden, der Anteil der Kosten für Bekleidung am durchschnittlichen Budget in den letzten Jahrzehnten kontinuierlich gesunken. In Frankreich sank er von 16 Prozent (1949) auf 8,7 Prozent (1974) auf 6 Prozent im Jahr 1993. Damit erst konnten zum ersten Mal in der Geschichte breite Schichten aus der Kleiderordnung der Armen austreten. Die war konservativ, langlebig wie die Armut selbst, also darauf gerichtet, möglichst solide Kleidung lange zu benutzen, somit auch zu pflegen und zu reparieren, um die Neuanschaffung möglichst lange hinauszuzögern. Mode betrifft nur die, die Kleider wechseln, Kleider wegwerfen, Kleider ersetzen können, bevor sie vernutzt sind. Die Konsumlogik, gegen die sich mein Großvater so vehement wehrte, hat sich auch in den Vorstädten durchgesetzt. Und es sind nicht zuletzt die Jugendlichen dieser Vorstädte, die heute Mode machen. Manchmal direkt, indem die Weltkonzerne der Turnschuhmode Kids aus den Ghettos Prototypen vorlegen und je nach ihrem Urteil Produktionsentscheidungen treffen, manchmal durch »Scouts« in der Welt der Jugendlichen.

Die »Straße« bestimmt. Politisch nicht, aber modisch. Aus dem Schlachtruf »dans la rue« ist Streetwear geworden. Streetwear statt Streetwar. Es zählt die Bequemlichkeit, nicht mehr die Eleganz, der Wohlfühlfaktor, nicht mehr die Augenlust, die Vielfalt, nicht mehr die Einheitlichkeit des Stils. Es gibt keine Sonntagskleider mehr und kaum noch Smokings. Wer raucht denn noch? Der Frack ist zur Berufskleidung von Dirigenten und Zirkusdirektoren geworden, die Sportkleidung zum Alltagsgewand. Der Spaßfaktor dominiert alles. Außer die Bilanzen natürlich.

Selbst die Repräsentanten der Macht nehmen es mit der Form nicht mehr so genau. Berlusconi erscheint im braunen Anzug zum Galadiner von G-20-Gipfeln, als hätte es die Regel »no brown after six« nie gegeben. Nicolas Sarkozy trägt die Krawatte, die einzige Beengung, die die traditionelle Herrenkleidung auferlegt, mit einem Gestus, der deutlich zeigt, dass er sich mit offenem Kragen auch dieser einzigen Einschränkung seiner Dynamik gerne entledigen würde, so wie es Bernard-Henri Lévy, sein Pendant aus der Szene der französischen Intellektuellen, mit seinem Markenzeichen, dem weit offenen weißen Hemd, schon längst getan hat. Und, ach ja, auf den Fotos zur Reportage über

Anna Wintour bei den Pariser Herbstsalons 2009 sieht man sie mit ausgesuchter Eleganz gewandet bei den Modeschauen. In Berufskleidung sozusagen. Auf dem Foto, das sie am frühen Morgen beim Verlassen des »Ritz« in Richtung Flughafen zeigt, trägt sie Jeans – mögen sie auch von Cavallo gewesen sein – und flache Tod's.

Die Mode hat sich globalisiert, ist dabei polyzentrisch geworden, sie hat sich entformalisiert, jedenfalls ist sie immer jünger geworden. Früher, so soll Yves Saint Laurent einmal gesagt haben, wollten die Mädchen tragen, was ihre Mütter trugen, heute tragen die Mütter Edelvarianten von dem, was ihre Kinder in den Kaufhäusern und Second-Hand-Läden gefunden haben – wenn sie es denn in ihrer Größe finden. Spätestens mit der Mode der Nabelschau wurde die Straße zum Kinderzimmer. Die Mode der Jahre 2008/2009, die mit den superkurzen Kleidchen oder Shorts über bunten Strumpfhosen oder Leggings, geht noch einen Schritt weiter in Richtung Sandkasten. Sie präsentiert die jungen Mädchen, die einmal Backfische hießen, auf eine Weise wie früher nur die Kinder im Sandkasten sein durften, mit freiem Blick auf den Zwickel der Strumpfhose. Das sollen ihnen die Mütter erst einmal nachmachen. Die Germanistin und Essayistin Hannelore Schlaffer schreibt: »Die Mode war ein Ort der verantwortungslosen und übertriebenen Spielfreude gewesen, und seit dem 19. Jahrhundert, da sich die Männer nicht mehr durch Geburt, sondern durch Leistung auszeichneten, blieb dieses Spiel den Frauen überlassen. Nachdem im 20. Jahrhundert auch die Frauen Leistungen vorzeigen, wurde der Leichtsinn, der ihnen zugestanden wurde, auf die Kinder übertragen.«

Ob sich die Mode demokratisiert hat oder ob man das, was man gern Demokratisierung nennt, besser als Unterwerfung neuer Schichten unter Konsumzwang und Warenästhetik artikulieren sollte, darüber wird es zwischen den Parteigängern und den Verächtern der Mode keine Einigung geben. Zweifellos wird sie eingesetzt, um den Umsatz zu erhöhen. Aber was dient in der kapitalistisch organisierten Gesellschaft nicht der Profitmaximierung? Zweifellos formiert der Lockruf der Ware hier den Geschmack. Zweifellos hat die Mode ihre distinktive Funktion zwar abgeschwächt und diversifiziert, aber sie existiert fort und wird fortbestehen, solange es Mode und solange es Klassen gibt. Aber zugleich stimmt auch, dass die Mode eine Sprache der Sprachlosen ist, heute weniger der Frauen als der Jugendlichen, auch derer aus den Banlieues, eine stumme Form von Selbstausdruck und Zugehörigkeitsbestimmung. Im Vergleich zu meiner Tante Marie, um auf sie noch einmal zurückzukommen, wurde da eine Menge an Freiheit und Ausdrucksmitteln hinzugewonnen. Wäre das nicht so, spielte die Mode bei den Jugendlichen nicht eine so wichtige Rolle, ganz ohne Nachhilfe durch die Schule. Der Einwand, am Ende handele es sich doch nur um Ersatz für Sprache, für politische und ökonomische Mitsprache vor allem, ist ebenso richtig wie abstrakt: Besser Mode als gar keine Sprache und gar keine Mitsprache. Ausdrucksmittel setzen freilich voraus, dass da etwas ausgedrückt werden kann; Individualität hat als Kleidung allein keinen Bestand. Und so schlägt denn die Freiheit der Wahl vor einem unendlich breiten Angebot gern um in Gruppenkonformismus und Markenkult. Die Marken geben Orientierung im immer schneller sich drehenden Karussell der Moden, ersetzen Stilkenntnis, machen das persönliche Urteil überflüssig, das heute häufig in einem Alter abverlangt wird, in dem kaum bewusste ästhetische Erfahrungen vorliegen.

Die Wirkungen der Mode sind unaufhebbar widersprüchlich.

Wir sind von Paris aus ins Globale geraten. Das ist kein Zufall, sondern verfolgte nur die Spuren der Mode. Die wichtigste Stadt der Modewelt ist Paris immer noch, wenn auch nicht mehr die unbestrittene Hauptstadt. Da sind noch die wichtigsten Modehäuser, die wichtigsten Modeschauen, der Auftrieb der Journalisten, die Textilmessen, die Karrierestationen, die Filme mit den Amerikanerinnen in Paris, die Hochhäuser der Luxuskonzerne, die Lizenzen und die Traditionen.

Aber die Dominanz, die sich früher beinahe naturwüchsig ergab, muss heute hergestellt werden. In der Colbertistischen Tradition des Staatseingriffs, der Frankreich so viel näher liegt als der anglo-amerikanische Liberalismus, arbeitet der französische Staat, unter den linken Regierungen wie unter den rechten, am Erhalt des französischen Erbes. Vieles davon nimmt man nicht wahr, weil es Politik ist und nicht Mode, uninteressant für die Frauen- und Lifestyle-Zeitschriften. So verwandelten sich, seit 1982 der Cour Carrée du Louvre, dann der Carrousel du Louvre, also symbolische Orte der Staatsmacht und der Kunst, die unter dem damals jungen Kultusminister Jacques Lang für Modeschauen zur Verfügung gestellt wurden, zahlreiche der prachtvollen Orte Pariser Größe zu Laufstegen des gemeinsamen Auftretens von Mode, Stadt und Staat zugleich. Mode-schöpfer bekommen die höchsten staatlichen Auszeichnungen verliehen. Die Mode wird immer weiter institutionalisiert, etwa mit der Gründung des *Institut français de la mode* (IFM) im Jahre 1985 und vor allem mit der Integration der Mode in die reiche Museumslandschaft. Mit dem Musée des Arts de la Mode im Louvre fing es an, heute gibt es über 60 französische Museen, die sich der Mode widmen. Neben das Symbolische trat eine staatlich stark geförderte Zusammenarbeit zwischen Industrie und Couture. Alle diese Anstrengungen zeigen die fortdauernde Lebenskraft der Pariser Mode, aber sie zeigen wider Willen auch, dass sie in ihren glänzendsten Formen historisch geworden ist, so wie Coco Chanel, deren Leben, verfilmt mit »Amélie« Toutou, ein großer Kinoerfolg wurde. Ein Standortvorteil jedenfalls wird Paris nie zu nehmen sein: das Neue, das die Mode ist, kommt nirgendwo so deutlich zur Geltung wie vor seiner glänzenden historischen Kulisse.

Sieht man von den Anekdoten aus meiner Familie ab, dann kam Deutschland in diesem Blick auf die Mode nur ein einziges Mal episodisch vor: beim aufgegebenen Versuch der deutschen Besatzer, die Pariser Mode nach Berlin und Wien zu verschleppen. Ein Zufall ist das nicht.

In Modedingen war Deutschland immer Opfer statt Schöpfer, und die zarten Versuche der jüngsten Zeit, daran erfolgreich etwas zu ändern, haben bisher weniger Frucht gezeigt als die auf anderen Gebieten der Lebensart wie dem Essen oder dem Trinken. Die äußeren Gründe dafür kann man sich leicht vorstellen, sozusagen als Negativbild der

Faktoren, die zur Pariser Dominanz in der Modewelt führten: Es fehlten die großen Höfe, die die kleinen imitierten; es fehlte die Revolution, die glänzende Hauptstadt, es fehlte lange das Geld. Und als es dann vorhanden war, gab man es für Uniformen aus.

Aber entscheidend waren nicht nur äußere Faktoren, sondern unterschiedliche Mentalitäten. Dazu gehört, dass der Abstand zwischen dem deutschen Adel und dem Bildungsbürgertum besonders groß war – die Bewunderung, die bei aller Kritik die Pariser Aufklärer dem Lebensstil des Hofes zollten, findet sich in Deutschland nur in Spurenelementen. Mode ist adelig und adelig heißt Verschwendung und Verschwendung ist angesichts der Lage der Deutschen unmoralisch. So, vereinfacht, der dominierende Diskurs. Es war ja nicht falsch.

Sogar der Freiherr von Knigge, selbst adelig, rät in seinem berühmten Ratgeber *Vom Umgang mit Menschen*, sich dem Hof, diesem »Schauplatze des glänzenden Elends« und Ort allen Lasters, die er getreulich über eine halbe Seite hinweg auflistet, möglichst fern zu halten. Und wenn es denn doch nicht möglich ist, dann solle man sich dort »natürlichen und verständigen Betragens« befleißigen, im »Anstande und Anzuge, wenn dies alles auch nicht nach dem feinsten Hofschnitte ist […]« Mode gab es also am Hofe und in reichen Häusern. Schon 1734 konstatiert Zedelers *Universal-Lexicon*, »daß unsere Teutschen halb Frantzösische geworden, […] nicht allein in ihren Kleidungen, sondern auch in ihrer Art zu speisen […]«. Um die Lebensart kümmerten sich französische Gastarbeiter. »Überhaupt sind sie [die Franzosen] Meister in allem, was dem Geschmack kann schmeichelnd sein. [...] Der Franzos ist der erste Friseur, der erste Schneider, Zuckerbäcker, Koch, Maître d'Hôtel und jede europäische Herrschaft möchte doch bei dem heutigen Luxus einen geschickten Friseur, Schneider, Zuckerbäcker, Koch Maître d'Hôtel im Hause haben.« Aber das ist ungesund. »Diese Bestrebung [...], dem Geschmacke der Herren zu gefallen, und ihn stets mehr zu reizen, hat nun freilich auch ihre schädlichen Folgen geäußert, und sie ist schon lange der Ursprung einer Menge Krankheiten gewesen.« So heißt es 1797 in M.A.Weikarts *Toilettenlektüre für Damen und Herren in Rücksicht auf die Gesundheit.* Ungesund für die Gesundheit und ungesund für die Börse. Der deutsche diätetische Diskurs, dessen frühe Entstehung wir im Kapitel über das Essen verfolgt haben, zeigt auch hier seine Kraft.

Goethe hielt sich an die Konventionen, auch an die modischen, aber dieses willige Beugen unter Konventionen geschah doch darum, weil er sich ein Maximun an innerer Freiheit erhalten wollte. Schiller musste sich als Pate für den halsoffenen »Schillerkragen« hergeben. Insgesamt aber dürfte Simmel zuzustimmen sein, der eine unaufhebbare Distanz zwischen der klassischen Periode und der Mode konstatiert, denn »das Wesen des Klassischen ist eine Konzentration der Erscheinung um einen ruhenden Mittelpunkt [...]« Das »Willkürliche, Eingebildete« war Goethes Sache nicht. Der Neuhumanismus der Goethezeit zog die edle Einfalt der griechischen Schönheit den modischen Exaltiertheiten der Franzosen vor, besonders, wenn er so protestantisch war wie bei Wilhelm von Humboldt. Dieses Ideal wirkt in Deutschland noch bis weit ins 19. Jahrhundert hinein. Friedrich Theodor Vischer, Professor für Ästhetik, nahm einen Kuraufenthalt in Baden-Baden, wo die deutsche Damenwelt sich jenseits der heimischen Kontrolle und in der Nähe Frankreichs kleine modische Exzentrizitäten gestattete, zum Anlass scharfer Satire und dem Verweis auf das Vorbild des langen, einfachen, reinen, harmonischen Gewands, das die Damen statt ihres *faux-cul* tragen sollten.

Die altdeutsch-burschenschaftliche Tradition, zum ersten Male erwacht in den Befreiungskriegen gegen das napoleonische Frankreich, verstand sich zwar mit der neuhumanistischen nicht unbedingt aufs beste. Aber wenn es gegen die modische »Äfferei« der Franzosen ging, war man allemal dabei. Altdeutsch, antifeudal und antifranzösisch zugleich. Man trug den schlichten »deutschen Rock« oder die Sportswear der Turner. Wenn man Farben trug, dann trug man den Wichs, wie man das damals nannte, die Uniformen der Burschenschaften und Corps. Das wird dann, eingegraut und durch Pickelhauben funktional gemacht, zur dominierenden deutschen Mode nach der Gründung des Zweiten Reiches. Die Eliten trugen Uniformen, schon als Studenten, dann als Offiziere, und wer keiner sein dufte, der schnitt sein Gewand so, dass es zumindest dem Uniformrock ähnelte und Platz für die Orden blieb. Unzählige Texte bezeugen, dass die Uniform in der deutschen Geschichte nie so hohen Distinktionswert hatte wie im Zweiten Kaiserreich. Auch eine Mode, aber eine, die erst durch zwei Kriege aus der Mode kam. Jedenfalls haben die *faux-culs* in Uniform mehr Schaden angerichtet als die der Damen von Baden-Baden.

Wie wenig die Mode in deutschen und selbst Schweizer

Landen zu Hause war, zeigt aufs Eindrücklichste der Vergleich von Gottfried Kellers Geschichte *Kleider machen Leute* (1874) mit den Texten von Baudelaire über die Mode. Es geht nicht um unterschiedliche literarische Qualität. Kellers Texte sind das Beste, was der deutsche Realismus hervorgebracht hat. Es geht hier nur um die unterschiedliche Sicht auf die Mode. Keller erzählt vom Distinktionscharakter der Mode. Ein Schneidergeselle wird aufgrund seiner ausgesuchten, aber keineswegs bewusst auf Hochstapelei berechneten Kleidung für einen hohen Herrn gehalten, auf Händen getragen, vermag sich dem aus Schüchternheit nicht zu entziehen und sieht sich nach der schließlichen Entdeckung als Betrüger just von denen verklagt, die ihn vorher umschmeichelt hatten. Erst die Liebe bringt die Dinge wieder in die (Sozial-)Ordnung. Keller verteidigt die Ordnung, auch die der Kleider, gegen die Dummheit der Menschen, die sich vom Schein, selbst dem ungewollten, beeindrucken lassen. Baudelaire hingegen verteidigt in seinem Lob des Dandys (1863) die Revolte gegen alle überkommene Ordnung, die freie Wahl der Kleider und damit des Vergnügens gegen alle Zwänge. Der Dandy gibt sich seine eigenen Regeln für die Stoffe und die Formen seiner Kleidung, zielt auf Verwirrung, Ironie, ästhetischen Abstand zu allen und allem. Kellers Figuren kleiden sich, wenn sie es so tun, wie der Autor will, korrekt, sauber und ohne soziale Anmaßung in Übereinstimmung mit ihrer gesellschaftlichen Stellung.

Nein, in der deutschen Literatur kann man zwar glänzende Beschreibungen von Mode lesen, aber nirgends findet man den Geist, der sie hervorbringt, im Guten wie im Problematischen. Trotz aller Vielfalt der Richtungen, in

einem sind sich die deutschen Geister des 19. Jahrhunderts
einig, im Misstrauen gegen den schönen Schein der Mode:
»Ihr habt vielen schönen Schein, aber den wir verabscheuen
müssen, weil er ohne Wirklichkeiten ist«, hielt Ernst Moritz
Arndt den Franzosen schon 1805 stolz entgegen. Es war
und blieb eines der hartnäckigsten der Nationalstereotypen.

Machen wir einen großen Sprung ins Heute. Ins heutige
Deutschland. Wer beruft sich dort noch auf Goethe oder
Humboldt, auf Arndt oder Keller, um die Lust an der Mode
in die Schranken zu weisen? Sind nicht im »Zeitalter der
Leere« und im »Reich des Flüchtigen« (Gilles Lipovetsky)
unter der Herrschaft kapitalistischer Globalisierung die nationalen Haltungen zur Mode so austauschbar wie das Wa-
renangebot von H&M in Deutschland und in Frankreich?
Wenn man dem Artikel des *ZEIT*-Feuilletonchefs Jens Jessen
»Wie man in Deutschland sich kleidet« glaubt, dann besteht
das unglückliche Modebewusstsein der Deutschen bis in die
Gegenwart fort, hat die Versöhnung der deutschen Wesen
mit der Lust am schönen Schein nicht stattgefunden. Er hat
gute Argumente: deutsche Herrensandalen, Frotteesocken,
die Uniformität des Sportswear, die Sweatshirts und andere
Turnschuhe. Er konstatiert auf den Straßen eines reichen
Landes einen mutlosen Egalitarismus in Modedingen, Verachtung des falschen Scheins, das Vorherrschen von Natur-
ideologie und Bequemlichkeitslaxismus. Diesem Bild ästhe-
tisch ratloser deutscher Sportmenschen, über die die Mode
kommt »wie eine Naturkatastrophe«, setzt er, was auch
sonst, das der romanischen Völker gegenüber, den italienischen Kioskbesitzer, der sich »selbstverständlich wie ein

Graf zu kleiden versteht«, die elegante Brasilianerin und, natürlich, die französische Frau, begabt mit »jener blitzartigen Intuition, mit der [sie] im Schaufenster eine neue Art von Schuhen sieht und vor ihrem geistigen Auge sofort das ganze Set kommender Farben und Formen hat, das zwingend dazugehören wird. Es kann sogar sein, dass sie darob eine leichte Schwäche anwandelt. Ein einziger, ungewohnter Schuhabsatz sagt ihr, dass sie ihr ganzes Leben ändern muss.« Man könnte derlei dem Verdacht aussetzen, dass hier Nationalstereotypen verlängert werden, man könnte von Euphemismen reden, man könnte nicht ohne gute Argumente vermuten, dass hier jemand schreibt, der mehr von Rilke und von Intuition weiß als von Schaufensterphantasien französischer Frauen – wenn die Beschreibung des deutschen modischen Augenscheins nicht so trefflich wäre.

Was also, Internationalisierung der Modestile oder Fortbestehen tiefgreifender nationaler Mentalitätsunterschiede in Modedingen? Auch für die Internationalisierungsthese gibt es ja gute Argumente in der *ZEIT* selbst, die neuerdings in ihrer Online-Ausgabe junge Fashionistas von der Straße vorstellt. Gelten Jessens Thesen vielleicht nur für die Große Bleiche, denen das *ZEIT*-Pressehaus näher liegt als dem Schanzenviertel?

Vielleicht stimmen beide Thesen, aber nicht für die gleichen Menschen. Ich erkläre mich:

In diesem Sommer war ich, die Augen an französischen Ferienalltag gewöhnt, zum ersten Mal auf Sylt. In Kampen. Zum ersten Mal gingen mir die Augen über an der Kreuzung am südlichen Ortseingang, wo sich lange, sehr lange Reihen hochklassiger schwarzer Limousinen stauten. Wenig rote Porsche, auch die schreckliche neue Mode weißer Oberklassenlimousinen hatte sich noch nicht durchgesetzt, gelegentlich ein Maserati und ein Bentley, sonst eine Prozession aus schwarzen Mercedes, BMW und Audi. Dann und wann ein weißer ... Cayenne. Als sei Staatsbegräbnis in Kampen. Zur Buhne 16 fuhren wir mit dem Rad. Wie fast alle. Die deutschen Eliten sind sportlich. Die Strandmode dieser Eliten, hoch konzentriert am soliden Strandkiosk, war leicht zu überblicken. Entweder nackt, sportlich und wohlgebräunt im Strandkorb, demonstrativ entsexualisiert, oder gewandet mit blauen Jeans, weißem Sweatshirt, bisweilen keck bedruckt, selten in weißer Bluse, blauen oder braunen Tod's und, offenbar unabdingbar, einer fleckenlos weißen Baseballkappe (bei Männern auch gern blau mit goldenem Wappen). Getrunken wird Latte macchiato oder ein trockener Weißwein. Nicht dass es unangenehm oder geschmacklos gewesen wäre. Oder dass mir die schrillen, lauten Reichen um den Hafen von Saint Tropez gefehlt hätten. Oder dass ich den Damen hohe Absätze im tiefen Sand zumuten möchte. Aber die Uniformität wohlhabender Individualitäten hatte doch etwas Verblüffendes. Diese Baseballkappen zum Beispiel, den Jugendlichen abgeguckt. Kein einziger eleganter Strohhut weit und breit – was übrigens dazu führt, dass die Jugendlichen, modisch atemlos verfolgt von ihren Eltern, in diesem Sommer die Strohhüte für sich entdecken konnten. Natürlich auch kein weißer Anzug, kein im Winde flatterndes Sommerkleid. Keine Sommerfrische, Kurzurlaub zum Auftanken. Man kann sich leicht vorstellen, wie sich dieses Publikum im beruflichen Alltag kleidet.

In den Städten aber, nicht nur in Berlin-Mitte, auch in München, in Köln, in Hamburg gibt es freilich eine wachsende, allemal junge oder marginale Schicht, die mit der Sprache der Mode spielt, experimentiert, sie als bisweilen erfreuliche, bisweilen gräusliche Form des Selbstausdrucks benutzt. Sie ist, aufs Ganze der deutschen Republik betrachtet, noch relativ klein. Aber größer als je zuvor in Deutschland, das Berlin der Weimarer Republik eingeschlossen. Von ihren Altersgenossen in den entsprechenden Vierteln von Paris unterscheiden sie nur noch kleine modische Details. Und eine Tradition von vierhundert Jahren.

Revolution

Über mehr als anderthalb Jahrhunderte, vorsichtig geschätzt, war Frankreich diejenige unter den Nationen, deren Name mit der Vorstellung von Revolution verknüpft war wie der keiner anderen. Gleich, ob die Revolution Schreckvorstellung war oder Hoffnung für das eigene Land, die Revolution war dreifarbig bleu-blanc-rouge. Sicher, es hatte die »Glorious Revolution« gegeben, viel später dann auch die Oktoberrevolution, aber das Modell der Revolution blieb die von 1789, die Originalausgabe sozusagen, gefolgt von Neuauflagen aus dem gleichen Hause: 1830, 1848, die Commune 1871, die Volksfront, Mai 1968. Die neuere Geschichte Frankreichs ist bestimmt durch eine Abfolge von Revolutionen und Revolten wie die keines anderen europäischen Landes.

Das Wort gab es schon lange. Es bezeichnete plötzliche Veränderungen aller Art. Speziell an Politik war da nicht gedacht. Seinen historischen Inhalt bekam es am 14. Juli 1789, als der Herzog von Liancourt seinem König die Nachricht vom Sturm auf die Bastille brachte und auf dessen Frage, ob das nicht eine schreckliche Revolte sei, die Antwort gab: »Nein, Sire, das ist eine große Revolution!«

An der weltgeschichtlichen Bedeutung der Ereignisse besteht trotz der Einwände neuerer Historiker, François Furet ist der bekannteste unter ihnen, wenig Zweifel. Der Versuch einer Weltmacht, der mächtigsten Nation des europäischen Kontinents zumindest, Modell allen Absolutismus, zum ersten Mal in der Geschichte das menschliche Zusammenleben nicht auf Tradition, Stand und Glauben zu bauen, sondern auf die freie Vereinbarung freier Bürger, hatte etwas Ungeheures, Nie-Dagewesenes, selbst wenn man gern auf das Vorbild der griechischen Polis oder der römischen Republik verwies.

Es ist vielfach beschrieben worden, mit welchem Enthusiasmus die deutsche Intelligenz, geistig auf der Höhe der Zeit in einem Land, dessen Wirklichkeit, wie Marx später schreiben würde, unter allem Niveau der Geschichte stand, die Revolution zunächst begrüßte. Das Bild von Hölderlin, Hegel und Schelling, die als Schüler des Tübinger Stifts bei der Nachricht von der Französischen Revolution um den Freiheitsbaum tanzen, steht sinnfällig für diesen Enthusiasmus, geteilt natürlich längst nicht von allen, aber doch von vielen, die im Reich des Geistes einen Namen hatten oder bekommen würden. Außer, wie bekannt, von Goethe, wenn man einmal nur auf die ganz Großen schaut. Und selbst Goethe, der spätere Verehrer von Napoleon, verehrte im französischen Kaiser nicht nur denjenigen, der wieder Ordnung gebracht hatte in die Revolutionswirren, sondern zugleich auch denjenigen, der in dieser Ordnung wesentliche Errungenschaften der Revolution sicherte. Jedenfalls hat die Revolution, die in Frankreich den Staat erschütterte, in Deutschland zumindest die Literatur bewegt.

Liest man heute die Augenzeugenberichte von Campe oder Kerner, Reinhard, Archenholz oder Oelsner, dann vermittelt sich immer noch ein Eindruck davon, was die Französische Revolution für das deutsche Bewusstsein bedeutete. Sie berichten von Vorgängen, die in Deutschland nie gesehen worden waren. Von politischen Versammlungen mit freier Rede, von Klubs, Gruppierungen, Parteiungen, Parlamenten, Debatten, Mehrheitsabstimmungen, von Vorformen demokratischer Willensbildungsprozesse, von fremdartigen Dingen also, von denen damals niemand wirklich dachte, dass sie einmal zu selbstverständlichen Bestandteilen politischer Herrschaft gehören würden. Überhaupt mussten in der deutschen Sprache die Begriffe für derlei erst gebildet werden und häufig wurden sie gebildet in Anlehnung an die französische Sprache.

Ohne diese Revolution und die mit ihr gestellte Frage, wie denn die aus dem Immergleichen geworfene Weltgeschichte denn wohl weitergehen würde, nach welchen Gesetzen, in welche Richtung, angetrieben durch welche Kräfte, hätte es wohl auch die großen geschichtsphilosophischen Systeme des deutschen Idealismus nicht gegeben.

Man weiß auch, wie es weiterging mit der Revolution und mit dem, was die Deutschen darüber dachten. Dass die revolutionäre Durchsetzung der Vernunft ohne Freilassung der Unvernunft nicht zu haben ist, dass auch der Mord an den Feinden der Vernunft eine gewalttätige Angelegenheit bleibt, dass das Trübe nach oben kommt und nicht nur die versteckten Diamanten, wenn man das Unterste zuoberst kehrt, dass Freiheit auch Neid und Rachsucht freisetzt, auch dies waren Revolutionserfahrungen, französische Erfahrungen, die das Bildungsprogramm der deutschen Klassik, das Programm, durch Kunst und Spiel erst den Menschen zu ändern, ehe man an die Veränderung der politischen Verhältnisse gehen kann, wesentlich ausgelöst hat. Das Entsetzen über die Schreckensherrschaft brach aus, nicht nur in Schillers Zeilen: »Wehe, wenn sie losgelassen, wachsend ohne Widerstand ...« Forster war es, der Weltläufigste, am weitesten Gereiste unter den deutschen Denkern, der mit wenigen anderen deutschen »Jakobinern« der Revolution auch nach der Hinrichtung des Königs noch die Treue hielt, weil er wusste, dass das Neue blutig geboren wird. Die anderen suchten nach Alternativen wie die Romantiker, die anfangs so radikalen Parteigänger der Revolution, bis sie schließlich wieder auf den Ständestaat verfielen.

Zweideutig wurde das deutsche Verhältnis zur Französischen Revolution auch dadurch, dass die unter Napoleon zwar die universalistische Geltung nicht aufgeben wollte, aber doch eben auch zu einer national-französischen statt einer nur-menschheitlichen Sache wurde und in diesem Namen Teile des Reichs erst besetzte, dann zerschlug und neu ordnete. Freiheit und Fortschritt aber, das lehrt die Geschichte bis heute, lassen sich kaum einmal exportieren und noch weniger durch fremde Armeen erzwingen. Und so waren denn die deutschen Gebildeten, die Studenten zuerst, für die Befreiung von Napoleon und – mehr oder minder – auch für die Freiheit, deren politisches Modell aber nun einmal aus Frankreich kam, so eifrig man es auch bei den eigenen germanischen Vorfahren suchte. Die Zeugen für die Konfusionen, die das machte, sind Legion. Das Bewusstsein nationaler Zusammengehörigkeit und möglicher

Einheit der Deutschen bis hin zum anti-französischen Chauvinismus ist jedenfalls auch ein indirekter Effekt der Französischen Revolution.

Der Wiener Kongress, die Restauration versuchten sie auszulöschen aus der Geschichte, als Verirrung zu entwirklichen, versuchten, die Geschichte anzuhalten. In der Starre der Restaurationszeit blieb die Erinnerung an die napoleonische Größe aber immer ein Bezugspunkt, auf französischer (Stendhal z. B.) wie auf deutscher Seite. Dass die Geschichte nicht aufzuhalten ist und die moderne Geschichte hindrängt zur Freiheit, zur Respektierung der Menschenrechte, zur Demokratie, zur Republik, zur konstitutionellen Monarchie zumindest, jedenfalls zur Beteiligung immer weiterer Klassen, Schichten und Gruppen an der politischen Macht, das erwies sich wiederum in Frankreich mit der Julirevolution von 1830. In Deutschland fand sie abermals die Bedingungen nicht, die eine Nachahmung möglich gemacht hätte, aber für das deutsche Denken war sie von kaum zu überschätzender Bedeutung. Nicht nur Heine zog begeistert nach Paris, um sich die Folgen anzusehen. Sicher, dafür gab es viele Gründe, nicht zuletzt die drückende Unfreiheit in den deutschen Staaten. Aber mehr noch war es der Wunsch, dort zu sein, wo die Zukunft gemacht wurde, ihre Spuren zu lesen, ihre Geburt zu befördern, die einige der besten deutschen Schriftsteller, einige der besten deutschen Künstler seiner Generation nach Frankreich trieb. Paris, das war damals ein Gemeinplatz, ist das Laboratorium der politischen Zukunft der Menschheit, so wie in England die ökonomische Zukunft schon besichtigt werden konnte, während im politisch und ökonomisch rückständigen Deutschland gedacht und bedichtet wurde, was anderswo geschah. Heine, Börne, Büchner, Herwegh, Ruge, Marx, sie alle lebten über Jahre in Paris – neben Hunderttausenden von deutschen Handwerkern, die sich auf der Flucht vor der materiellen Not dort ansiedelten. Sicher, das war nicht der Weg der Mehrheit der deutschen Autoren dieser Periode, die zumeist im biedermeierlichen Rückzug der Zeit zu trotzen und ihr Kunst abzutrotzen versuchte, aber es entstand doch zum ersten Mal ein großer und bedeutender Teil der deutschen Kunst der Zeit im französischen Exil.

»Wie ich die Freiheit liebe, so liebe ich Frankreich.« Schrieb Heinrich Heine. Und nicht nur er dachte so. Frankreich wurde und blieb das Modell, nach dem (oder gegen das) zwischen 1830 und 1848 die deutsche Zukunft gedacht wurde. Als Zukunft, die es herzustellen, oder, wie die Liberalen wollten, vorsichtig ein bisschen nachzumodeln, oder, so die staatstragenden Kräfte, als Zukunft, die es zu verhindern galt. Das hieß nicht unbedingt blinde Bewunderung selbst bei den Parteigängern. Büchner hat gültig bis heute in *Dantons Tod* die Frage nach den Kosten der Revolution gestellt, und Heine sah bald, dass das Volk, das doch die Revolution von 1830 gemacht hatte, von der Bourgeoisie des Bürgerkönigtums um seine Hoffnungen betrogen wurde. Heine, Büchner und selbst der junge Marx entdeckten in Frankreich, was man in Deutschland, wo sich alles um die Frage der Einheit und der politischen Freiheit drehte, noch nicht entdecken konnte: Ohne Freiheit ist alles nichts, aber Freiheit gibt allein noch kein Brot und längst kein Fleisch. In Paris hingegen ging es längst um die Frage, wie dem Elend der neuen proletarischen Klasse abzuhelfen sei, da ging es längst um die Strategien der sozialen Revolution, um die »Emanzipation des Fleisches«, wie Heine es nannte. Theoretisch in vielerlei Form, aber eben auch praktisch in den Aufständen der Seidenweber, in den Revolten, die Berufsrevolutionäre wie Blanqui zwischen zwei Gefängnisaufenthalten anzettelten.

Und so ging denn die Pariser Februarrevolution im Aufstandsjahr 1848 wieder den europäischen Revolutionen um mindestens einen Monat voraus. Aber dieses Mal folgten auch die Deutschen, nicht nur in Wien und Berlin. Zum ersten Mal seit dem Bauernkrieg im 16. Jahrhundert. Man kennt das böse Ende. Die deutsche Revolution, mit der dreifachen Aufgabe befrachtet, die nationale Einheit herzustellen, die Freiheit zu garantieren und sich der neuen sozialen Frage zu stellen, verfehlte alle drei, was die deutsche Geschichte viel nachhaltiger belastete als die Machtergreifung von Napoleon III. die französische, weil diese Niederlage den Weg frei machte für Bismarcks Reichseinigung von oben, durch Krieg mit Frankreich, Einigung ohne nennenswerte Demokratisierung, ohne Ablösung des Adels und des Großgrundbesitzes. Nichts ist erfolgreicher als der Erfolg. Und erfolgreich war die preußische Armee mit Blut und Eisen. So verwandelte sich das neue Deutschland des Zweiten Reiches in ein Gebilde nach dem Muster der Armee auch im zivilen Bereich, wie Norbert Elias so plastisch gezeigt hat. Zum militärischen Erfolg – zum ersten Mal seit Jahrhunderten hatte Deutschland Frankreich besiegt – kam der ökonomische. Binnen zweier Jahrzehnte überholte Deutschland auch Frankreichs Wirtschaftsmacht. Die Revolution, die Republik erschienen nun wie Modelle von gestern, Modelle der Gestrigen, der Verlierer, der Verlierer wie die der letzten französischen Revolution des 19. Jahrhunderts, der Pariser Commune von 1871. Sie war die erste proletarische Revolution der Weltgeschichte und sie blieb lange die einzige. Die deutsche Arbeiterbewegung sah in ihr wie in den vorausgegangenen von 1789, 1830 und 1848 das Versprechen einer künftigen, der ihren, aber sie war damit so isoliert, wie sie überhaupt politisch isoliert war im Kaiserreich. Die »Geistigen« unter den Deutschen hingegen setzten fortan mehrheitlich, um es Thomas Mann sagen zu lassen, dem französischen »Advokaten-Parlamentarismus« das deutsche »soziale Kaisertum«, der »Zivilisation« die »Kultur«, dem »Stroh von 1789«, das der »gallische Radikalismus« immer noch dresche, den deutschen Weg »ins Freie und Lichte« entgegen. Diese *Gedanken im Kriege* formulierte er 1915 und konnte sich gerade in diesem Jahr einer großen Zustimmung sicher sein.

Die galoppierende Frankreich-Feindschaft der Jahre nach 1871, in der die Revolution neben der französischen »Dekadenz« argumentativ eine zentrale Stelle einnahm, war freilich häufig unterfüttert von einer fortdauernden Faszination. Paris war und blieb, wie Walter Benjamin glücklich formulierte, die »Hauptstadt des 19. Jahrhunderts«. Die Maler reisten nicht mehr nach Rom, sondern nach Paris, wo der jährliche Salon über die internationale Reputation entschied. In Paris entstand mit dem Impressionismus die moderne Malerei, mit dem Symbolismus die moderne Lyrik, in Paris fand der Gesellschaftsroman ein Feld, an dem es in Deutschland fehlte, Paris verwandelte sich mit den städtebaulichen Projekten Haussmanns in einen Ort hauptstädtischen Glanzes, gesellschaftlicher Exzellenz, wurde mit den Passagen, den Warenhäusern und den Weltausstellungen zum Schaufenster der Welt. Das Neue, so sollte es Peter Weiss noch in den sechziger Jahren des 20. Jahrhunderts in Bezug auf Kunst und Politik sagen, »kam immer aus Paris«.

Und selbst die politische Revolutionstradition Frankreichs hatte in Deutschland immer noch ihre Fürsprecher, wenn sie auch unter den Bedingungen des Krieges und des Versailler Vertrags eine kleine Minderheit waren. Nicht zuletzt Heinrich Mann, der den deutschen »Untertan« so gut kannte und so herzlich hasste, erinnerte die Deutschen an die republikanischen Traditionen Frankreichs, an den zivilen Mut Zolas und seiner Mitstreiter in der Dreyfus-Affäre. Dass die Deutschen im November 1918 ihre erste erfolgreiche Revolution ins Werk setzten, half seinesgleichen wenig. Bei den einen verband sich der Hass auf die deutsche Revolution mit dem Hass auf die revolutionäre Tradition der Siegermacht Frankreich und dem auf die Friedensbedingungen, die sie der neuen deutschen Republik auferlegte. Bei den anderen wurde fortan die russische Oktoberrevolution zum Vorbild. Moskau rückte an die Stelle von Paris auf dem Weltatlas der Revolution, auf dem bald auch die Nationalsozialisten unter dem falschen Namen der nationalen Revolution einen Hauptplatz beanspruchten.

Die Verhältnisse mit Frankreich entspannten sich nach dem Locarno-Vertrag, das Gespräch zwischen deutschen und französischen Intellektuellen wurde wieder möglich, bevor die Machtergreifung des Nationalsozialismus ihm mit Gewalt, Vertreibung und Propaganda gegen die »vernegerte« und »verjudete« Heimat der Demokratie und der

Menschenrechte erneut ein Ende setzte. Auch das bedeutete kein völliges Ende der deutschen Frankreich-Faszination, zumal die Polemik gegen die »Schuldigen« von Versailles auch mit vorsichtigen Versuchen einherging, selbst in der Besatzungszeit durch Kontakte mit französischen Intellektuellen die Kollaboration zu befördern. Aber ein Modell, ein revolutionäres gar, war das wirtschaftlich stagnierende Frankreich schon vor 1933 für die Deutschen nicht mehr gewesen. Bei den frankophilen Intellektuellen trat mit Friedrich Sieburgs *Gott in Frankreich?* ein neues Diskursmuster in den Vordergrund, das bis heute nachwirkt, ja wohl bis heute das dominierende Wahrnehmungsmuster der deutschen Frankreich-Besucher ist: Frankreich als das lebens- und liebenswerte vormoderne Land, das aus seiner Rückständigkeit seinen Charme bezieht. Das vor allem suchen die Touristen im ländlichen Frankreich, den Urlaub von einer Lebensform, wo Mittagessen nur für Verlierer ist und die Autobahn ohne Geschwindigkeitsbegrenzung. Dieses Muster gehört zu den wenigen langlebigen in der deutschen Frankreich-Perzeption, während sich das politische Modell der Volksfront schon in Frankreich nicht verstetigen konnte, im deutschen Exil scheiterte und in der deutschen Nachkriegszeit pervertiert wurde.

Frankreich war, von Deutschland aus gesehen, bald nach dem Zweiten Weltkrieg wieder das wirtschaftlich schwache Land mit den großen weltpolitischen Ambitionen, während der Franc gegenüber der D-Mark immer mehr an Wert verlor. Und trotzdem wirkte der französische Revolutionsmythos zumindest in Teilen der deutschen Intelligenz weiter. Das hatte damit zu tun, dass sich im Osten Deutschlands das importierte russische Revolutionsmodell blamierte, weil ihm die Freiheit fehlte, die im französischen an der ersten Stelle stand, und im Westen die Opposition – auch die der Arbeiterbewegung – sich bald ziemlich widerstandslos, wenn auch nicht ohne Gegenleistung, in den Adenauer-Staat integrieren ließ. In Frankreich hingegen lebte die Arbeiterkultur auch nach dem Zweiten Weltkrieg fort. In Frankreich hingegen gab es große Streiks, in Frankreich zogen immer wieder Hunderttausende von der Bastille zur Place de la République. Aus Frankreich kam der Existentialismus, in dem die Figur des engagierten Intellektuellen eine zentrale Rolle spielte, aus Frankreich kamen auch die ersten theoretischen Impulse der Frauenbewegung: Sartre und Camus, die über das Engagement streiten; Sartre und Beauvoir in einer offenen, intellektuell fruchtbaren Beziehung freier Liebe; Sartre vor den Toren des Renault-Werks in Boulogne-Billancourt, der Hochburg der französischen Arbeiterbewegung – das waren Bilder, die über den Rhein strahlten. Wir hatten Nietzsche und Heidegger, Frankreich hingegen hatte Sartre und viele andere in seiner Linie (so wollte es damals jedenfalls scheinen). Mochte auch Sartre wie später Lacan oder Deleuze, Foucault, Derrida bei Heidegger in die Schule gegangen sein – wir hatten den Geist, der mit den Nazis ging, und Frankreich den, der mit der Freiheit ging, mochte es auch, wie dann die Strukturalisten nimmermüd erwiesen, mit seiner Freiheit so weit her nicht sein.

Sicher, man weiß heute, dass die Dinge so einfach nicht waren. Aber sie waren auch nicht nur eine Projektion von utopischen Wünschen auf die französischen Verhältnisse, wie sich dann spätestens und übrigens völlig unerwartet im Mai 1968 zeigte. Ich habe es als Revolutionstourist miterlebt: Damals hatte ich gerade in Marburg zu studieren begonnen, kannte die Riten und Diskurse und aus gehöriger Ferne auch die Wortführer der Studentenbewegung in Marburg, im nahen Frankfurt und gelegentlich auch in Berlin. Aber natürlich hat mich interessiert, was in Paris passierte, wie die Revolte dort aussah, wo sie zu Hause war. Ich kannte niemanden in Paris, konnte schlecht Französisch, aber irgendwann Ende Mai, Anfang Juni – es galt schon das Demonstrations- und Versammlungsverbot – war ich in Paris. Das Quartier Latin war schön, wie es eben schön ist im Frühling, in unzähligen Buchläden wurde von unzähligen Gruppen die Sache des Volkes angeboten und erläutert. Aber es gab eine Spannung, die beim letzten Besuch nicht da gewesen war. Wir setzten uns, ermüdet vom Durchstreifen der Buchläden, in ein Café an der Ecke des Boulevard Saint Michel und der Place de la Sorbonne, direkt vor dem Haupteingang der Universität. Dort erhob sich plötzlich, ohne sichtbare Führung, wohl ohne Leitung überhaupt, ein Palaver zwischen ein paar jungen Leuten. Andere eilten herbei, offenbar zufällig auch das, mischten sich ein. Kein aus der Zeitung bekanntes Gesicht darunter, kein Dany-le-Rouge, kein Rädelsführer, keine Organisation, keine sichtbare jedenfalls. Die Gruppe wurde trotzdem von Minute zu Minute größer, lauter und füllte bald den Platz. Eine verbotene Versammlung, stolz auf sich und sichtbar frech. Die Internationale ertönte, Fäuste wurden gereckt. Es kam mir seltsam vor. Ich kannte die Internationale nur als traurig-trotzigen Gesang alter Männer auf müden Demonstrationen zum 1. Mai.

Hier waren es viele junge Männer und Mädchen noch dazu. Wie zufällig bewegte sich nun ein schwarzes, behelmtes und beschildertes Rechteck aus Polizisten einer Spezialeinheit im Gleichschritt an der westlichen Seite des Platzes vorbei den Boulevard hinunter in Richtung Seine. Sie wurden johlend von der Menge begrüßt. Die latente Gewalt, die der Block der Polizisten ausstrahlte, ließ eine Art ambulante Arena um ihn herum entstehen. Die Autos hielten an, die Passanten gingen langsamer. Junge Männer, die mutigsten, liefen provozierend in die Arena, umtanzten den stählernen Marschblock mit eleganten Bewegungen und drehten den Polizisten eine Nase. Junge Mädchen mit zumeist sehr kurzen Röcken, wie sie neuerdings in Mode waren, wagten sich nahe an die noch durch Befehl Gefesselten heran und streckten den Knüppelträgern lang die Zunge heraus. Mut gegen Macht; Spontaneität gegen Befehl; Menschen gegen Maschinen; hell gegen dunkel; Haut gegen Uniformdrillich; Tanz gegen Gleichschritt – es war wie im Film, nur dass man es dem Film allenfalls bei äußerster Kunstfertigkeit des Regisseurs geglaubt hätte. Dann muss es den Einsatzbefehl gegeben haben. Das geordnete Rechteck verwandelte sich vor unseren Augen in einen Haufen entfesselt prügelnder schwarzer Wesen, in brutaler Raserei eindreschend auf alles, was nicht von ihrer Art war. Tränengasgeschosse explodierten. Aus den Seitenstraßen liefen weitere Polizeieinheiten schwarz heran. Alle flüchteten, um nicht zwischen die Knüppel zu geraten, Demonstranten, Passanten, Touristen. Wir wurden mitgerissen durch die großen, unter dem Druck unserer Körper splitternden Scheiben ins Innere des Cafés, vor dem wir gesessen hatten. Drangvolle Enge und

Angst, als das Tränengas immer dichter wurde. Und dann eine Geste, die damals in Deutschland nicht hätte sein können, die ich darum erst auch nicht verstand: Die geschädigten Cafébesitzer hinter dem Zinktresen – oder waren es nur die Kellner? – schnitten eilig, als gälte es, wichtige, liebe Gäste zu bedienen, ihren ganzen Vorrat an Zitronen auf und reichten sie an uns weiter, weil das gegen Tränengas hilft. Als ich endlich verstanden hatte, war in meinem Kopf, aus dem die Tränen flossen, der Gedanke, dass es sich in diesem Land besser leben ließe als in meinem.

Die Dinge haben sich auch an der Place de la Sorbonne nicht so entwickelt, wie meine tränenglänzenden Augen es damals sehen wollten. Die Zitronenscheiben stehen unterdes auf der Rechnung, die Wohnungspreise sind drastisch gestiegen, die Kinder der Mädchen mit den kurzen Röcken und der provozierenden Tänzer kennen die Internationale nicht mehr, und die immer noch schwarz gekleideten Polizisten, nun mit Integralhelmen, sind jetzt in der Banlieue tätig. Aber trotzdem war es eine Erfahrung, die man damals so in Deutschland nicht machen konnte, wo die Bild-Zeitung lesenden Westberliner Rentner die Polizisten zur Hatz anstachelten, die Erfahrung, dass sich die Leute, dass sich normale Bürger auf die Seite der Revolte schlugen – statt auf die Seite der Ordnung. Und da lag ja dann tatsächlich der Hauptunterschied zwischen der Kultur- und Universitätsrevolte in Deutschland und dem französischen Mai 1968: die Studentenrevolte griff auf andere gesellschaftliche Bereiche und Gruppen über und löste eine tiefgreifende politische Krise aus.

Ob die Pariser Ereignisse im Mai/Juni 1968 eine Revolution genannt gehören, welche Folgen sie hatte, wo sie wohltätig waren und wo schädlich, warum sie nicht tiefgreifender ausfielen, darüber kann trefflich gestritten werden und darüber wird anhaltend gestritten, nicht zuletzt von französischen Präsidenten. Aber darum soll es hier nicht gehen. Es sollte nur behauptet werden, dass es in Frankreich eine anhaltende Tradition militanter Widerständigkeit gibt, die nicht mit dem 19. Jahrhundert zu Ende ging, sondern einen Habitus geprägt hat, der tief eingesenkt ist in die französischen Mentalitäten. Und dass in der deutschen Intelligenz eine trotz aller Enttäuschungen fortbestehende Bewunderung für diese Tradition zu finden ist. Das Werk des unglücklichen Lothar Baier ist ein immer wieder fortgeschriebener Beleg dafür, aber es gibt unzählige andere. Nicht zufällig wird die große Abrechnung von Günter Grass mit dem deutschen Vereinigungsprozess, die er in *Ein weites Feld* verdichtete, durchzogen von Frankreich-Motiven, die die Funktion haben, die Perspektive auf Alternativen öffnen zu dem, was in der deutschen Geschichte passierte.

Wer heute mit dem Gedanken im Hinterkopf nach Frankreich kommt, dass es hier allemal freier, lockerer, widerständiger zugehe, dass hier mehr Gleichheit sei als anderswo, in Deutschland zum Beispiel, auf den warten herbe Enttäuschungen. Es kommt natürlich darauf an, welche Erwartungen er mitbringt, wie alt er ist, welchen Platz er im Gastland einnimmt. Bei den Journalisten, den Korrespondenten der großen Zeitungen, für die Paris allemal ein Wunschort ist, die also das Land schon kennen, ihm im Prinzip gewogen sind, die Sprache sprechen, lassen sich die Enttäuschungen gut nachvollziehen, weil sie darüber schreiben. Jedenfalls gibt es einen Cantus firmus ihrer Berichte, und der läuft zuallererst darauf hinaus, dass Frankreich unter einer Art Größenwahn leide, der aus der Vergangenheit rühre und den heutigen Verhältnissen nicht angemessen sei. Man kann dieses Argumentationsmuster unfehlbar daran erkennen, dass das Stichwort »Grande Nation« fällt. Das steht in einem seltsamen Kontrast zu der Tatsache, dass sich in heutigen französischen Texten die Behauptung, man sei eine »Grande Nation« kaum je findet. Und findet sie sich, dann ist sie selten im imperialen Sinne gemeint, so wenig, wie Hoffmann von Fallersleben sein »Deutschland über alles« imperial meinte. Aber natürlich gibt es auch einen Realitätskern in der Häme. Frankreich, das Frankreich de Gaulles wie aller seiner Nachfolger, hat sich mit dem Verlust der Weltmachtstellung nach dem Zweiten Weltkrieg nicht abgefunden, sondern immer wieder nach Wegen gesucht, die ökonomische wie demographische und militärische Unterlegenheit gegenüber den USA und der UdSSR bzw. Russland und später China zu kompensieren. Ohne diesen Wunsch hätte es die enge Kooperation mit Deutschland und die Europäische Union nicht gegeben. Deutschland, das Deutschland Hitlers, hatte hingegen die größenwahnsinnigen Weltmachtphantasien bis zum bitteren Ende ausgelebt und sich danach, völlig erschöpft und ganz besiegt, willig den beiden Weltmächten unterstellt. Illusionen, die man selbst unter Schmerzen aufgeben musste, die mag man bei anderen nicht dulden.

Anders verhält es sich mit einem weiteren Diskursmuster, das die deutsche Frankreichberichterstattung durchzieht, mit dem Spott darüber, dass Frankreich eine universelle zivilisatorische Mission beanspruche und damit anderen Ländern abspreche. Nun denkt das in Frankreich, von einigen Wirrköpfen der extrem Rechten abgesehen, in Frankreich niemand in dem Sinne, dass Franzosen eben von Natur aus zivilisiert seien und der Rest der Welt Barbaren, denen man erst noch das Essen mit Messer und Gabel beibringen müsste. Aber richtig ist, dass es in Frankreich eine starke Tradition universalistischen Denkens gibt, die ihrerseits, man denke an die Menschenrechte, mit revolutionären Traditionen zu tun hat. In Deutschland hingegen gibt es – der Name Herder steht dafür – eine starke kulturrelativistische, die Gleichberechtigung verschiedener kultureller Praxen verteidigende Tradition. Bei politischem Streit, z. B. um Schleier oder Burka, schlägt sich das in spontan eher unterschiedlichen Optionen der jeweiligen Bevölkerung nieder. Freilich zeigt sich in der gegenwärtigen politischen Wirklichkeit, dass die französische Republik in der Praxis ohne kulturrelativistische Zugeständnisse so wenig auskommt wie die deutsche ohne Diskussion darüber, welche zivilisatorischen Universalien denn allen Bürgern und allen Zuwanderern zugemutet werden müssen.

Unerschöpflichen Stoff bietet der deutschen Kritik die französische Repräsentation der Macht. Während die Deutschen nach den Riefenstahl-Aufmärschen der Reichsparteitage, nach den größenwahnsinnigen Machtinszenierungen des Nationalsozialismus den Geschmack an derlei Schauspielen gründlich verloren haben, so gründlich, dass weder Johannes Rau noch Horst Köhler im Schloss Bellevue wohnen mochten und nur widerwillig zum Händeschütteln bei offiziellen Anlässen dort erschienen, schaltet und waltet die französische politische Elite in Prunkbauten von absolutistischer Pracht. Der Elysée-Palast des Präsidenten, »das Schloss« genannt, das Hôtel Matignon des Premierministers, die Residenz des Justizministers an der noblen Place Vendôme, der Senat im Palais du Luxembourg, das Außenministerium am Quai d'Orsay atmen große Geschichte und strahlen Reichtum und Macht ab. Es sind allemal Orte, die ihren legitimen Bewohnern zu Kopf steigen müssen. ARTE, der Sender, wo man sich mit deutsch-französischen Unterschieden gut auskennt, hat den Zuschauern der »Karambolage«-Sendung einmal eine aufschlussreiche Serie von kleinen Filmen über die Büros der deutschen und französischen Minister gezeigt. Die französischen sind prachtvoll durchweht von stolz vorgezeigter Geschichte, so dass die paar Akten auf dem Schreibtisch gar nicht auffallen. Die deutschen sind funktional im gehobenen Büromöbelstil. Und der Hauch von guter Form, von Design gar, wird dementiert von unauffälligen Zeichen zweifelhaften persönlichen Geschmacks der Amtsträger: Hier ein Sparschwein, dort ein in Silber gerahmtes Foto der Familie, die eine Ahnung davon geben, wie sich die deutschen politischen Eliten ihr privates Einfamilienhaus im Grünen wohl eingerichtet haben dürften.

Ministerien sind nicht für Normalbürger gedacht. Ich war zwei Mal in meinem Leben (mit vielen anderen) ins französische Außenministerium geladen und hatte alle Mühe, mich von den Fluchten blattgoldstrotzender Säle nicht kleinmachen zu lassen. Man muss es lange geübt haben, aufrecht durch solche Säle zu schreiten, statt sich unauffällig an den Wänden entlangzudrücken. Als ein Diener in Frack und mit weißen Kniestrümpfen kam, nach meinem Namen fragte,

ihn mit seiner Liste verglich und dann mit seinem schulter-
hohen Stock sehr laut aufs Parkett klopfte und meinen Namen ausrief, konnte ich gut nachvollziehen, warum die
deutschen Journalisten, die sich beruflich häufig in dieser
Welt bewegen, nicht müde werden, über derlei zu spotten.
So hatte ich immerhin einmal am eigenen Leib den Haupt-
effekt solcher Machtentfaltung kennengelernt: Sie soll beeindrucken, kleinmachen, Distanz und Bewunderung herstellen. Dafür nimmt sie auch den Spott in Kauf. Gespottet
wird in Frankreich viel über die Machtentfaltung der republikanischen Potentaten, aber an den Inszenierungen ändert das nichts. Frankreich hat seinen König geköpft, aber
die Schlösser behalten und die Riten, die dazugehören.
Schon Tocqueville konstatierte 1856, dass die Riten absolutistischer Prachtentfaltung die Revolution unbeschadet
überstanden hatten, und daran sollte sich bis ins 21. Jahrhundert wenig ändern.

Die Pariser Bürger dürfen anlässlich der Paraden als Zuschauer daran teilnehmen, wo etwa am 14. Juli die Elite-
schüler der École Polytechnique in allem Ernste mit Drei-
spitz und Degen die Champs Elysées abschreiten, wo die
Litzen blitzen, die Federbüsche auf den Helmen flattern
und oben am Himmel die Mirages blau-weiß-rote Kon-
densstreifen hinter sich herziehen. Derlei Paradeglanz und
Fahnengeflatter, derlei große Volksoper ist Unter den Lin-
den nicht mehr denkbar, wo schon der Stechschritt der
DDR-Paradesoldaten seltsam deplatziert wirkte. Man ahnte
den Geschmack von Wandlitz dahinter.

Oder man vergleiche einmal die Neujahrsansprachen der
deutschen Kanzler mit den Fernsehreden der französischen

Präsidenten. Wer erinnert sich nicht an Helmut Kohl vor einer mittelpreisigen Schrankwand, neben sich ein schwarz-rot-goldenes Wimpelchen und, kaum erkennbar, als historische Reminiszenz eine kleine Porzellanfigur Friedrichs des Zweiten? Das Ganze so wenig auffällig, dass ein Techniker die Inszenierung mit der vom Vorjahr verwechselte und keiner hat's gemerkt. Einer wie wir eben, ehrlich bemüht, mit deutlichem Pfälzer Akzent. Oder später ein anderer mit einem anderen. Jedenfalls sitzt da einer wie wir. Oder, neuerdings, eine wie wir. Lenin hat einmal die Utopie formuliert, der Staat müsse so weit absterben, müsse so einfach werden, dass eine Putzfrau ihn leiten könnte. Das blieb eine schöne Utopie. Aber immerhin stört es in der Berliner Republik niemanden, wenn die höchsten Repräsentanten des Staates ungefähr soviel Aura ausstrahlen wie Evelyn Hamann in einem Loriot-Sketch.

Wenn in Frankreich der Präsident spricht, dann wird Erhabenheit inszeniert. Ein paar Töne der Marseillaise, Fahne statt Wimpel, Louis XVI.-Möbel, das Ganze gern getaucht in das Rot der Kardinäle in feinem Kontrast zum allgegenwärtigen Gold und am Ende jedenfalls das »Vive la République, vive la France«. Wenn der Präsident sich zu einem Interview herablässt, ist die Inszenierung kaum anders. Die Spitzenjournalisten erwecken den Eindruck, als würden sie mit jeder ihrer (abgesprochenen) Fragen eine Majestätsbeleidigung begehen, für die sie sich zu entschuldigen hätten. Das entspricht nicht nur einer Tradition, sondern angesichts der engen Verflechtung von politischer und publizistischer Macht durchaus auch der immer wirklicher werdenden Wirklichkeit.

Jedenfalls: Die symbolische Distanz zwischen Macht und Volk ist in Frankreich so ausgeprägt wie in keinem anderen demokratischen Staat. Das erklärt sich zugleich aus absolutistischer Tradition und institutioneller Wirklichkeit der V. Republik, die dem Präsidenten eine Machtfülle einräumt, über die weder der amerikanische Präsident noch der englische Premierminister oder der deutsche Kanzler verfügt. Der französische Wahlmonarch darf sich wie eh und je durch Prunkbauten verewigen: Pompidou durch das Centre Pompidou; Giscard d'Estaing durch die Verwandlung der Gare d'Orsay in ein Museum des Impressionismus; Mitterrand durch die Bastille-Oper, die Louvre-Pyramide Peis, das Institut du Monde Arabe von Jean Nouvel, die Arche de la Défense, die den Arc de Triomphe in den Schatten stellt, und schließlich durch die neue Bibliothèque Nationale, in der allem gesunden Menschenverstand entgegen die Benutzer in den Keller verbannt sind, während die Bücher in Glastürmen der Sonne ausgesetzt werden; Jacques Chirac durch das Musée du quai Branly für seine geliebte frühgeschichtliche Kunst. Nicolas Sarkozy bedrängt den sozialistischen Pariser Bürgermeister, endlich das erst vor wenigen Jahrzehnten erbaute, zugegeben hässliche neue Hallenviertel abzureißen, um einen repräsentativen Bauplatz frei zu räumen, auf dem seine Regentschaft zu Stein werden kann. Auch in Berlin ist seit der Vereinigung viel gebaut wurden, aber keines der Gebäude, nicht einmal das Kanzleramt, verbindet sich im öffentlichen Bewusstsein mit einem Politikernamen.

Über deutsche Affären wie die der wochenlang auch in der seriösen Presse diskutierten Geburtstagsfeier für Josef

Ackermann, die Frau Merkel im Kanzleramt auf Staatskosten ausrichten ließ, oder den Diebstahl eines sowohl versicherten als gewiss auch gesponserten Dienstwagens einer Ministerin in Spanien können französische Präsidenten nur lächeln. Dass die nächtlichen Heimfahrten der Kanzlerin als Privattouren abgerechnet werden müssen, würden sie geradezu als Anschlag auf die Würde des Staates begreifen. Schon Madame Pompidou reiste 1970 mit 32 kompletten Haute-Couture-Garnituren in die USA, Madame Giscard d'Estaing ließ sich in Air-France-Linienmaschinen Salons für sich und die vier Kinder einbauen, und selbst der protestantisch-bescheidene Premier Jospin organisierte seiner Mutter auf Staatskosten ein Essen in Versailles.

Nicolas Sarkozy überbietet sie alle. Seinen Wahlsieg schon feierte er im Pariser *Fouquet's* mit den reichsten Männern Frankreichs (Bernard Arnauld), Belgiens (Albert Frère), mit dem Bauunternehmer Bouygues, dem neben vielem anderen TF1 gehört, das erste französische Fernsehprogramm, dem Rüstungsunternehmer Dassault und vielen Stars und Sternchen aus dem Showbussiness. Das Programm des »bereichert euch und zeigt es« war an der Macht. Die ersten Reisen Sarkozys bezahlte Milliardärsfreund Bolloré, auf dessen Yacht er sich auf die Amtsgeschäfte vorbereitete, zum Beispiel auf die Senkung des Spitzensteuersatzes. Die 44 000 Euro für den ersten, symbolisch hoch aufgeladenen USA-Urlaub zahlte ein ungenannter Gönner. »Bling bling« wurde Mode, die Rolex zum Symbol der Politik, auch dann noch, als der Präsident eines Geschenkes seiner Freundin wegen auf Patek Philippe wechselte. Dass er sich sein Gehalt um 170 Prozent erhöhte, wurde mit leistungsgerechter Be-

zahlung begründet und ging durch, wie alles vorher durch-
gegangen war, was jeden deutschen Bundeskanzler die Stellung gekostet hätte. So konnte Sarkozy dann später unge-
niert versuchen, seinem Sohn Jean, der noch nicht einmal
sein Jura-Examen absolviert hatte, den Vorsitz der Betrei-
bergesellschaft des Défense-Viertels zuzuschanzen, wo sich
in Paris die Stammsitze der großen Konzerne konzentrieren. Hunderte von Geschichten dieser Art finden sich in jedem besseren Pressearchiv. Die meisten freilich finden sich
unter dem Stichwort »Carla Bruni«, Ex-Mannequin, schön,
begehrenswert und immer erneut erfolgreich begehrt von
den Erfolgreichen dieser Welt in Politik und Showbusiness.
Außerdem ist Madame von Hause schon reich und leidlich
singen kann sie auch noch. Die Erste Dame Frankreichs, bei
jedem G-8-Treffen als Schwan unter den Enten des Damen-
programms leicht auszumachen, nicht nur im natürlichen
Kontrast zu Herrn Sauer. Sie ist allein schon ein Programm,
das Programm einer neuen Libertinage (Madame de Gaulle
noch duldete keine Geschiedenen an ihrem Tisch), eines
neuen Hedonismus, einer Fun-Gesellschaft an der Spitze
des Staates. Nicht zufällig hat der Präsident seine Liaison im
Pariser Disneyland öffentlich gemacht. Und zugleich ist es
ein ganz altes Programm: das der begehrtesten Maitresse,
des schönsten Weibs als Beute des erfolgreichsten Mannes, Symbol der Potenz und Vorzeigestück der Macht. Das
Private wird mit Geschick an die Stelle des Politischen ge-
schoben und die Politik privatisiert. So wie die Unternehmen in öffentlicher Hand.

Die institutionellen Bremsen greifen kaum. Das Parlament der V. Republik ist traditionell schwach. Wenn Sar-

kozy seine Regierungerklärung aus Gründen der Medienwirksamkeit in Versailles abgeben will, lässt er es dort antreten. Seine eigene Partei hat er als ehemaliger Vorsitzender im Griff. Die alten Gaullisten schütteln mit dem Kopf, wenn keiner guckt, und spielen ansonsten mit. Die sozialistische Opposition ist durch das Mehrheitswahlsystem unterrepräsentiert, programmatisch blass, zerstritten zwischen Richtungen, die Sarkozy imitieren möchten, und anderen, die auf das sozialdemokratische Modell setzen, das überall in Europa in der Krise ist. Zudem fehlt es ihnen an charismatischen Persönlichkeiten. Die angesehensten unter ihnen wie Außenminister Kouchner oder Dominique Strauss-Kahn, Präsident des Internationalen Währungsfonds, kaufte Sarkozy erfolgreich auf. Freundliche Übernahmen. Der extremen Rechten hat er mit seinem »law and order«-Diskurs und wenig verhüllter Ausländerfeindschaft einstweilen die Wählerschaft halbiert, etwa so wie das früher Franz-Josef Strauß mit dem deutschen Rechtsradikalismus praktizierte. Die einst so mächtigen Kommunisten sind zu einer einflusslosen Randgruppe geworden, die Trotzkisten, die ihr Erbe anzutreten versuchen, haben in den Gewerkschaften und Betrieben durchaus einen gewissen Einfluss, sind aber auf nationaler Ebene ohne Bedeutung. Dass die Grünen, wesentlich getragen von den erfolgreichen, liberal orientierten städtischen Mittelschichten, nun auch in Frankreich zu einer relevanten politischen Gruppierung werden, verschlägt dagegen wenig.

Und die Kontrollfunktion der Presse? Sicher, Sarkozy ist nicht Berlusconi. Die Medien gehören ihm nicht, aber ein mächtiges Netzwerk von Medienbaronen ist ihm hörig. Das erste Fernsehprogramm von Freund Bouygues heizt in Vorwahlzeiten mit Berichten über die öffentliche Unsicherheit die Ängste an, die Sarkozy die Wähler zutreiben. Den Chefredakteur des zweiten, öffentlichen Programms ernennt der Präsident. Werbung darf es keine mehr bringen und wird dadurch noch abhängiger vom staatlichen Einfluss. Die liberale Presse wie *Le Monde* hangelt sich von einer Finanzkrise zur anderen. *Libération*, einst von Sartre gegründet, Vorbild der *taz* wie von *Repubblica*, lebt nur noch von Rothschilds Gnaden. Die Justiz? Die von den Weisungen des Justizministeriums unabhängigen Untersuchungsrichter werden abgeschafft, die Struktur der französischen Justiz umgebildet. Und so weiter.

Alain Duhamel, einer der scharfsinnigsten politischen Publizisten Frankreichs, hat, wie man es dort gern sieht, einen weiten historischen Bogen geschlagen und Nicolas Sarkozys Amtsjahre mit dem Konsulat Napoleons verglichen. Wenn man nur auf die Personen schaut, dann hat der Vergleich durchaus etwas Bestechendes. Die Körpergröße stimmt, der immense Ehrgeiz, das Gefühl für die Macht, die Liebe zu den Frauen und ein unvergleichlicher Sinn für die öffentliche Inszenierung ihrer Großtaten. Vor allem aber die umtriebige, unerschöpfliche Energie, mit der Napoleon das Konsulat gestaltete und später noch einmal den behäbigen Ludwig XVIII. wegfegte wie Sarkozy den behäbigen Landesvater Chirac und seine Wunschnachfolger. Schaut man freilich auf den Inhalt der Politik, dann liegt der weniger schmeichelhafte Vergleich des »Duracell-Präsidenten« mit dem autoritären, populistischen Parvenü Napoleon III. näher, dem die Reichen und Noblen des Zweiten Kaiserreichs huldigten, weil er ihren Reichtum politisch zu sichern verstand.

Aber Frankreich ist nicht nur das, ist zum Glück nicht nur das, was man über seinen Präsidenten in der Zeitung liest. Wenig liest man leider von den Briefen, die Au-Pair-Mädchen, die Gaststudenten, die Praktikanten in den ersten Monaten ihres zumeist lange ersehnten Frankreich-Aufenthalts nach Hause schreiben. Oder in ihr Tagebuch. Es ist eine andere Perspektive, aber sehr häufig auch eine großen Erstaunens über die Wirklichkeit eines Landes, die so anders ist, als man es sich in Deutschland vorstellen mag. Ich weiß von einem Au-Pair-Mädchen aus einer deutschen Arztfamilie, das in eine traditionell-bürgerliche Familie im XVI. Pariser Arrondissement vermittelt wurde und übersprudelte von Geschichten, die ihr vorkamen wie von einem anderen Stern und doch nur Geschichten waren von einem fortbestehenden riesigen Abstand zwischen den sozialen Schichten, Geschichten vom Siezen und Duzen, Geschichten von Wohnungen, in denen immer noch die Dienstbotentür dafür sorgte, dass die Herrschaft und die Putzfrau die Wohnung nicht über die gleiche Schwelle betraten, Geschichten der Vermeidung jeglicher sozialer Promiskuität, Geschichten von jahrelanger Tanzstundenerziehung, ausgerichtet nicht auf Vergnügen, sondern auf die Einübung eines distinktiven sozialen Habitus, Geschichten von katholischen Privatschulen und noblen Tennisclubs im Bois-de-Boulogne. So etwas gibt es auch in Deutschland noch, vorzugsweise an den Seen im Münchner Süden. Aber es sind doch exotische Ausnahmen. In Frankreich wäre Schelsky nie auf

seine These von der nivellierten Mittelstandsgesellschaft gekommen. In Frankreich hingegen – und wohl nur in Frankreich – konnte Bourdieu so reichlich Material finden über
Die feinen Unterschiede, das unerschöpfliche Feld der Strategien sozialer Distinktion.

Jeder, der länger in Frankreich wohnt, kennt solche Geschichten von sozialer Segregation. Ich lebe seit bald zwanzig Jahren in Aix-en-Provence, einer konservativen Stadt,
deren Oberschicht die »Noblesse de robe« bildet, eine Juris-
tenkaste, die von ererbtem Grund- und Hausbesitz und der
traditionellen Ansiedlung hoher Gerichte lebt. Ich kenne
aus dieser Schicht fast niemanden. Wenn man sich nicht speziell darum bemüht, kreuzen sich die Verkehrskreise eben
nicht. Auch nicht an der Universität. Die Juristen haben
eine eigene. Und kreuzen sie sich doch, wie im Falle einer
jungen Richterin, geschieden, ein Kind, die hierherversetzt
wurde, dann bleibt es beim ausgesucht höflichen Kontakt
bei der Arbeit. »Ich werde von meinen Kollegen nie eingeladen. Man lädt hier keine geschiedenen, alleinstehenden
Frauen ein.« Apropos »Kollege«. Ich kann mich an eine
lange Diskussion um einen festlich gedeckten Tisch erinnern, ausgelöst von einer seit langem in Frankreich tätigen
deutschen Freundin, die eine Sekretärin ihres Instituts als
Kollegin bezeichnet hatte. Sekretärinnen, so musste sie sich
belehren lassen, sind natürlich keine Kolleginnen.

Helmut Kohl hat sich mit seinem Chauffeur geduzt.
Joschka Fischer, der ehemalige Taxifahrer, kam eigens zum
Jubiläum seines langjährigen Fahrers. Ein französischer Botschafter in Berlin, des Deutschen nur eingeschränkt mächtig, soll hingegen zu Beginn seiner Tätigkeit in der deut-

schen Hauptstadt auf einer Autobahnfahrt zu einem wichtigen Termin seinen zweisprachigen Chauffeur, der im Autoradio von einem Stau hörte und die Akten studierende Exzellenz höflich fragte, ob er den Stau umfahren solle, streng darüber belehrt haben, dass man nicht ungefragt das Wort an einen Vorgesetzten richten dürfe. Wenn die Geschichte nicht stimmen sollte, ist sie zumindest gut erfunden. Derlei Habitus unterscheidet sich natürlich von dem Sarkozys, der vor laufenden Kameras auf einen unfreundlichen Zuruf mit den Worten »casse toi, pauv' con« reagierte, was freundlich übersetzt so viel wie »verpiss dich, armer Idiot« bedeutet. Sarkozy ist ein notorischer Duzer und Schulterklopfer, schamlos und absichtsvoll distanzlos. Er respektiert das überkommene System der feinen Unterschiede nicht, das das alte Geld Frankreichs entwickelt hat. An die Stelle der alten Distinktionen tritt eine einzige: die von Geld und Erfolg. Sarkozy ist es egal, dass die über zwanzig komplizierten Höflichkeitsformeln am Ende eines Briefs, deren Kenntnis vor wenigen Jahren für gebildete Franzosen noch selbstverständlich war, unter dem Einfluss des Internets auf ganz wenige reduziert werden. Ihn interessiert, wem die Telefongesellschaft gehört, die die Mail verbreitet. Weniger hierarchisch wird die französische Gesellschaft dadurch nicht. Nur anders hierarchisch.

Aber die alten Hierarchien verschwinden darum nicht plötzlich. Man frage einmal deutsche Praktikanten in französischen Kleinunternehmen. Die sind Privatbesitz, und was da passiert, bestimmt der Chef. Der Patron ist Oberhaupt mit absoluter Souveränität. Mittelständischer Traditionalismus bestimmt die Sitten. Die Haltung zu den Beschäftigten ist die des Befehls und der Fürsorge. Gewerkschaften spielen nur eine untergeordnete Rolle, das Familienmodell dominiert. Neuerungen werden misstrauisch beäugt. Die Dynamik bleibt gering, vor allem im Exportbereich. Wenn man Tourist ist, hat das auch etwas Schönes. Traditionelle Wirtschaftsweisen, traditionelle Einstellungen leisten dem schieren Effektivitätsdenken Widerstand. Für die Beschäftigten ist der Ich-bin-der-Herr-im-Haus-Standpunkt weniger pittoresk. Übrigens herrschte und herrscht auch in Großbetrieben, die sich in Familienbesitz befanden – Michelin zum Beispiel oder Dassault –, lange das Prinzip, dass hinter dem Fabriktor der Chef bestimmt und er allein. Für Mitbestimmungsmodelle konnten sich weder die Eigentümer noch die Gewerkschaften erwärmen. Den Gewerkschaften hätte es auch nichts genützt.

Dass man lieber über Besitz verfügt, als besitzlos zu sein, ist keine französische Besonderheit. Aber das französische Verhältnis zum »Patrimoine«, zum ererbten Besitzstand, ist es schon. Es gibt ein nationales »Patrimoine«, das an einem Sonntag im September für einen kurzen Besuch von allen besichtigt werden kann. Dann sind die vornehmen Stadtpalais, die großen Landschlösser, die Châteaux in den Weinbaugebieten, dann ist sogar der Elyséepalast für das staunende Volk geöffnet. Aber vom Patrimoine spricht man auch in bürgerlichen, ja in kleinbürgerlichen Familien. Selbst mit schmalem Einkommen wohnt man nicht zur Miete, sondern kauft, wenn irgendwie möglich, schon in jungen Jahren Wohneigentum. »Günstig für Ersterwerber« ist eine häufige Formulierung in den Wohnungsanzeigen. Der Anteil von Eigentumswohnungen am verfügbaren Wohnraum ist weit höher als in Deutschland. Ob man zur Miete wohnt oder Wohnraum kauft, ist keine Frage der Kalkulation, sondern eine des Prinzips. Besitz erdet, macht zugehörig, gibt Sicherheit.

Eingerichtet wird das Erworbene, wenn man es sich denn irgend leisten kann, mit Antiquitäten oder eher, da die teuer sind, mit Repliken von Antiquitäten. Moderne Kleinappartements mit gedrängt stehenden, goldig bepinselten Louis XVI-Imitationen auf Linoleumböden sind keine Ausnahme, so komisch das auf einen fremden Blick auch wirken mag. Der geköpfte König kehrt wieder als Stilikone. Vornehm ist nur das Alte oder zumindest das, was so tut. Zu welchen Skurrilitäten das führen kann, lässt sich besichtigen, wenn man in Paris von der Place de la Bastille die Rue du Faubourg Saint-Antoine hinaufgeht, durch das traditionelle Pariser Viertel der Tischler und Polsterer, das jetzt von industriellen Serienfertigungen von Repliken überschwemmt wird. Besser sind natürlich Antiquitäten, die den Eindruck erwecken, man habe sie aus einer reichen Familientradition geerbt. Die dürfen übrigens gern auch verschlissen sein, so verschlissen, dass keine schwäbische Hausfrau bereit wäre, auch nur eine Stunde lang mit ihnen unter einem Dach zu leben. Der Wahn, nichts dürfe Spuren von Alter zeigen, ist ein deutscher Wahn, kein französischer. Der Übergang zwischen Antiquitäten und Trödel ist bekanntlich fließend. So ist denn der Besuch von Trödelmärkten ein französischer Massensport. In Lille steht am ersten Septemberwochenende die Stadt kopf, wenn Hunderttausende aus ganz Frankreich an Zehntausenden von Ständen vorbeiziehen, an denen alles ausliegt, was man nie wegwerfen wollte, weil auf dem Boden oder in der Garage noch ein bisschen Platz war. Die Preise sind erstaunlich hoch. Die Furien des Verschwindens haben in Frankreich einen schweren Stand. Und das Alte leichtes Spiel.

Am besten Bescheid weiß ich über die Eindrücke, die deutsche Studenten haben, wenn sie zum Studium nach Frankreich kommen. Oder deutsche Lektoren an germanistischen Instituten. Das, weil ich selbst einmal so nach Frankreich kam. Unsere Studenten jedenfalls erleben Frankreich zuallererst als Begegnung mit einer undurchschaubaren Bürokratie. Das ist beim besten Willen nicht ganz zu vermeiden. Sie machen die Erfahrung, die Ausländer eben immer machen. Daheim waren sie wie selbstverständlich eingelassen in ein Ordnungssystem, das sie gar nicht mehr als solches wahrnahmen, in Frankreich sind sie Fremde, wenn auch aus dem EU-Ausland, die ihre administrative Identität erst wieder beglaubigen lassen müssen. Worüber sie sich fast immer beklagen, ist die Starrheit, manchmal Sturheit der französischen Beamten, auf die sie stoßen. Sie wissen natürlich, dass es überall auf der Welt freundliche und unfreundliche Beamte gibt. Aber sie kommen aus einem Land, dessen Beamtenschaft lange im Rufe besonderer Arroganz und Ordnungsbeflissenheit stand, und kommen in ein Land, das sie mit Flexibilität und Laissez-faire assoziieren, Haltungen, die sie anzutreffen erwarten. Häufig vergeblich. Dabei muss gesagt werden, dass Frankreich, aufs Ganze gesehen, eine wohlorganisierte und effektive Verwaltung im Sinne Max Webers hat. Die Post wird regelmäßig ausgetragen, die Züge kommen meist pünktlich, jedenfalls viel pünktlicher als die der Deutschen Bahn. Nein, was erstaunt, ist der Ritualismus, die mangelnde Flexibilität der kleinen und mittleren Beamten, ihre starre Orientierung an Vorschriften und Regeln der Verwaltungspraxis. Das muss alles seine Ordnung haben. Ausnahmen müssen genehmigt werden, und zwar von der dafür zuständigen Stelle. Kein Auge wird zugedrückt, kein Kompromiss ausgehandelt. Der Ritualismus der unteren Beamtenschichten entspricht dem Traditionalismus der Bauern und der Kleinunternehmer. Kurz: Auch hier präsentiert sich Frankreich dem neu Ankommenden als ein sehr ordnungsliebendes, traditionalistisches Land.

Übrigens genießen die Beamten in Frankreich im Allgemeinen einen guten Ruf, wie auch neuere Umfragen immer wieder ergeben haben. Und so stoßen die Versuche der letzten Regierungen, aus Kostengründen ihre Zahl zu reduzieren, auf erheblichen Widerstand in der Bevölkerung. Die Verteidigung des »Service publique« ist ein Hauptanliegen der Gewerkschaften, bei dem sie die Mehrheit der Bevölkerung hinter sich haben. Die Franzosen wissen, dass der Briefträger nicht mehr täglich auf die abgelegenen Höfe im Zentralmassiv kommt, wenn der Zustelldienst privatisiert wird, sie wissen, dass dann nur noch der Rotstift über die unrentablen Nebenstrecken der Bahn fahren wird. Aber es ist nicht nur das: Sie trauen einfach dem Staat mehr als den Privatunternehmen. Darauf wird noch zurückzukommen sein.

Ihre wichtigsten Erfahrungen machen die ausländischen Gaststudenten aber natürlich mit der Universität. Das neue Bachelorsystem hat sie an Verschulung, Pflichtübungen und Kreditpunkte schon gewöhnt, aber dennoch haben sie zumeist Schwierigkeiten mit dem ebenso hierarchischen wie unübersichtlichen französischen Studiensystem. Hierarchien überall. Hierarchien zwischen den Elitehochschulen und den Universitäten, Hierarchien zwischen den Universitätsfächern, wo die Sprachen ganz weit unten rangieren, Hierarchien unter den Sprachen, wo dann Deutsch oder die alten Sprachen mehr gelten als etwa Englisch, große Distanz zwischen Lehrenden und Lernenden – so hatte man sich das nicht vorgestellt.

Fasst man diesen zugegeben unsystematischen, lückenhaften Überblick über die französische Gesellschaft, wie sie sich dem von außen Kommenden, zumindest dem aus Deutschland Kommenden, in den verschiedensten Bereichen präsentiert, so zeichnet sich das Bild eines wesentlich traditionellen, konservativen Landes ab: große symbolische wie reale Distanz zwischen Volk und politischen Eliten; große Distanz der »Corps«, der Stände und Berufsgruppen untereinander, hohe Wertschätzung familiären Besitzes, Fixierung auf überkommene Ästhetik des Wohnens, Suche nach historischer Beglaubigung, Traditionalismus der bäuerlichen Welt und der Welt der Kleinbetriebe, Ritualismus einer ordnungsfixierten Beamtenschaft, zentralisierter und verschulter Universitätsbetrieb bilden mächtige und mentalitätsprägende Kräfte der Beharrung. Dabei war von der Kirche gar nicht die Rede, die seit je die wichtigste Kraft des Konservatismus bildet. Sie formulierte schon die Legitimationsgrundlage der vorrevolutionären Ordnung, unterstützte dann, wo immer es ging, die Tendenzen der Beharrung, insbesondere im Schulwesen. Der französische Laizismus ist das Ergebnis eines Jahrhunderts erbitterter Kämpfe zwischen Republikanern und klerikal-konservativen Legitimisten. Die III. Republik drohte mehrfach am Widerstand des katholisch-monarchischen Blocks zu scheitern. Erst in der Folge der Dreyfus-Affäre setzte 1905 die parlamentarische Linke die Trennung von Kirche und Staat durch. Aber die alte Frontstellung zwischen den »beiden Frankreich«, personalisiert durch den Priester auf der einen, den republikanischen Lehrer auf der anderen Seite, war damit längst nicht verschwunden. Die heutigen Lehrer, die ich kenne, haben freilich andere Sorgen. Sie gehören allerdings in ihrer Mehrheit immer noch zu den treuesten Stammwählern der sozialistischen Linken.

Der Einfluss der Kirche auf die heutige französische Gesellschaft ist wenig sinnfällig, aber es wäre voreilig, daraus zu schließen, dass er gering sei. Besonders weitreichend ist ihr Einfluss im Schulwesen. Das Privatschulwesen wird fast völlig von der katholischen Kirche organisiert. Es hat in den letzten Jahren noch an Bedeutung gewonnen, weil es ehrgeizigen und zahlungskräftigen Eltern erlaubt, ihre Kinder der sozialen Durchmischung des einheitlichen »Collège« zu entziehen. So haben vorsichtige Versuche der ersten Regierung Mitterrand, den Status der katholischen Privatschulen noch weiter ans öffentliche Schulwesen anzugleichen, Millionen Eltern auf die Straße gebracht. Inwieweit es ihnen dabei um die Verteidigung der Konfessionsschule an sich ging, sei dahingestellt. Der Hauptimpuls dürfte die Verteidigung separater Schulen für leistungsfähige Schüler aus gebildeten Schichten gewesen sein. Aber es mischt sich eben beides. Die Tochter einer Freundin, die ihr ungetauftes Kind in einer Marseiller Privatschule anmeldete, musste jedenfalls unbehagliche Fragen danach, wann sie sich denn taufen lassen wolle, über sich ergehen lassen. Übrigens schneiden die

Privatschulen bei den jährlichen nationalen Schulrankings, neben den Sondernummern über die Entwicklung der Immobilienpreise eine bevorzugte Lektüre französischer Mittelschichten, von Jahr zu Jahr besser ab und ziehen dadurch weitere gute Schüler an. Aber naürlich beschränkt sich der Einfluss der Kirchen nicht auf die Schule. Der jüngst verstorbene Abbé Pierre wurde mehrfach (vor Fußballstar Zidane) zum bekanntesten und beliebtesten Franzosen gewählt. Oder, anderes Beispiel: Der Bahnhof von Lourdes ist, nach Passagierzahlen gerechnet, der zweitgrößte Frankreichs. Und bei Papstbesuchen zeigt sich, dass die Kirche nach wie vor Hunderttausende von Jugendlichen mobilisieren kann. Der Einfluss der katholischen Kirche ist also nicht auf die bekannt engen Beziehungen zur traditionellen Oberschicht begrenzt. Die Kirche in Neuilly-sur-Seine ist besonders gut besucht. Sarkozy war in dieser Vorstadt der Reichen Bürgermeister.

Zu konstatieren wäre also ein seltsam widersprüchlicher Befund: Frankreich ist *das* europäische Land der Revolution und zugleich ist es ein Land, in dem Tradition und Beharrung die Gesellschaft dominieren. Man sprach lange von einer strukturellen Mehrheit des rechten Blocks, die ja vom Anfang der V. Republik bis zu Mitterrands Regierungsantritt ohne Unterbrechung an der Macht war, in Mitterrands Regierungsjahren und den Perioden der »Cohabitation« Rückschläge hinnehmen musste und heute wieder ziemlich fest im Sattel sitzt. Die naheliegende Auflösung des Widerspruchs, nämlich die These, Frankreich sei einmal ein revolutionäres Land gewesen und sei nun ein strukturell konservatives, ist ganz offenbar unzutreffend. Viele der genannten Institutionen und Mentalitäten sind in Frankreich von sehr langfristiger Wirksamkeit, haben alle Revolutionen überlebt, aber eben auch nicht verhindert.

Wenn das so ist, stellt sich natürlich die Frage danach, wie denn beide Tendenzen sich in der politischen Wirklichkeit Frankreichs zueinander verhalten. Darüber gibt es nicht wenig Forschungsliteratur aus prominenten Federn vieler Länder, geht es doch um nichts weniger als um eines der wichtigsten Modelle des Weges in die politische Moderne. Dies ist kein Buch, das mit der politikwissenschaftlichen Forschung konkurrieren will. Es will Erfahrungen mitteilen und vor den Augen des Lesers darüber nachdenken. Mein politischer Erfahrungsraum aber ist vor allem der an meiner Arbeitsstelle in der deutschen Abteilung einer französischen Universtät. Das ist, zugegeben, kein sehr hoher Aussichtspunkt. Ich verfüge auch über keine hochgestellten Bekanntschaften. Die Flure, durch die ich gehe, sind eng, kennen kein Blattgold, sondern aus den Decken hängen unverputzt die Stromleitungen. Kein befrackter Diener stößt am Eingang seinen Stock auf und ruft meinen Namen. Auch nicht den des Universitätspräsidenten übrigens. Aber vielleicht ist eine kleine Erzählung aus dieser Perspektive schon deshalb nicht ohne Interesse, weil populäre deutsche Bücher über Frankreich fast immer aus der Perspektive von in Paris ansässigen Journalisten geschrieben werden. Jedenfalls, so glaube ich, kann man auch an einem Ort der Peripherie, einem Ort unten und außen, ganz gut studieren, wie sich im gegenwärtigen Frankreich Revolution, Revolte jedenfalls und Beharrung zueinander verhalten. Ich kann Denkwürdigkeiten versprechen.

An dem herausragenden Beitrag, den der französische Geist über Jahrhunderte zur Geschichte der Idee, zur Geschichte der Künste und Wissenschaft geliefert hat, kann kein Zweifel bestehen. Die internationale Dominanz der »French theory« neostrukturalistischer Provenienz in den letzten dreißig Jahren ist da nur ein weiteres Beispiel. Von dort aus direkt auf die Exzellenz des französischen Universitätssystems zu schließen, wäre freilich vorschnell. Es wäre die Übertragung der deutschen Perspektive, wo freies und unabhängiges Denken seinen Ort an der Universität fand und lange Zeit nur dort. In Frankreich lagen die Dinge anders. Das hat mit dem lange fortwirkenden Einfluss der Jesuitenkollegs zu tun, mit der frühen Ausbildung von Ingenieur- und Verwaltungseliten auf speziellen Schulen für künftige Staatseliten und, natürlich, mit der glänzenden hauptstädtischen Salonkultur, deren brillante Formen sich so sinnfällig von der deutschen akademischen Systemseligkeit und Sprachhermetik abhoben. Bis heute werden in den meisten Bereichen die französischen Eliten nicht auf der Universität, sondern in speziellen Schulen ausgebildet, die über alle politischen Grenzen hinweg lebenslange Netzwerke der Macht bilden. In keinem anderen modernen Land gibt es eine vergleichbar geschlossene, vielfältig miteinander verbundene Funktionselite. Der Effekt ist, dass die Universität auf die begabtesten, lernbereitesten Schüler verzichten muss und schon deshalb in manchen Bereichen als zweite Wahl gilt.

Die Einheit von Forschung und Lehre war nie ein zentrales Prinzip der französischen Universität. Ein großer Teil insbesondere der naturwissenschaftlichen Forschung findet heute in speziellen Instituten statt (CNRS), die der Verpflichtung zur Lehre enthoben sind. Wissenschaftler von herausragendem internationalem Ruf konzentrieren sich in Institutionen wie dem Collège de France, der Académie und zahlreichen weiteren Instituten, die sie von den universitären Alltagsgeschäften befreien und den Lehrstuhlinhabern damit Raum für Kreativität einräumen. Der Universität bleibt die akademische Routine überlassen. Wie schwer die lastet, vermag man sich leicht vorzustellen angesichts des raschen Anstiegs der Abiturientenquote auf über 60 %, der sich natürlich nicht durch plötzliche Leistungsexplosion erklären lässt, sondern wesentlich auf politische Entscheidungen und die traditionelle Schwäche des Berufsbildungswesens in Frankreich zurückzuführen ist. Die ersten drei Studienjahre bis zur »Licence« sind hochgradig verschult, ein Modell, das mit der Einführung des »Bachelor« ja unterdes auch in Deutschland seine Schwächen zeigt. Zur eigenständigen wissenschaftlichen Arbeit bleibt kein Raum. Traditionelles Ziel der besten Studenten in den geisteswissenschaftlichen und fremdsprachenphilologischen Bereichen ist die erfolgreiche Absolvierung zweier unterschiedlich anspruchsvoller nationaler Concours (CAPES für Collège und Gymnasium, die Agrégation ist darüber hinaus auch nach wie vor weitgehend unabdingbare Voraussetzung für eine universitäre Lehrtätigkeit). Die Rekrutierung der Lehrer erfolgt also über nationale Wettbewerbe: Alle Kandidaten aus Frankreich und den überseeischen Provinzen bewerben sich um die ca. 130 Plätze, die beim CAPES, bzw. die ca. 35 Plätze, die bei der Agrégation im Fach Deutsch vergeben werden. Sie schreiben zur exakt gleichen Zeit (um das Beispiel der Germanistikstudenten zu nehmen) eine Übersetzung vom Deutschen ins Französische, eine vom Französischen ins Deutsche, sowie einen Aufsatz in deutscher und einen in französischer Sprache, dessen konkretes Thema streng geheim ist, aber aus fünf Gegenstandsbereichen kommen muss, die am Anfang des akademischen Jahres im amtlichen französischen Anzeigeorgan veröffentlicht werden. Die anonymen Prüfungsunterlagen werden dann von einer nationalen Jury nach einheitlichen Kriterien korrigiert. Die bessere Hälfte wird zur mündlichen Prüfung zugelassen und wer dann besteht, hat für den Rest seines Lebens eine Stelle sicher. Außerdem weiß er, wo er steht, denn die Prüflinge werden vom ersten bis zum letzten Platz in eine Rangfolge gebracht.

Das System der Wettbewerbe ist eine französische Besonderheit, die durch die Anonymität gleiche Chancen auf Zugang zu Staatsstellen garantieren soll. Das System hat zweifelsfrei Vorzüge. Tatsächlich verhindert es die Disparitäten in der Benotung, die beim deutschen Staatsexamen zwischen einzelnen Ländern, Universitäten und Prüfern immer wieder zu beobachten sind. Es garantiert auch ein relativ einheitliches Niveau der Kenntnisse, vor allem ein sehr hohes in der Fremdsprachenbeherrschung. Gerade das ist ein Gebiet, wo in Deutschland die Anforderungen an den einzelnen Universitäten sehr unterschiedlich sind, so dass es z. B. künftige Französischlehrer mit glänzenden, aber auch mit lausigen Französischkenntnissen gibt, ohne dass das bei der Gesamtnote entscheidend zu Buche schlüge. Es garantiert auch, dass der Kandidat einen überzeugend gegliederten, logisch aufgebauten Aufsatz zu schreiben weiß, der die Ergebnisse des gelernten »Programms« in gut cartesianischer Tradition anzuordnen und gefällig darzubieten versteht, für künftige Lehrer eine durchaus wichtige Fähigkeit. Die Nachteile liegen gleichfalls auf der Hand: Das System erzwingt eine bis zur Karikatur gehende Zentralisierung. Wenn irgendwo, und sei es nachts in einem überseeischen Departement, in dem noch nie jemand die Agrégation im Fach Deutsch bestanden hat, der Umschlag mit den Prüfungsfragen zehn Minuten zu spät geöffnet wird, muss die gesamte Prozedur an allen Prüfungszentren der Republik mit neuen Fragen und Hunderten von erneut geladenen Studenten wiederholt werden. Das ist mehrfach vorgekommen.

Nachhaltiger ist der Effekt für die Lehre: Alle germanistischen Institute müssen ihre Lehre mit den fortgeschrittenen Studenten nach den gleichen Texten und Fragen ausrichten. Um ihre Kandidaten gut vorzubereiten, müssen sie die Erwartungen der Prüfer antizipieren und vermitteln. Und das Ziel ist keine eigene wissenschaftliche Arbeit, sondern die Verwertung vorliegender Ergebnisse für die Verfertigung der Prüfungsaufsätze. Ein Erziehungsminister des Zweiten Kaiserreichs hat sich gerühmt, mit einem Blick auf die Uhr sagen zu können, welche Seite aus Vergil die Schüler in ganz Frankreich gerade lesen. Ganz so ist es nicht mehr – aber auch nicht ganz anders.

Die starke Zentralisierung ist natürlich nicht nur ein Effekt des Wettbewerbssystems, sondern ein generelles Charakteristikum des französischen Unterrichtswesens. Die Entscheidungsspielräume der universitären Gremien sind eng, die gewählten Präsidenten sind de facto nachgeordnete Beamte des Pariser Erziehungsministeriums. Das Ministerium, das größte der Republik, ist für normale Universitätsangehörige so unendlich weit entfernt wie das Schloss in

Kafkas Roman für den Landvermesser. Ein Beispiel: Die Forschungsgruppe unseres Instituts muss zur Rechtfertigung der zugewiesenen Mittel alle vier Jahre einen Bericht über ihre Aktivitäten abgeben und zur Erlangung weiterer Subventionen ein Projekt entwickeln, das dann im Ministerium begutachtet wird. So weit, so gut. Sogar besser als etwa an deutschen Universitäten, wo die Germanisten separate Forschungsgelder kaum mehr vom Ministerium bekommen, sondern Drittmittel einwerben müssen. Nur erhielten wir nach einjähriger Wartezeit einen nicht unterzeichneten, handschriftlichen Zweizeiler in grüner Tinte, unser Antrag sei abgelehnt. Keine Begründung, keine Einspruchsmöglichkeit, kein Gutachten. Durch hektische Aktivitäten über verzweigte Kanäle erfuhren wir schließlich, der Antrag sei nicht wegen seiner Qualität abgelehnt, sondern das Ministerium wolle größere Forschungseinheiten schaffen und die Germanisten sollten mit den Slawisten zusammenarbeiten, wohl weil die Siedlungsgebiete der Germanen und Slawen, von Paris aus gesehen, beide im Osten liegen. Nur hatten wir in monatelanger Arbeit gerade ein Forschungsprojekt über die deutschen Schriftsteller und das Mittelmeer entwickelt, was bekanntlich im Süden liegt. Der Ausgang war unvermeidlich: Wir verfertigten gemeinsam in den wenigen Tagen, die uns das Ministerium ließ, einen gemeinsamen, wissenschaftlich natürlich nicht kohärenten Antrag, der dann unbeanstandet akzeptiert wurde.

So hätte es weitergehen können. Ich war überzeugt, dass es so weitergehen würde. Frankreich, siehe oben, ist seinen Traditionen gern treu. Versuche des sozialistischen Erziehungsministers der Regierung Jospin, den »Mammut abzuspecken«, wie er es formulierte, also das nationale Erziehungswesen zu verschlanken, machten ihn gründlich unbeliebt und sonst nichts. Aber es änderte sich. Agent der Veränderung war wie fast immer bei französischen Modernisierungsprojekten die hohe Ministerialbürokratie im Verein mit dem neuen Omnipräsidenten Sarkozy. Ein altes französisches Rezept, zwei Mal schon erprobt unter dem Namen Napoleons, einmal unter dem de Gaulles. Das hätte nicht gereicht, wenn nicht internationale Faktoren dazugekommen wären, zuallerst die sogenannte Bologna-Reform, also der Beschluss zur Vereinheitlichung des europäischen Bildungswesens. Diese Reform zweifelhaften Nutzens, die nicht einmal erleichtert, was doch ihre wichtigste Raison d'être sein sollte, die Mobilität der europäischen Studenten, bot dem neuen französischen Präsidenten hochwillkommene Argumente, die Besonderheiten des französischen Universitätswesens zu schleifen. Dazu kam die Mode der internationalen Universitätsrankings, die gern vergleichen, was kaum zu vergleichen ist, und das dann in Champions-League-Tabellen umsetzen. Beim berühmten Shanghai-Ranking belegten die französischen Universitäten, dem nationalen Selbstbild entgegen, nur ziemlich bescheidene Plätze, was man sogleich mit der Struktur des Universitätswesens, insbesondere mit der Besonderheit der »Grandes Ecoles« erklärte. Der Ruf nach Eliteuniversitäten erschallte auch in Frankreich, ebenso wie der nach mehr Konkurrenz. Und dann glänzte vor dem großen Crash noch das Modell der amerikanischen Eliteunis über den Atlantik, deren Schatzmeister Milliarden an der Börse einspielten. Damals.

Und so gab Sarkozy dann eilig wie immer ein neues Universitätsgesetz in Auftrag, die sogenannte loi LRU (»Loi relative aux libertés et responsabilités des universités«), nach der Ministerin, die es durchsetzen musste, auch »loi Pecresse« genannt. Das Gesetz sieht vor, dass bis spätestens 2013 alle Universitäten ihr Budget autonom verwalten, eventuell auch Gebäude, Grund und Boden erwerben und autonom über ihre menschlichen Ressourcen bestimmen können. Als Prämie sind Sonderboni für Universitäten versprochen, die den Plänen des Ministeriums willig Folge leisten. Die ausdrücklich formulierten Ziele sind, die Universität »attraktiver« zu machen, ihrer »Lähmung« ein Ende zu setzen und ihre Leistungen auf internationaler Ebene in ein besseres Licht zu setzen. Konkret zielte das darauf, die hohe Studienabbrecherquote im ersten Studienjahr zu senken, dem Präsidenten und den universitären Organen mehr Macht zu geben und die Forschung zu fördern.

Mich persönlich, abgestumpft durch sieben große Universitätsreformen, erlitten in zwei Ländern, hat das Gesetz bei erstem Ansehen weder mit größeren Hoffnungen erfüllt noch wirklich schockiert. Die Senkung der Studienabbrecherquote hielt (und halte) ich für Demagogie, ebenso wie die damit häufig einhergehende Vorstellung, man könne durch stärkere Ausrichtung des Studiums auf die unmittelbaren Bedürfnisse der Wirtschaft die Akademikerarbeitslosigkeit senken. Die Stärkung der Autonomie der Universitäten, insbesondere des Präsidenten, fand ich angesichts der Hyperzentralisierung keine üble Idee und die Aufwertung der Forschung geradezu eine notwendige, wenngleich wenig zu sehen war, was im neuen Gesetz denn in diese Richtung wirken würde.

Bei der Mehrheit meiner Kollegen, beim gewerkschaftlich organisierten Personal der Universität und insbesondere bei den Studenten wurde dieses Gesetz als das Ende des republikanischen Universitätswesens begriffen und machte entsprechende Aufregung. Nicht nur Aufregung, nein, bald hartnäckigen und entschiedenen Widerstand. Diskussionen allüberall, Vollversammlungen, Gewerkschaftsmeetings am laufenden Band, große Demonstrationen über Monate. Streik wurde beschlossen, und da Streiks an den Universitäten nur von allen durchgehalten werden, wenn sie mit Blockaden einhergehen, standen bald dekorative Berge von ineinanderverkeilten Bänken und Tischen vor allen Eingängen und blockierten den Zugang. Den Zugang für fast alle. An vierzig Universitäten in ganz Frankreich. Die sonst so respektvollen Studenten, die im Unterricht aus Angst vor Fehlern kaum zu sprechen wagen, standen an den schmalen Durchgängen und kontrollierten streng, ob die Professoren wirklich nur die Post aus ihren Büros holen wollten oder Streikbrecherisches im Sinn hatten. Auf dem Campus, den sonst wegen seiner Unwirtlichkeit alle meiden, höchstens schnell auf dem Heimweg überqueren, versammelten sich immer wieder Hunderte von Studenten, um selbstorganisiert und freiwillig über politische Fragen zu diskutieren. Heftig, aber fast immer fair; spontan organisiert, aber so, als hätten sie es irgendwo gelernt. Ihr immer wieder beklagtes politisches Desinteresse war buchstäblich über Nacht verflogen. Notorisch schüchterne Studenten ergriffen das Wort, nicht wiederzuerkennen. Die Gleichgültigkeit gegenüber der Universität war verflogen und die Angst um die Scheine und Diplome. Das sorgenvolle individuelle »wie weiter?« wurde zum kollektiven »so weiter«, selbst wenn es die Anerkennung des Semesters koste. Filme wurden gezeigt, die den lamentablen Zustand der Universitätsgebäude witzig zum Vorschein brachten, seit Jahren allen bekannt, aber eben auch gleichgültig ertragen, weil man sich mit den Gebäuden so wenig identifizierte wie mit der Universität überhaupt. Jetzt schon, auf einmal. Auf den Transparenten explodierte der Wortwitz, Theatergruppen brachten Ungesagtes zur Sprache, fanden ein Publikum, das vorher so nie war. Alternative Seminare außerhalb der Universität wurden gefordert und bewerkstelligt, alternative Seminare, die vom Inhalt her so alternativ nicht waren, sondern auch im normalen Programm vorkamen oder doch hätten vorkommen können. Anders war vor allem, dass das Wissen den Studenten nicht als feindlicher Prüfungsgegenstand gegenübertrat, sondern als etwas, was man wissen wollte, als Eigenes. Ein eigener Ordnungsdienst wurde organisiert, um zu vermeiden, dass diejenigen, die Marx unfreundlich »Lumpenproletariat« nannte, die Bewegung in Misskredit bringen könnten mit Drogen, weißen Pitbulls und Handyklau. Matratzen hielten Einzug in die Uni, Matratzen für die Nachtwächter und Nachtwächterinnen der Revolte, auf der Hut vor nächtlichen Übernahmen durch die Polizei. Wo man sich bettet, da fühlt man sich zu Hause. Für einmal. Kurz: aus der Nähe gesehen war es eine kleine Revolution.

Sie sei nicht idealisiert. Auf den Personalversammlungen dominierte häufig das, was auf Französisch so treffend »langue de bois« heißt, die hölzerne Sprache der Politikprofis, der Gewerkschaftsveteranen, angetan, um die wirklichen Probleme zum Verschwinden zu bringen. Der Mut der Lehrenden war häufig Gratismut, der (zu Recht) darauf spekulierte, die Streiktage würden schon nicht vom Gehalt abgezogen werden, wie es den Sekundarschullehrern bei Streiks fast immer geschieht. Die alten politischen Fraktionen, seit 68 doch in die Jahre gekommen, spielten ihr altes Spiel, das trotzkistische, das kommunistische, ziemlich durchsichtig, ziemlich altbacken und grau belegt von immer wieder neuen Misserfolgen. Nur: In Deutschland waren geschätzte 95 % der Hochschullehrer gegen die Bologna-verordnete Einführung des Bachelor-Studiums. Trotzdem nur Resignation, kein Widerstand. Der deutsche Ordinarius, erhaben und hilflos. Mit eigener Sprache, nicht hölzern gewiss, aber gehört nur von der Familie am Mittagstisch oder von Gleichgesinnten im eigenen Institut.

Auch die studentische Revolte sei nicht idealisiert. Die Vollversammlungen waren die Bühne für alte Rollenmuster. Dort tritt immer der Marginalisierte auf, radikal gegen alles, für einmal vor großem Publikum und dann für sein Leben allein mit seinem Traum vom ganz anderen. Miserable Sozialprognose. Und der plötzlich zum Volkstribun werdende brillante Redner, der um die Macht seiner Rede weiß, sie auskostet und schon daran denkt, ob er nicht im Apparat der Sozialistischen Partei eine Zukunft haben könnte. So haben viele Karrieren begonnen. Nicht nur in Frankreich. Und das Mädchen aus gutem Hause mit den besten Absichten, mit der hohen Gudrun-Ensslin-Stimme, die Gutes nicht verheißt, nicht für sie und nicht für die Gesellschaft. Und natürlich die hübschen Groupies der Revolte mit sehr kurzem Rock über schwarzer Strumpfhose, die im Lichte allgemeiner Aufmerksamkeit die Mikrophone herumreichen. Beim nächsten Mal, das wissen sie, sind sie schon zu alt. Man erkennt, was die Verfassungsschützer aller Länder den harten Kern nennen, man sieht die Richtungen und die Illusionen. Aber so war es, verkleidet mit wechselnden Kostümen, immer schon. Es ändert nichts daran, dass hier eine Verwandlung geschah und Möglichkeiten aufblitzten, die kurz zuvor noch unmöglich schienen.

Natürlich war es nur eine Minderheit, die sich aktiv beteiligte, wenn auch eine große. Viele blieben zu Hause und warteten auf die Aufhebung der Blockade, über die jede Vollversammlung neu abstimmte. Gegen Ende des Streiks organisierten sich auch diejenigen, die die sofortige Wiederaufnahme des Unterrichts forderten, bei den Abstimmungen auf den Vollversammlungen aber immer unterlagen. Eine vom Präsidenten organisierte geheime Abstimmung brachte jedenfalls keine Mehrheit für das Ende des Streiks, den die meisten zumindest mit Sympathie unterstützten, wenn diese Sympathie auch mit dem nahenden Ende des Semesters und dem drohenden Verlust seiner Anerkennung dahinschmolz. Das Votum der universitären Instanzen, wenn sie überhaupt ungestört von den Streikenden tagen konnten, beeinflusste das Geschehen am Ende kaum: das repräsentative Prinzip war von dem der direkten Demokratie abgelöst.

In Deutschland, da bin ich sicher, wäre nach spätestens zwei Wochen die Polizei geholt worden. So wie etwa beim kurzen und späten Frankfurter Studentenstreik gegen die Bologna-Reformen im Herbst 2009. Der Präsident unserer Universität holte die Polizei sowenig wie seine Amtskollegen an den anderen bestreikten Unis. Er hätte es wohl auch nicht gedurft, solange nicht unmittelbare Gefahr für Leib und Leben bestand. Rechtlich bedurfte er der Zustimmung des Rektors und des Präfekten, die der Pariser Zentralverwaltung direkt unterstehen, Und die dem Staatspräsidenten. Der Präsident aber wusste, dass polizeiliches Eingreifen auf dem Campus eine Solidarisierungswelle auszulösen drohte, die den begrenzten Konflikt zum Kristallisationspunkt aller Unzufriedenheiten des Landes gemacht hätte, von denen es reichlich gab. Er wusste und fürchtete: Da war eine Revolte, da hatte nach gut französischer Tradition der Ausnahmezustand plötzlich die Routine abgelöst. Was scherte ihn der Unterrichtsausfall? Wichtiger war, das Übergreifen des Protests auf andere gesellschaftliche Bereiche zu vermeiden. Solange die Eisenbahner keine Solidaritätsstreiks beschlossen, war der Schaden begrenzt. Er wusste auch, dass die Universitätsgesetzgebung eine viel zu komplexe Materie ist, um das ganze Land zu mobilisieren. Hier lag tatsächlich der Unterschied zu den Auseinandersetzungen, die in ähnlichen Formen, ausgehend auch von den Universitäten, im Jahr zuvor um das CPE geführt worden waren, um ein von Chiracs Premierminister Villepin entwickeltes Gesetzesprojekt, das durch Reduzierung der Arbeitsschutzgarantien für Berufseinsteiger den Unternehmern Anreize zur verstärkten Einstellung von jungen Arbeitslosen geben wollte. Das Gesetz scheiterte auf der Straße, es scheiterte an eben jenen Reaktionsweisen, die ich oben beschrieben habe und die in dem Falle von den Gewerkschaften aufgegriffen und verlängert wurden. Für Villepin war es der Anfang vom Ende seiner Hoffnungen darauf, Präsident zu werden. Die

Macht der Straße stürzt in Frankreich keine Könige mehr und keine Gesellschaftssysteme, aber eine Macht ist sie immer noch.

Um auf die Streiks gegen die Universitätsgesetze zurückzukommen: Es war höchst aufschlussreich, wie die Studenten unseres deutsch-französischen Studiengangs, zur Hälfte Deutsche, zur Häfte Franzosen, auf den Streik reagierten. Die Franzosen, im Alltag respektvoller gegenüber der Institution und den Lehrern, schlugen sich fast alle auf die Seite des Streiks. Die Deutschen erlebten zunächst mit Neugier und Zustimmung eine Bewegung, die sie in ihrem bisherigen Studium noch nicht kennengelernt hatten. Aber nach kurzer Zeit merkte man doch, dass sie erwarteten, die Sache werde nun bald ein Ende nehmen, der Präsident werde eine Vermittlungsrolle spielen, Kompromisse würden ins Werk gesetzt und die Stühle vor den Eingängen weggeräumt. Jedenfalls waren sie zufrieden, dass schließlich außerhalb der Universität für diese spezielle Gruppe Seminarsitzungen organisiert wurden. Die französischen Studenten lehnten in ihrer Mehrheit derlei Streikbruch ab. Unter dem Druck des Ausnahmezustands löste sich der Eindruck auf, die generationellen Gemeinsamkeiten seien viel stärker als die nationalen Traditionen. Am Ende wollten die einen den Streik bis zum Ende, was auch immer er sie koste, und die anderen wollten den Kompromiss. Jeder, wie er es in seinem Land gelernt hat.

Für mich blieb neben dem Erstaunen über die Verwandlungen, die sich da vor meinen Augen zu sichtbar vollzogen, wieder mal, vor allem das Rätsel, wieso gerade dieses Gesetz so viel Widerstand auslöste, wo doch jeder wusste, wie – milde ausgedrückt – unbefriedigend der Zustand war, dem es abzuhelfen vorgab. Besonders wenig verstand ich den Affekt gegen die Stärkung der Rolle des Universitätspräsidenten und die erweiterte Autonomie. Sicher, das Gesetz vergrößerte den Spielraum für regionalen Nepotismus, für Freundesdienste an Kollegen, Liebesdienste aller Art. Tatsächlich haben Beispiele für derlei Missbrauch dann auch nicht auf sich warten lassen. Aber waren da nicht auch Vorteile in Aussicht, wenn lokale Gremien über Studienpläne und Forschungsvorhaben entschieden, Schwerpunkte setzten und verantworten mussten, statt vom Pariser Olymp anonyme Zweizeiler in grüner Tinte zu erhalten, die wohlerwogenen Projekten einen kurzen Strich durch die Rechnung machten?

Ich hatte nicht begriffen, was vermutlich der großen Mehrheit der so entschieden Streikenden auch nicht bewusst war, nämlich, dass es nicht um pragmatische Fragen ging, sondern um den Kern des französischen politischen Systems, wie es in der Revolution von 1789 entworfen wurde, das System der Unmittelbarkeit von Macht, das eigentlich nur zwei politische Akteure kennt, nämlich den zentralen Staat, der den Gemeinwillen verkörpert, einerseits und den einzelnen Staatsbürger andererseits. Alles, was dazwischen ist, ist partikular und verfälscht den Gemeinwillen. Das theoretische Modell stammt bekanntlich von Rousseau. Für ihn ist der Gesellschaftsvertrag aufgrund der Zunahme von Konflikten im Zuge der historischen Entwicklung eine Denknotwendigkeit, soll das Menschengeschlecht nicht zugrunde gehen. Die Menschen müssen in einem Vertrag übereinkommen, sich einem allgemeinen Willen unterzuordnen, an dessen Bildung alle beteiligt sind.

Indem sie beteiligt sind, löst sich der Konflikt zwischen individueller Freiheit und politischer Ordnung auf. Alle Bürger sind Teil der Ordnung, der die individuelle Freiheit einschränkt. Insofern ist die Selbstbeschränkung Teil der Freiheit. Das Modell zielt auf die Herstellung der großen, einheitlich gedachten Nation. Es ist demzufolge durchdrungen von tiefem Misstrauen gegen partiale Interessen von Klassen, Schichten, Ständen, Parteien, Interessengruppen, ja sogar gegen Gewaltenteilung und repäsentative Demokratie. Alle Formen des politischen oder zivilgesellschaftlichen »Dazwischen« stehen unter Generalverdacht. Es gibt nur das partikulare Interesse des einzelnen Individuums und das Gemeininteresse.

Das war nicht nur eine Theorie, sondern das war von Anfang an der Hauptzug der politischen Kultur der Revolution von 1789. Das »Ganze«, das »große Ganze«, das »nationale Ganze« durchziehen als Leitmotive die Texte der Zeit. Das Partikulare ist das Falsche, das Gefährliche. Die Freiheit aller ist garantiert durch die Allgemeingültigkeit und Gleichheit der Regeln, der Regeln bei der Erstellung der Gesetze, der Regeln der Anwendung ohne Ansehen der Person und der Regeln der Durchführung durch die staatliche Verwaltung. Der Despotismus ist partikular und willkürlich. Das Gesetz, das die Freiheit garantiert, ist hingegen strukturell neutral, weil Ausdruck des Gemeinwillens. Die Kritiker der Revolution seit Burke haben dem skizzierten Modell immer wieder vorgeworfen, es sei abstrakt, spekulativ, berücksichtige weder Traditionen noch Gewohnheiten noch pragmatische Gegebenheiten. Damit hatten sie zweifellos recht, aber genau das war beabsichtigt. Deshalb baute die Revolution ihre Verwaltungseinheiten nicht auf die überkommenen Strukturen der Regionen, sondern schuf am Reißbrett die Departements, die nicht als Vermittlungsinstanzen zwischen den Bürgern und der Zentralgewalt gedacht waren, sondern als wirksame Transmissionsmittel des Gemeinwillens noch in die entlegensten Winkel der Republik. Tocqueville beschreibt dieses System, in historischer Verkürzung gern als »jakobinisch« apostrophiert, auf brillante Weise in seiner Analyse der *Demokratie in Amerika*. Es blieb trotz der allmählichen Bildung politischer und zivilgesellschaftlicher Zwischeninstanzen in Frankreich dominierend. Noch 2004 konstatiert der französische Politologe Pierre Rosanvallon in seinem Buch über das französische politische Modell, dass sich in Frankreich über zwei Jahrhunderte zwar allmählich ein vielfältiges »Dazwischen« von den Gewerkschaften über die Vereine bis zu den politischen Instanzen der Regionen entwickelt habe, die Grundstruktur der politischen Mentalitäten aber weitgehend unverändert geblieben sei: »Der Platz der Zwischeninstanzen ist gewiss merklich aufgewertet, aber die französische Demokratie darum nicht geistig neu gegründet worden. Wenn auch die ursprüngliche jakobinische Form der Organisation stark korrigiert wurde, blieb doch die politische Kultur des Allgemeinen in den Köpfen mit allen Konsequenzen für die Konzeption der Souveränität oder des Gemeininteresses. Von der anderen Seite her wirkte der Anspruch der Politik, allein das soziale Interesse zu verkörpern, in die gleiche Richtung. Eine gewisse Neigung zum Antiliberalismus hat so die Köpfe zur gleichen Zeit bestimmt, als sich eine unbestreitbare gesellschaftliche Pluralisierung vollzog.«

So gesehen, kämpften unsere Studenten, als sie gegen das Gesetz über die Autonomie der Universitäten streikten, nicht in erster Linie um pragmatische oder parteipolitische Zielsetzungen. Eher im Gegenteil, denn immerhin steht der Universitätspräsident im Gegensatz zum Staatspräsidenten den Sozialisten nahe, so wie die Region, deren Einfluss im Verwaltungsrat durch das Gesetz gestärkt wurde, von einer sozialistischen Mehrheit regiert wird. Darum ging es nicht. Es ging um die Frage, ob der Gemeinwille siegt oder der »Despotismus«. Dass der so begriffene Gemeinwille, inkarniert im Staat, dem partikularen »Despotismus« den Weg bahnte, das war der Skandal.

Aus dem Fortbestehen der skizzierten revolutionären Denktraditionen erklären sich übrigens auch die Wut und Empörung, mit der die Vollversammlungsredner immer erneut auf die zarten Ansätze zur verstärkten Differenzierung zwischen den Universitäten, zur Verstärkung individueller Profile und zur Konkurrenz um die entsprechenden Studenten wie Forscher im Autonomiegesetz eindroschen. Wie gesagt, es ging um zarte Ansätze, keineswegs um Studiengebühren oder Studieneingangsprüfungen, obgleich die Studenten wohl nicht ganz unrecht hatten, dass die Regierung in diese Richtung schielte, sich aber angesichts des Widerstands nicht traute. Ich fand die Aufregung unbegreiflich. Erstens, weil es eine ausgeprägte Differenzierung zwischen den Grandes Écoles der Eliten und den Universitäten ja ohnehin schon gibt, und zweitens, weil das überkommene Concourssystem, das die Studenten verteidigten, ja ein auf die Spitze getriebenes Konkurrenzsystem ist. Universität ohne Konkurrenz ist zudem nicht denkbar. Es kommt nur darauf an, wie sie organisiert ist. Außerdem erschien mir eine Konzentration bestimmter Studienrichtungen, insbesondere in den kleinen Fächern mit wenigen Studenten, durchaus sinnvoll, ebenso wie die Differenzierung von Studiengängen nach unterschiedlichen Berufszielen.

Den Studenten kam meine Argumentation wirr vor. Sie akzeptierten natürlich die Wettbewerbe, aber nur als Konkurrenz zwischen den Einzelnen unter der Voraussetzung der Gleichheit der Bedingungen für alle. Das impliziert für sie nicht nur ein anonymes Zentralexamen mit allen skizzierten Folgen, sondern universitäre Lehre gleicher Qualität über gleiche Programme für alle – und zwar in unmittelbarer Nähe des Wohnortes, weil sonst die Sache für Studenten, die sich Zimmer nehmen oder weit fahren müssen, teurer wird und sozial selektiv wirkt. Konkurrenz darf also schon sein, aber keine Konkurrenz der Universitäten, weil die als konkurrierende »Zwischeninstanzen« die Chancengleichheit aller untergraben. Siehe oben. Das Argument, eine Konzentration und Diversifizierung verbessere die Ausbildungsqualität und die Ausbildungsbreite, verschlägt dagegen wenig, auch nicht der Hinweis auf die Wohltaten für die Forschung. Und schon lange nicht verschlägt das Argument, alle bildungssoziologischen Untersuchungen hätten ergeben, dass im Bildungswesen von Chancengleichheit ohnehin nicht die Rede sein könne. Man weiß, dass es in der Wirklichkeit so ist, aber hier ging es nicht um Wirklichkeit, sondern um die Verteidigung von Prinzipien.

Nicht erst der Affekt gegen die Konkurrenz, die über staatlich geregelten Wettbewerb zwischen gleichen Staatsbürgern hinausgeht, bringt zum Vorschein, dass die immer noch dominierende politische Mentalität in Frankreich in denkbar schärfstem Gegensatz steht zum englisch-amerikanischen Modell gesellschaftlicher Regulation. Dort geht man davon aus, dass partikulare Interessen unterschiedlicher gesellschaftlicher Gruppen frei miteinander konkurrieren, miteinander um die Vorherrschaft kämpfen und notfalls Kompromisse schließen. Das politische Modell ist vom Vorbild des Marktes inspiriert. Der Staat hat im Wesentlichen die Aufgabe, dafür zu sorgen, dass die Konkurrenz »fair« bleibt und unabdingbare Rahmenbedingungen eingehalten werden. Die Idee, dass er das Gemeinwohl inkarniere, ist diesem Denken fremd. Im Gegenteil, die politischen und gesellschaftlichen Instanzen sollen den Staat kontrollieren und seine Übergriffe verhindern. Die frühe Geschichte der USA wurde nicht zuletzt von Siedlern bestimmt, die aus ökonomischen wie religiösen Gründen den Absolutismus der euopäischen Staaten flohen und sich aus eigener Kraft, ohne wesentliche Hilfe des Staates eine freie Existenz bauten. Die Idee, dass der Freistilkampf partikularer Egoismen das Wohl des Ganzen hervorbringe, war Rousseau fremd und war es noch meinen streikenden Studenten. Überhaupt hat der Liberalismus in Frankreich keine Tradition und keine Partei. Dass der Staat als Regulator und Garant des einen und gerechten Ganzen unabdingbar ist, teilten die Rechte und die Linke miteinander. Indem Sarkozy am Anfang seiner Regierungszeit so öffentlich mit den Reichen, den Neusehrreichen vor allem paktierte, versuchte er, politisch durchaus kalkuliert, den Neoliberalismus in Frankreich hoffähig zu machen. Es hat nicht lange gedauert. In der großen Krise, ausgelöst durch die internationale Bankenspekulation, präsentierte sich Sarkozy als der große Regulator der Finanzmärkte. Zumindest da hatte die französische Tradition ihn wieder eingeholt. Und da seine Machtbesessenheit größer ist als sein Überzeugungsernst, hat es einstweilen der Liberalismus wieder schwer in der französischen Politik.

Das Misstrauen gegenüber den gesellschaftlichen Folgen des freigelassenen Egoismus hat übrigens schon die Revolutionäre von 1789 zu einem wahren Kult des Gesetzes geführt. Den Münzen, die ab 1791 geprägt wurden, war eingraviert »Règne de la loi«, Regentschaft des Gesetzes. Das Gesetz garantierte die Allgemeingültigkeit der Regel, war Ordnungsprinzip, das aus der Vielzahl der Individuen ein unteilbares Ganzes machte und Prinzip der Justiz zugleich. Darüber hinaus wurde es zum Prinzip administrativer Rationalität – alles konnte überall gegenüber allen nach den gleichen Prinzipien entschieden und die Gesellschaft durchrationalisiert werden. So garantierte das Gesetz in seiner Allgemeingültigkeit (theoretisch) die Freiheit aller. Diese Utopie zog eine Regelungsbeflissenheit nach sich, die die Welt noch nicht gekannt hatte und die sich tief einprägte in die französische Mentalität. Ein kleines Beispiel: Die Institute, also auch das, an dem ich arbeite, haben nach der gegenwärtigen Gesetzeslage keine rechtliche Existenz. Die wenigen Entscheidungen, die zu fällen bleiben, nachdem das Ministerium entschieden hat, fällen übergeordnete Fachbereichsräte, die freilich nach juristisch fixierten Regeln. Wichtige Prozeduren wie z. B. Berufungen sind gleichfalls rechtlich festgelegt und keine Angelegenheiten des Instituts allein. De facto gibt es allerdings zahlreiche Fragen, die die

Lehrenden des Instituts diskutieren und entscheiden müssen. Das geht trotz der unvermeidlichen Rivalitäten und Animositäten bei uns in hohem Maße konsensuell, Mehrheitsabstimmungen sind selten und werden respektiert. Formell abgestimmt werden muss nur alle zwei Jahre bei der Wahl des Institutsdirektors, was insofern völlig problemlos ist, als sich niemand nach dieser Aufgabe drängt, die wenig Macht, kein Geld und viel administrative Belastung mit sich bringt. Und wenn sich jemand drängte, würde man ihn nicht hindern wollen. Kurz: Pragmatisch gesehen gibt es kein Problem, und wenn es eines gibt, wird es eben frei verhandelt. Theoretisch freilich gibt es viele Probleme: Wer darf abstimmen und über was? Bei welchen Fragen haben die Studenten Stimmrecht und in welcher Proportion? Bei welchen das nicht-wissenschaftliche Personal? Oder die Mitarbeiter, die nicht dauerhaft bleiben werden? Und soll der festangestellte Mittelbau mehr Stimmgewicht haben, weil er zahlreicher ist als die Professoren? Oder soll es feste Paritäten zwischen den Gruppen geben? Ein weites Feld also für prinzipielle Diskussionen, obgleich es keine praktische Regelungsnotwendigkeit gibt. Und so wird viel Zeit verwendet auf die Entwicklung und kontroverse Diskussion einer Institutsverfassung, die per se keine rechtliche Geltung haben kann, an die sich im Konfliktfall auch niemand halten muss, wenn er bereit ist, vor ein Verwaltungsgericht zu ziehen. Aber der Vorschlag, einfach auf die bewährte Weise weiterzumachen, weil sie sich eben bewährt hat, ist für die Kollegen, die in Frankreich erzogen worden sind, von unerträglicher Unschärfe. Deutscher romantischer Traditionalismus, englischer Pragmatismus gegen französische

Rationalität assoziieren sie dabei. »So etwas muss geregelt werden«, hat mir eine befreundete Kollegin gesagt, mit der ich mich ansonsten sehr häufig einig weiß. Offenheit der Regelungsmechanismen ist unerträglich. Freiheit von Vorgaben wird nicht als Freiheit verstanden, sondern als Mangel, obgleich gerade diese Kollegin erfahren musste, dass die Vorgaben für ihren Bereich haarsträubende Mängel aufwiesen. Dass derlei Mentalität individuelle Initiative nicht eben befördert, liegt auf der Hand. Das französische Exzellenzideal ist der »Inspecteur des finances«, ein hoher Staatsbeamter, das englisch-amerikanische Exzellenzideal ist der erfolgreiche Unternehmer, denn der eine ist Agent des Gemeinwohls, der andere ein den gesellschaftlichen Zusammenhang gefährdender Egoist.

Vermittelt über die Skepsis gegenüber gesellschaftlichen Gruppeninteressen und dem Prinzip der Konkurrenz hat die französische Mentalität einen antikapitalistischen Grundzug auch dort, wo man der sozialistischen Bewegung fernsteht. Selbst der traditionelle Katholizismus hilft in diesem Punkt dem Patronat kaum weiter. Er will Beharrung, der Kapitalismus ist dynamisch; sie propagiert die organische Ordnung der ständischen Gesellschaft, das Kapital will keine Ordnungsschranken, die seinen Verwertungsinteressen entgegenstehen. Die Rolle, die, wie Max Weber zeigte, der Protestantismus für die Entwicklung des Kapitalismus spielte, blieb im katholischen Frankreich unbesetzt. So war es kein Wunder, dass vor allem die Passagen des Universitätsgesetzentwurfs auf heftigen Widerstand stießen, die die Rolle außeruniversitärer Vertreter im zentralen Verwaltungsrat der Universität stärkten. Etwa ein Viertel sollte fortan aus der regionalen Politik und aus dem Bereich der Wirtschaft kommen, darunter mindestens ein lokaler Unternehmer. Die Begründung des Ministeriums war, die Kontakte zum lokalen Arbeitsmarkt müssten zum Wohle der studentischen Berufsaussichten verbessert werden, aber jeder wusste, dass es hier darum ging, ein Türchen zu öffnen für englisch-amerikanische Universitätsmodelle. Und die wollte innerhalb der Universität fast niemand, mochten Oxford und Cambridge, mochten Harvard und Yale auch im Shanghai-Ranking noch so weit oben stehen. Man sah Le Pen zusammen mit der lokalen Unternehmerschaft die Richtung der Universität bestimmen, man befürchtete, der Staat wolle sich mittelfristig aus der Finanzierung des Hochschulwesens zurückziehen. Schaute man nur auf den Gesetzestext, so waren derlei Befürchtungen katastrophisch übertrieben. Schaute man freilich auf die dominierenden Tendenzen der europäischen Universitätsreformen, so hatten die Studenten durchaus recht: die Entwertung der Geisteswissenschaften, die Finanzierungsschwierigkeiten der Grundlagenforschung, die Tendenz zur Orientierung der Universitäten an den unmittelbaren Bedürfnissen der Wirtschaft, die blinde Orientierung an einem missverstandenen anglo-amerikanischen Modell schlugen überall mehr oder minder stark durch.

Ein Staat, der nicht mehr gleich und gerecht das Gemeininteresse vertreten will, die Stärkung von partikularen Interessen und die Stärkung des Einflusses der Wirtschaft – ein Gesetzentwurf, der derlei Tendenzen aufwies, der musste gegen sich die stärksten Widerstandskräfte mobilisieren, die die französische Gesellschaft seit mehr als zweihundert Jahren entwickelt hat, die Prinzipien der Revolution und die

Prinzipien des Sozialismus. Es sind nicht die gleichen. Der Sozialismus weiß theoretisch, dass der Staat nicht neutral ist und nicht das Gemeinwohl vertritt. Er träumte einmal, lang ist es her, vom Absterben des Staates. Aber praktisch ist er nie weiter gekommen als bis zur Verstärkung des Staates im Namen des Wohls der arbeitenden Mehrheit. Man mag den französischen Glauben an die gemeinwohlorientierte Neutralität des Staates naiv schelten, aber wohl kaum glaubhaft, ohne die Idee, freie Fahrt für die Egoismen der wirtschaftlich Stärksten garantiere die Wohlfahrt aller, mit den Franzosen zu belächeln.

Wie es ausgegangen ist? Der Streik wurde schließlich abgebrochen, das Gesetz wurde verabschiedet. Ein Jahr später, als Erlasse seine Konsequenzen deutlich machten, gab's wieder Streik, breiter noch, virulenter als der oben beschriebene, vor allem, weil die nationalen Concours eingeschränkt werden. Zum Beispiel wird kein nationales Programm mehr veröffentlicht, das die Vorbereitung regelt. Allerdings gibt es noch eine nationale Prüfungskommission. Und die wird natürlich wieder implizite Regeln entwickeln, die von allen Lehrenden erst zu ahnen und dann zu befolgen sind, wenn sie ihre Studenten gut vorbereiten wollen. Das Ganze ist bestenfalls, wie Hochschulreformen meist, eine mit großem Aufwand betriebene Verschlimmbesserung. Fremdes Reis von Bäumen, die woanders Früchte getragen haben, weil sie tief verwurzelt sind, wird aufgepfropft auf das Gewachsene, verkümmert dann oder trägt seltsame Früchte zweifelhafter Natur, die keinem schmecken.

Aber darum ging es hier nicht. Es ging darum zu zeigen, wie in einem gesellschaftlich wie politisch eher konservativen Land die Traditionen der Revolution in verwandelter Form lebendig sind. Die Denktraditionen, vor allem aber auch die Tradition der Revolte, die die Menschen zumindest für eine kleine Zeit verwandelt, verbindet und ermächtigt. Das gilt selbst noch für die Vorstadtunruhen im Herbst 2005, wo ein vergleichsweise nichtiger Anlass dazu führte, dass 10 000 Autos brannten, 300 Gebäude zerstört wurden, 12 000 Polizisten auf den Beinen waren und 6000 Jugendliche aus den Banlieues verhaftet wurden. Es gibt keinen Grund, sie zu feiern, und viele, die Opfer zu bedauern. Sie signalisieren das Scheitern des lange erfolgreichen französischen Integrationsmodells, verweisen auf die Ohnmacht der Schule, den Zerfall der Arbeiterkultur, auf verfehlte Einwanderungspolitik, falsche Städteplanung, auf Arbeitslosigkeit, auf Rassismus und vieles Üble mehr. Die Täter sind keine Engel, und ein sichtbares politisches Projekt haben sie nicht verfolgt. Sie hatten Lust an Randale, wollten ihre Wut loswerden, der Polizei eins draufgeben, einmal kurz ins Fernsehen kommen. Aber auch die Vorstädter des Faubourg Saint-Antoine, aus deren Elendswohnungen und Werkstätten heute die schönen Lofts des Bastille-Viertels geworden sind, jene Vorstädter, die die Revolutionen von 1789 und 1830 und 1848 auslösten, die unsterblich geworden sind in Hugos Romanen, waren keine Engel, waren angetrieben von Wut und Hass und Neid. Aber sie waren eben auch angetrieben vom Selbstverständnis der Republik, die alle Bürger, unabhängig von Herkunft und Hautfarbe, rechtlich gleichstellt und den Nationalstaat als Rahmen gleicher Rechte, Kultur und Sprache auffasst. Ausgrenzung und Elend gibt es in vielen Ländern und am Rande vieler reicher

Metropolen. Dass es gerade in Frankreich zu einer Revolte kam, die aufgrund ihrer Intensität, Ausbreitung und Dauer im europäischen Vergleich einen Sonderfall darstellt, dürfte aber, wie viele Sozialwissenschaftler meinen, auch damit zu tun haben, dass die Randalierer einklagten, was die Republik ihnen verspricht, während sie die Erfahrung von Ungleichheit und Diskriminierung machen.

Sicher, Frankreich ist kein politisches Modell universaler Gültigkeit. Modell und Wirklichkeit klaffen auseinander wie überall. Die Demokratie wurde von anderen Nationen auf anderen Wegen erreicht, manchmal, wie in Deutschland, nach schrecklichen Umwegen. Liberté gibt es zum Glück auch woanders und Egalité in Frankreich zu wenig. Aber die Hartnäckigkeit, mit der sich die Franzosen seit Jahrhunderten und bis heute die Freiheit nehmen, der Macht ihre Grenzen zu setzen und sie daran erinnern, dass sie auf das Wohl des Ganzen verpflichtet ist, notfalls auch abseits der legalen Wege, wenn die verstopft sind, notfalls von der Straße aus, die gehört doch zu den wichtigsten der immer wieder beschworenen französischen Besonderheiten. Die Welt hat Grund, Frankreich dafür gelegentlich dankbar zu sein.

Literaturhinweise

Bard, Christine, *Les femmes dans la société française au 20e siècle*, Armand Colin, Paris 2004.

Barthes, Roland, *Mythen des Alltags*. 6. Af., Suhrkamp, Frankfurt am Main, 1981 [Originalausgabe unter dem Titel *Mythologies*, Éditions du Seuil, Paris, 157].

Barthes, Roland, *Système de la mode*, Éditions du Seuil, Paris, 1967.

Baudelaire, Charles, »Lob der Schminke«, *Gesammelte Schriften*, Bd. 4, Melzer Verlag, Dreieich 1981, S. 310–317.

Baudrillard, Jean, *De la séduction*, Denoël, Paris, 1988.

Beauvoir, Simone de, *Das andere Geschlecht*, Rowohlt Verlag, Reinbek 1951.

Böll, Heinrich, »Rendez-vous in Paris« und »Wo liegt
Paris?« *Gesammelte Werke,* hg. v. Bernd Balzer, *Essayistische
Schriften und Reden 1,* Kiepenheuer und Witsch, Köln,
o. J., S. 91–95 und S. 189–192.

Bouamama, Said, *La France. Autopsie d'un mythe national,*
Larousse, Paris, 2008.

Bourdieu, Pierre, *Die feinen Unterschiede. Kritik der
gesellschaftlichen Urteilskraft,* Suhrkamp, Frankfurt am
Main, 1982.

Brillat-Savarin, Anthelme, *Physiologie des Geschmacks oder
Physiologische Anleitung zum Studium der Tafelgenüsse,*
Antiqua Verlag, Lindau, 1978.

Duby, Georges et Michelle Perrot, *Histoire des femmes en
Occident,* Bd. 5, le XXe siècle, sous la direction de Françoise
Thébaud, Perrin, Paris, 2002.

Dubet, François, *Les travail des sociétés,* Éditions du Seuil,
Paris, 2009.

Durand, Béatrice, *Cousins par alliance. Les Allemands en
notre miroir,* Éditions autrement, Paris, 2002.

Elias, Norbert, *Die höfische Gesellschaft. Untersuchungen
zur Soziologie des Königtums und der höfischen Aristokratie,*
Suhrkamp, Frankfurt am Main, 1983.

Ferry, Luc, *Le nouvel ordre écologique*, Paris, 1988.

Finkielkraut, Alain, *La défaite de la pensée,* Gallimard, Paris, 1987.

Fischler, Claude, *L'Homnivore. Le goût, la cuisine et le corps,* Éditions Odile Jacob, Paris, 1993.

Fischler, Claude/Estelle Masson, *Manger. Français, Européens et Américains face à l'alimentation.* Éditions Odile Jacob, Paris, 2008.

Florack, Ruth, *Tiefsinnige Deutsche, frivole Franzosen. Nationale Stereotype in deutscher und französischer Literatur,* Verlag J. B. Metzler, Stuttgart und Weimar, 2001.

Garrier, Gilbert, *Histoire sociale et culturelle du vin,* Larousse, Paris, 2005.

Giddens, Anthony, *Konsequenzen der Moderne,* Suhrkamp, Frankfurt am Main, 2006.

Götze, Karl Heinz, *Französische Affairen. Ansichten von Frankreich,* S. Fischer Verlag, Frankfurt am Main, 1994.

Götze, Karl Heinz, »Papilles françaises et cuisine allemande/Papilles allemandes et cuisine française« *Cahiers d'Études Germaniques* 41 (2001), S. 81–91.

Grass, Günter, *Ein weites Feld,* dtv, München, 1997.

Grumbach, Didier, *Histoires de la mode,* Éditions du régard, Paris, 2008.

Guiliano, Mireille, *Warum Französische Frauen nicht dick werden,* Berlin Verlag, Berlin, 2004.

Heine, Heinrich, *Sämtliche Schriften,* hg. v. Klaus Briegleb, 6 Bde., Hanser, München 1976.

Lipovetsky, Gilles, *L'empire de l'éphémère. La mode et son destin dans les sociétés modernes,* Gallimard, Paris, 1989.

Les lieux de mémoire, sous la direction de Pierre Nora, 3 Bde., Gallimard, Paris 1997.

Münch, Richard, *Die Kultur der Moderne,* Bd. 2 *Ihre Entwicklung in Frankreich und Deutschland,* Suhrkamp, Frankfurt am Main, 1986.

Nossiter, Jonathan, *Le goût et le pouvoir,* Grasset, Paris, 2007.

Nouvelles mythologies, sous la direction de Jérôme Garcin, Éditions du Seuil, Paris, 2007.

Ory, Pascal, *Le discours gastronomique français des origines à nos jours,* Gallimard, Paris, 1998.

Pfirsch, Jean-Vincent, *La saveur des sociétés. Sociologie des goûts alimentaires en France et en Allemagne,* Presses universitaires de Rennes, Rennes, 1997.

Pinçon, Michel et Monique Pinçon-Carlot, *Dans les beaux quartiers,* Éditions du seuil, Paris 1989.

Pitte, Jean-Robert, *Gastronomie française. Histoire et géographie d'une passion,* Fayard, Paris, 1991.

Qu'est-ce que la France? Sous la direction de Alain Finkielkraut, Gallimard, Paris, 2007.

Rousseau, Jean-Jacques, *Vom Gesellschaftsvertrag,* Reclam, Stuttgart, 1986.

Rumohr, Karl Friedrich von, *Geist der Kochkunst,* Vorwort von Wolfgang Koeppen, Insel, Frankfurt am Main 1978.

Rosanvallon, Pierre, *Le modèle politique français. La société civile contre le jacobinisme de 1798 à nos jours,* Éditions du Seuil, Paris, 2004.

Schlaffer, Hannelore, *Mode, Schule der Frauen,* Suhrkamp, Frankfurt am Main 2007.

Sieburg, Friedrich, *Gott in Frankreich? Ein Versuch,* Societäts Verlag, Frankfurt, 1978 [erste Aufl. 1927].

Simmel, Georg, »Philosophie der Mode«, *Gesamtausgabe in 24 Bänden,* Bd. 10, Suhrkamp, Frankfurt am Main, 2006.

Sombart, Nicolaus, *Pariser Lehrjahre 1951–1954. Leçons de sociologie,* Hoffmann und Campe, Hamburg, 1994.

De Staël, Germaine, *De l'Allemagne,* Flammarion, Paris, 1968.

Tocqueville, Alexis de, *Über die Demokratie in Amerika,* Reclam, Stuttgart, 1986.

Tucholsky, Kurt, *Ein Pyrenäenbuch,* in *Gesammelte Werke in zehn Bänden,* hrsg. v. Mary Gerold-Tucholsky und Fritz J. Raddatz, Bd. 5, Rowohlt Verlag, Reinbek, 1975.
(*Überhaupt sind die vielen Artikel über Frankreich, die vom dritten bis zum zehnten Band Tucholskys Werke durchziehen, nach wie vor ein unerreichtes Muster deutscher Frankreich-Berichterstattung.*)

Waquet, Dominique et Marion Laporte, *La Mode,* Presses universitaires de France, Paris, 2002.

Wickert, Ulrich, *Frankreich: die wunderbare Illusion,* Hoffmann und Campe, Hamburg, 1989.